南京大学管理学院学术文库/主编　王跃堂

本书为作者主持的国家自然科学基金面上项目（No.71972098 / No.71272105 / No.70772032）及教育部人文社会科学研究基金一般项目（No.18YJA630018 / No.09YJC630115）的研究成果

危机管理之道

The Essence of Crisis Management

戴万稳　著

 南京大学出版社

图书在版编目(CIP)数据

危机管理之道 / 戴万稳著. -- 南京：南京大学出版社，2019.10
(南京大学管理学院学术文库 / 王跃堂主编)
ISBN 978-7-305-22563-5

Ⅰ. ①危… Ⅱ. ①戴… Ⅲ. ①危机管理－研究 Ⅳ.
①C934

中国版本图书馆 CIP 数据核字(2019)第 168701 号

出版发行　南京大学出版社
社　　址　南京市汉口路 22 号　　　　邮　编　210093
出 版 人　金鑫荣

丛 书 名　南京大学管理学院学术文库
书　　名　危机管理之道
著　　者　戴万稳
责任编辑　束　悦　　　　　　　　编辑热线　025-83686308

照　　排　南京南琳图文制作有限公司
印　　刷　南京爱德印刷有限公司
开　　本　718×1000　1/16　印张 15.75　字数 274 千
版　　次　2019 年 10 月第 1 版　2019 年 10 月第 1 次印刷
ISBN 978-7-305-22563-5
定　　价　78.00 元(精装)

网　　址　http://www.njupco.com
官方微博　http://weibo.com/njupco
官方微信　njupress
销售热线　025-83594756

编 委 会

主　　编　王跃堂

副 主 编　刘春林　王全胜

编　　委　贾良定　陈冬华

　　　　　陈　曦　张正堂

总　序

　　《南京大学管理学院学术文库》(简称《文库》)是由南京大学管理学院组织相关学者撰写的一套管理学丛书。南京大学管理学院从2019年开始,计划每年出版若干部高水平管理学著作,向全社会展现南京大学工商管理学科的最新成果,以期对中国的工商管理理论研究以及企业发展做出应有贡献。

　　南京大学管理学院目前设有工商管理系、会计学系、营销与电子商务系、人力资源管理学系4个系,同时设有整合全院研究力量的企业战略研究所、人力资源战略研究所、市场研究与咨询中心等研究机构。企业管理于2002年获评为国家重点二级学科;工商管理于2003年获评为江苏省一级学科重点学科,2011年获评为江苏省优势学科(第三期已立项);会计学二级学科于2003年获评为江苏省唯一的会计学省级重点学科。在第四轮学科评估中,管理学为"A"类学科。近年来,管理学院教师在管理理论、人力资源管理、企业战略与组织、技术创新、市场营销、会计学以及财务管理等领域开展了大量有价值的科学研究,在学术界产生了重要影响。2010年以来,学院教师承担了一百多项国家自然科学基金项目,发表了大批高质量的学术成果,获得了32项省部级以上科研或教学奖励。学院拥有国家精品课程4门、精品教材4部,教育部长江学者特聘教授2人,"万人计划"2人,"优青"2人,"新世纪人才"4人,"百千万人才"2人,"马工程"首席专家1人。

　　由于社会经济活动正在面临巨大的结构变革,进入21世纪的世界经济将会发生质的变化,这对工商管理的理论研究提出了新的挑战。为此,我们非常关注管理理论上的创新,《文库》中也体现了这方面的最新成果。比如,戴万稳老师的著作《危机管理之道》对危机管理的动态复杂性之谜进行探索,并在危机管理理论上形成一定创新。该书系统解析个体和企业已发生和正在发生的危机情境,带领读者以系统思维主动感知和认识自己身边的各种潜在危机信号,反思自己在过去的危机管理过程中的行动,审视自己在当下的危机应对过程中的策略,并针对未来可能出现的各种潜在危机制定和不断完善危机预案。

南京大学管理学院的学科建设不仅注重理论研究,而且更关注如何将研究成果运用于组织实践。《文库》也出版了具有组织实践价值和重要现实意义的研究成果。比如,冯巧根教授的著作《中国管理会计:情境特征与前景展望》对近年来管理会计研究成果进行总结与提炼,通过对管理会计情境特征的研究与探讨,结合中国经济社会转型与科学技术发展的实践,提出对管理会计未来发展的趋势判断及远景展望,为中国特色管理会计理论与方法体系的构建做出了贡献。近年来,互联网、大数据经济的崛起推动我国信息化建设迈向新的台阶,医院信息操作平台(HIS)、办公自动化系统(OA)以及以电子病历为核心建立临床信息系统(包括PACS、LIS、手术麻醉系统等)等的不断开发应用,在一定程度上提高了医院的工作效率和工作质量,并积累了大量有价值的医疗管理数据。吕伟老师的著作《医疗健康组织的绩效管理研究》探讨了如何在互联网技术环境下对医疗健康组织进行绩效管理,并提出基于信息系统按照事前预测、事中控制、事后管理,提供便捷完善的数据服务。

如果说,管理理论与实践的创新是工商管理学科发展的驱动力,那么不能忽视的另一种驱动力则是一些相近学科的发展,特别是经济学、心理学、社会学、数学等学科发展的最新成果都在管理学研究中得到了运用。南京大学管理学院将在未来几年里逐步推出一些具有学科交叉特色的研究成果,为工商管理学科的发展再添助力。

序　言

　　对于任何个人和企业而言，危机管理都已然成为一种常态。那些在危机情境中走向毁灭的平庸者、渡过危机的优秀者，以及在危机中成功逆袭的卓越者之间的差别，全在于对危机管理之道的不同理解：有什么样的危机管理价值观，就会有什么样的战略；有什么样的危机管理战略，就会有什么样的行动；有什么样的危机管理行动，就会有什么样的命运。

　　读完戴万稳博士的专著《危机管理之道》，我认为，这本书的价值在于并非教条式地呈现危机管理原则，而是将危机管理视为一种实践和学习过程，集中探讨了对动态复杂性危机情境演变过程进行解析的系统思考方法，以及如何基于这些方法找到危机管理的根本解并付诸危机管理行动。书中既列举了很多经典的企业危机管理案例，也引述了许多刚刚发生或当下正在发生的企业危机管理情境，其用意并不在于叙述危机管理成败的故事，而在于阐明其独到的观点并予以警示。因此，从写作意图和写作手法上来看，这本书与现今出版的许多危机管理书籍都有所不同。但是，与其他危机管理书籍一样，本书始终坚信危机管理的重要性，将危机管理视为一种有组织的任务和系统化的工作，是每一个人和每一个企业生命过程中最有价值的一部分。

　　这本书从危机感知、危机预防和危机应对三个方面来探究危机管理，每个方面都是危机管理过程中的一个阶段。危机主体的危机感知、预防和应对能力在这三个阶段之间呈现为螺旋式递进的关系。正是在这一正向增强循环过程中，贯穿于危机管理全过程的危中找机能力得以持续成长，使危机主体从平庸到卓越的危机管理实践跨越成为可能。

这是一本兼具理论性和实用性且值得细细品读的著作。书中第一部分讨论了危机感知,向读者展示了危机情境的本质、特征和类别,使基于系统思考的危机预防和应对成为可能。第二部分聚焦于危机预防,从对潜在危机问题的清点、各种潜在危机诱发因素的解析、潜在危机信号的搜索和识别、潜在危机情境的评析,到制定和优化危机管理预案以构建危机规避系统。第三部分围绕危机应对策略和行动,重点讨论了如何通过危机沟通对动态复杂性危机情境进行管控,如何在危机情境中实现企业的高质量可持续发展,以及如何成长为一个卓越的危机管理领导者。这三部分与前言和后记一起,形成了一个有机的整体。其中,前言将不绝于耳的危机悲歌与危机管理基因的普遍缺失相关联,后记则将危机管理全过程与系统思考和持续的危机管理学习联系在一起。

危机管理是一种极具探索性特征的实践。没有哪个人和哪个企业的成长之路能够置身于危机管理之外。任何一个缺乏潜在危机管理能力的个人和企业,其存续与发展都是难以想象的。正是危机管理实践的需求,催生了危机管理相关理论的发展,使得危机管理的知识基础得以形成和不断发展。迄今为止的大多数危机管理研究都将"危机"视为一种静态的事件,并试图从危机应对过程中的应急视角出发,去探寻放之四海而皆准的危机管控的原则和方法。遗憾的是,危机管理实无定则。这本书的独到之处,不仅仅是对危机管理的焦点进行了重新定位,对危机管理相关理论进行了重构,而且从系统动力学视角奠定了动态复杂性危机管理的学科知识基础,并以系统的方式将这一知识基础呈现给读者。但是,正如其他企业管理实践领域(如人力资源管理、销售管理、生产管理、财务管理和信息管理等)的知识一样,这也只是一种致力于"让危机在特定时空范围内不发生"的危机管理手段而已。所有危机管理知识的信度和效度,都应由危机管理实践本身来检验。所以,这本书中提出的所有危机管理之道,均源自对过去和现在危机管理实践经验的总结和拓展,在未来新的危机管理实践过程中将得到升华,这无疑是对危机管理这一重要课题进行研究和探索的良好开端。

读百本书,不如读好书百遍。对于每一个人,每一个企业,尤其是从事企业管理工作的读者来说,这本《危机管理之道》是一部值得反复阅读的好书。十多年来,作者戴万稳博士一直从事企业组织学习和危机管理的研究、教学和咨询工作。基于研究积累,戴万稳博士创造性地将系统动力学理论运用于对动态复杂性危机情境演变和发展过程的解析,并于2008年面向南京大学EMBA/MBA/EDP等项目开设了"从平庸到卓越:危机管理"课程,获得了众多学生、同事和企业管理者的一致好评。

十年磨一剑,这本书是戴万稳博士在企业危机管理理论研究、教学和咨询实践过程中的成果结晶。作为戴万稳博士在南京大学攻读企业管理博士学位的导师,我感到异常欣慰并很高兴为这本书作推荐序言。但愿这本书中关于动态复杂性危机管理的真知灼见能够为更多读者所共赏,能够切实助力于更多人和更多企业在危机管理过程中的高质量可持续发展。

赵曙明博士
南京大学资深教授、商学院名誉院长、博士生导师
2019年7月于南京大学商学院

前言:转危为机

危机当前,绝不可以无视,而应该敬畏。唯此,才有可能转危为机,在危机管理过程中发现和抓住其中内含的机遇,实现从平庸到卓越的高质量可持续发展。

昨日之事,今日之师

对于每个人和每个企业来说,危机的发生都是必然的。危机洗礼之后,不同的人和不同的企业,其结果往往是不同的:平庸者在危机中消亡,优秀者渡过危机,卓越者在危机中获得新的发展。

在南京大学等高校创立并执教"危机管理"课程十多年来,我常常通过系统思考的"放大镜"和"显微镜"来审视身边所发生的危机,以及那些在危机中挣扎的人和企业,将对已发生和正在发生的危机情境的系统解析融入课堂。我也一直鼓励我的学生和听众,以系统思维主动感知和认识自己身边的各种潜在危机信号,反思自己在过去的危机管理过程中的行动,审视自己在当下的危机应对过程中的策略,针对未来可能出现的各种潜在危机制定和不断完善危机管理预案。

在对危机演变过程中的危机主体及核心利益相关者的态度、价值观和行动进行抽丝剥茧的系统解析之后,我们总能发现,太多的人和太多的企业在危机感知和认识方面的缺乏,在危机应对和危机预防方面的苍白无力,以及在危机之后徒然的懊悔、悲伤和无奈。

近年来,我和我的研究团队一直在对危机管理过程的动态复杂性之谜进行探索:危机是如何发生的? 是如何演变的? 又是如何给危机主体和利益相关者带来或轻微或剧烈的影响的? ……所有这些努力的目的,都是能够绘制一份清晰的、从危机感知到危机预防和危机应对的危机管理地图,使更多的人和更多的企业,在未来的日子里,能够更加从容地面对成长和发展过程中必经的这种烦恼,更加专业地进行危中找机和危机管理,而不是一而再再而三地重蹈危机悲剧的覆辙。

昨日之事,今日之师。谨以本书向书中所涉及的人和企业致敬——给那些被危机击倒者以祈祷,希望他们能够痛定思痛,获得重生;给那些平安渡过危机者以祝福,希望他们能够摆脱危机阴霾,继续前行;给那些在危机中发现和抓住新的发展机遇的个人和企业以掌声,希望他们能够披荆斩棘,再创辉煌。

不绝于耳的危机悲歌

改革开放 41 年,是中国经济腾飞的 41 年,也是企业危机管理逐渐成为显学的 41 年。透视 41 年来中国企业的发展历程,每年遭遇危机而倒闭的企业数量以百万计。无论是一度谱写央视标王传奇的秦池,还是曾经执中国乳制品行业牛耳的三鹿,几乎每一个企业败局的背后,危机管理能力不足的魔咒都若隐若现:掩耳盗铃习惯下淡薄的危机意识,虚妄自大心理下几近空白的危机预防,仓促之际毫无章法的危机应对,以及危机之后在失败和彷徨笼罩下的失落与懊恼。

实践的需要催生理论的发展。我们绝不能无视那些昙花一现的众多"明星"企业的悲剧陨落:究竟是什么原因导致那些企业在如此短暂的辉煌存在之后就被市场和消费者所抛弃? 是什么原因导致那些曾经名噪一时的庞然大物的失败? 是什么原因使那些曾经坐拥数十亿资产的企业变得如此脆弱不堪? 是什么原因让那些企业在"花样年华"的日子里于转瞬之间即灰飞烟灭?

在过去的十多年中,作为一个旁观者,我曾不同程度地参与过许多企业的危机管理过程,目睹和经历过许多迄今仍在眼前的紧张、彷徨、喜悦和悲伤。这些犹如过山车一样的情绪,仿佛一个个跳动的音符,组成了一曲又一曲不绝于耳的危机悲歌。此时此刻,我屏气凝神,整理过往的记忆,无比虔诚地坐在电脑前敲出这一个个字符的时候,百感交集。

危机管理基因的普遍缺失

只要是危机,就一定会发生,杜绝危机发生的危机管理只是一种理想。危机管理的目的,在于让危机在特定时空内不发生,或者是尽可能延展没有特定危机的时间和空间。对任何人和任何组织而言,危机管理无疑应该是应对与预防并重。如果一定要将两者相权而有所侧重的话,那也应该是重在以高质量可持续发展为目的的危机预防,而绝不是以渡过危机为目的的危机应对。在危机管理过程中,危机预防方面的注意力和资源投入再多也不为过。尽管没有哪一个危机管理预案可以精准覆盖所有的潜在危机,也没有哪一个危机的演变和发展过程与危机管理预案完全吻合,但是,这并不意味着可以消极面对危机的演变,可以放弃对危机的预防。

没有哪个企业可以确保产品合格率和顾客满意度达到 100%,也没有哪个企业可以确保没有不良员工,确保相关制度体系的设计和执行没有漏洞,那么,对每一个企业而言,因此而诱发的危机就成了必然。与竭尽所能努力提高产品合格率和顾客满意度,以使之在最大限度上无限接近 100％一样,在危机管理过程中,企业和核心利益相关者也需要全力以赴:通过心智模式的持续改善以提升对潜在危机信号的甄别能力,发现并消除危机诱发要素,尽可能延展特定危机不发生的时间和空间;通过系统性思维来调整和优化危机管理策略和行动,尽可能控制和降低危机损害的烈度,缩小其范围,发现和抓住危机之中蕴含的新的发展机遇;通过自我超越来汇聚危机管理团队,打造共同愿景,设计并持续完善危机管理预案。显然,无论是危机感知、危机预防、危机应对,还是危中找机,其得以实现的基础和前提,都是企业和核心利益相关者的组织学习和系统思维能力。

可以确定的是,只有系统思考才是危机管理的不二法宝。不管是危机感知和认识、危机预防、危机应对还是危中找机,危机主体和核心利益相关者都需要在危机管理全过程中坚守自己的方向和愿景,持续改善自己在危机管理过程中的心智模式,构建危机管理团队并实现从个人到团队再到企业的自我超越。只有如此,才能真正实现从平庸到优秀和从优秀到卓越的危机管理。导致今天绝大多数人和企业在危机管理过程中遭遇失败的共同原因,正是愿景的迷失、心智模式的扭曲、自我超越的缺乏、踪迹难寻的危机管理团队和系统思考的不足。

愿景的迷失

为了寻找中国企业失败的共同基因,吴晓波先生在《大败局》中用他的"手术刀"解剖了世纪之交倒闭的一群中国企业样本,发现其中很多企业家都属于"功利的、不择手段的理想主义者",他们所领导的企业中蔓延着一种"病态的道德观":夸大其词的营销手段,兵行诡异的竞争策略,对利益相关者智商的蔑视和侮辱,对社会基本准则和规则的践踏……正是这种"病态的道德观",导致了许多企业在危机管理愿景上的迷失:在危机感知和认识过程中选择性无视潜在危机相关信息;在危机预防过程中缺乏伦理道德感和人文关怀;在危机应对过程中随心所欲、冷漠无情和缺少担当,甚至会肆无忌惮地寻找替罪羊以推卸危机责任。

迷失了危机管理方向和愿景而满足于得过且过的症状解,或许能够暂时帮助危机主体和核心利益相关者从尴尬的危机情境中脱身,但久而久之,无疑会使其对治标不治本的危机管理行动策略形成心理依赖,渐渐丧失发现和抓住危机管理根本解的能力,最终必将深陷攸关存亡的更为严重的系统性危机而难以自拔。

心智模式的扭曲

每一个危机主体和核心利益相关者的内心,都有着对自己及周围世界的认知假设。这种认知假设,自然也包括对危机管控的经验、态度和价值观。危机主体和核心利益相关者的心智模式如果扭曲,就会导致对危机管理规则和秩序的无视,导致在危机预防和应对过程中的失误。例如,"一切以自我为中心的""自私的"心智模式,会导致危机主体在态度和行动上对其他利益相关者的不尊重,以"不按牌理出牌"为危机管理行动策略,以对秩序的破坏而乱中取胜为危机管理目的,甚至于在危机应对过程中口无遮拦天马行空百无禁忌。长此以往,利益相关者自然也会以其人之道还治其人之身:一旦危机主体深陷危机困境,冷眼旁观者众而挺身相助者寡,落井下石者众而雪中送炭者寡,冷嘲热讽者众而同情怜悯者寡。

不难预料,在扭曲的心智模式之下,哪怕是一个极小危机的出现,也很容易导致企业的灭亡,甚至导致整个社会或整个行业生态圈中哀鸿遍地。在三聚氰胺危机中倒下的三鹿集团,以及迄今还在信任和声誉危机中苦苦挣扎的中国乳制品行业,无疑将是中国企业危机管理历史上一座永远值得关注和深思的警示碑。

自我超越的缺乏

曾经独家发明了汇兑体系并在明清两代兴盛数百年的山西票号,因为无视近代商业银行生态模式的出现,在 20 世纪初仅仅苟延残喘了 10 年,便在行业技术变革的危机中化为历史的尘埃。连续蝉联《福布斯》全球首富的美国微软公司创始人比尔·盖茨对潜在危机一直保持高度警惕,"微软离破产永远只有 18 个月!"无独有偶,深得全球竞争对手尊敬的中国华为公司缔造者任正非也是伴随着强烈的危机感一路前行至今,"我天天思考的都是失败,从来没有什么荣誉感和自豪感!"

自我超越是人们在身处顺境时对潜在危机逆境的强烈预感。导致山西票号难以发现潜在危机信号并进行有效预防的原因,正是其自我超越能力的缺乏。对比尔·盖茨和任正非来说,他们对潜在危机的忧患意识显然不是杞人忧天。正是他们这种强大的基于自我超越的危机管理能力,才使得微软公司得以平安渡过一次次攸关存亡的危机,使得华为公司在过去 30 多年来的历次灾难性危机中越挫越勇。遍观当今世界,能够像比尔·盖茨和任正非一样基于自我超越,对潜在危机始终保持清醒意识的企业危机管理领导者,实在是凤毛麟角。

踪迹难寻的危机管理团队

中国有句古话,"一个好汉三个帮"。没有韩信、张良和萧何等人的抱团协助,刘邦是绝对不可能成就大汉基业的。同样,没有一个卓越的危机管理团队,再精明能干的领导者,也很容易被一个可能极不起眼的危机击倒。身处顺境而春风得意时,身边的欢呼者或许会多得将危机主体淹没。可是,一旦面临危机而大厦将倾时,危机主体可能就会发现自己原来一直是在裸泳。当秦池蝉联央视标王时,在梅地亚宾馆激情澎湃的姬长孔一直被镁光灯所包围,然而,仅仅数月之后,当危机乍现时,簇拥在他身边的那些点子大师和高参便纷纷作鸟兽散。

大难临头各自飞,这是千百年来屡见不鲜的典型的危机情境。姬长孔当年在危机中所经历的这种尴尬显然并非孤例:因改制受挫而从"中国魔水"缔造者沦为阶下囚的李经纬,因巨人大厦资金链断裂而从创业明星一夜之间变身为"首负"的史玉柱,因光伏神话的破灭而从首富宝座上跌落的施正荣……谁会与你在危机中共舞?你的危机管理团队在哪里?这显然是值得每一个人,尤其是每一个企业和企业家深思的问题。

系统思考的不足

常常有人说,某个或某些企业的体量已经庞大到不可能倒闭的地步了。对此,我一直不以为然:无论是传统的以规模和资产傲视群雄的巨无霸,还是新兴的基于互联网思维独占行业鳌头的新贵,每个企业在成长和发展的同时,都在孕育着数不清的有朝一日足以击溃自己的潜在危机。

我曾经在某个声称以自建物流为核心竞争力的电商平台上买了一本书,当快递员把书送来时,我发现书的封面上有一个大大的黑乎乎的看上去像个脚印子的污迹。当我问这是怎么回事时,他的回答让我错愕不已,"这很正常!说吧,就这本书,你要,还是不要?"当我顺口接着问他"如果不要的话,会怎样"时,他居然一声不吭地拿起书就摔门而去。

我也曾经在某个常被称为行业领袖的电商平台上买了一张桌子。当我发现收到的桌子与网站图片几乎找不到一点相似之处时,联系商家得到的结果是两个选择:一是原样打包自付物流费退回,待验收无误并给予"好评"的前提下才能全价退款;二是按半价退款。看着该商家的一连串诱导我当初做出购买决策的"好评",我心有余悸也万般无奈,直接把那个做工粗糙丑陋粗笨无比的桌子扔掉后做了第二个选择。

我相信,我的这些尴尬的网上购物经历绝非独有和偶然。在这些失败的网购经历中,我看到的是电商平台企业千疮百孔的自建物流管理危机,是即使牺牲平台高管也未见有明显改善的假货泛滥危机,是在当下互联网新贵企业狂欢背后隐藏着的、狰狞面目正日渐显露的伦理与信任危机。导致这些危机的根源,即从危机感知和认识到危机预防和应对的系统思考能力的不足。

人类之所以能够站在生物链的顶端,是因为有着对危机管理问题的感知、认识和系统思考能力。系统思考是人类危机管理智慧的结晶,是思考和解决危机问题的基本方法,也是感知、应对和预防危机的行动基础。我确信,如果在危机管理过程中缺失了系统思考,这些电商平台企业所面临的潜在危机隐患,是绝无可能简单地通过开除某个快递小哥、关闭某个失信商家或让某个高管背锅而得到根本解决的。

危机是无时无处不在的。不管一个人的地位有多高、成就有多么显赫,也不管一个企业的规模有多大、实力有多么雄厚,只有那些对各种显性的和潜在的危机均具有高度敏感的认知能力,对动态复杂性危机演变过程具有系统思考能力的人和企业,才有可能未雨绸缪渡过危机,才有可能在危机过程中发现并抓住新的发展机遇,获得高质量可持续发展能力,才有可能真正实现从平庸到优秀和从优秀到卓越的质的飞跃。

让先驱更有价值

凡事皆有道,危机管理也概莫能外。危机并不可怕,真正可怕的,是面对潜在危机时的无知、侥幸和麻木。直觉告诉我,我们正在经历的,是一个对危机的感知和认识极为混沌的、大浪淘沙的时代。那些被危机击倒的人和企业,都是这个伟大时代的先驱。十多年来的每一次"危机管理"课,本书中的每一个字,都是对危机管理之道的探索,都对那些在危机中消亡的企业满怀着虔诚,都是为了让他们悲壮的危机经历变得更有价值。未来,当一份清晰的危机管理地图得以呈现的时候,当潜在的危机相关信息渐渐被挖掘、理顺和掌控的时候,当我们终于可以从容面对那些本就不值得恐惧的危机的时候,这些用他们曾经的存在帮助我们揭开危机面纱的先驱者,不应该被忘记。

先驱存于历史,先锋谱写历史。如果希望自己能成为当下或未来危机管理中的先锋,现在该做些什么呢?

当你翻开并开始阅读这本书的时候,你可能经常会停下来大笑或掩卷沉思,因为你会发现,书中讲述的那些危机困境正是你所经历的,那些危机解析正是你所苦苦思索的,那些策略建议也正是你所期盼和渴望获得的。读完之后,或许你会有拨云见日而豁然开朗的心情,也或许你会有更多更新的思考出现。

戴万稳

2019 年 2 月于南京大学安中楼

目　录

第一部分　危机感知与认识

第三部分　危机应对

第一部分
危机感知与认识

在任何时候,打开任何一个新闻终端,你都能听到、看到身边那些正在肆虐的危机,感受到危机主体和利益相关者们对危机预防不足的懊悔,在危机应对过程中的伤痛,以及对类似甚至完全相同的危机一而再再而三发生的无奈。

　　对于任何人,对于任何企业,危机都已然成为一种常态。然而,危机之中不应只有懊悔、伤痛和无奈,危机之中更多的应该是发现和抓住新的发展机遇时的兴奋。只有揭开危机的神秘面纱,基于系统思考,对无处不在的危机管理之债进行反思,危机主体才能在危机预防过程中未雨绸缪,才能在危机应对过程中知己知彼,才能在渡过危机的同时发现和抓住潜在的新的发展机遇,才能在危机管理全过程中真正实现从平庸到优秀和从优秀到卓越的脱胎换骨。

　　失败这一天是一定会到来,大家要准备迎接,这是我从不动摇的看法,这是历史规律!

——任正非①

---

　　① 中国华为公司主要创始人。

第 1 章　揭开危机的神秘面纱

　　天有不测风云，人有旦夕祸福。无论一个人的身份贵贱和地位高低，也无论一个企业的规模大小和竞争力强弱，都无时无地不在与形形色色的危机进行着亲密接触：就个人而言，可能会罹患疾病、遭遇交通意外，可能会和他人发生情感或肢体冲突，也可能会遇到来自低效行政的困扰；就企业而言，可能会因为产品质量问题被消费者投诉，可能会因关键岗位员工的离职而难以为继，可能会遭遇莫名其妙的股价震荡，可能会困扰于宏观经济政策调整，也可能会遭遇技术变革和市场萎缩。

　　危机没有预约，危机之中也没有看客。作为一种特殊的动态复杂性情境，危机演变过程中的一切都是不确定的，危机主体与利益相关者之间的关系永远是相对的。这些让人心有余悸眼花缭乱的危机情境，是危机相关要素从井然有序走向混乱无序的"熵增"过程，是压力，是挑战，也是机会。

　　显而易见的解，往往是无效的；非系统思考的对策，可能比问题更糟糕。

——彼得·圣吉①

---

　　①　Peter Michael Senge，美国麻省理工学院（MIT）斯隆管理学院资深讲师，《第五次修炼》的作者，学习型组织的倡导者，全球极具影响力的管理大师。

1.1 界说危机

长期以来,来自管理学和社会学等多个学科的许多理论研究者和实践探索者都一直在尝试着对危机进行解析,期望能给危机一个尽可能全面而确切的定义,以进一步研究危机的本质,探索危机管理的理论框架和方法。遗憾的是,受制于研究视角的局限性,学术理论界迄今尚未形成一个能够被人们普遍接受的关于"危机"的定义,实践界也对这种困扰和不安油然而生的特殊情境的管理莫衷一是。

危机属性:情境 vs. 事件

不同的社会文化情境下,人们对"危机"内涵的理解是不同的。在《现代汉语词典》中,"危机"一词主要包括两个含义,即"潜伏的危险"和"严重困难的关头",强调了危机的潜在性和紧迫性等特征。在韦氏英文大词典中,"危机"一词指的是"有可能变好或变坏的转折点或关键时刻",危机既是"危险"与"机遇"的综合体,也是危机主体命运的"分水岭"。很显然,在西方社会文化情境下,重点关注的是危机过程中的关键转折点,但是在东方社会文化情境下,危机内涵则更为丰富,除了关注危机时刻的应对,还考虑到了危机演变的动态过程,关注潜在的危机诱因。

正是因为对危机本质理解的差异,东西方社会文化情境下企业的危机管理策略重点也往往是不同的。西方企业的危机管理策略侧重于现在和未来导向,强调渡过危机并从当前的危机应对过程中发现和抓住新的发展机遇。相比较而言,东方企业的危机管理策略侧重于从过去到现在再到未来的全方位思考,强调追根寻源,从过去的危机管理经历中总结经验教训,感知和认识当下潜在的危机及其可能的诱因,并针对未来可能发生的危机进行有效预防。

迄今为止,中外危机管理理论研究者和实践探索者对危机的解析主要包括"事件说"和"情境说"两大类别。"事件说"认为,危机是一种对危机主体有着不确定潜在威胁和负面影响的事件。这种事件不但会对危机主体的人员、产品、服务、资产和声誉造成极大损害,而且会要求危机主体在时间等资源严重不足、不确定性压力极高的情况下做出关键性决策。尽管"事件说"从多个方面解析了危机的特征,但其研究视角过于狭窄,忽视了危机演变过程的动态复杂性,使得危机主体难以对危机的前因后果及其间的关联进行把握,在危机管理过程中往往会基于静态的直觉判断而疲于应付,难以从根本上消除危机,真正实现让危机在特定时空范围内不发生的危机管理目标。与"事件说"所不同的是,"情境说"认为危机是一种出乎意料的、高度不确定的情境。在这种特定的情境之下,危机主体的根本目标或重要的价值观受到威胁,但危机管理决策和行动所需的相关资源极为有限,尤其是时间资源严重不足。

综合东西方相关研究和探索,本书认为,危机指的是一种在严重威胁和超强压力下对不确定性进行决策的情境。这种情境的属性主要体现在三个方面:严重威胁、超强压力和不确定性决策。

> 危机主体在危机过程中所面对的严重威胁和挑战,既可能是精神层面的,即危机主体的价值观和伦理行为准则,也可能是物质层面的,即危机主体的存续和发展。

> 危机主体在危机过程中遭遇的超强压力,主要源自可以调配和利用的资源极为有限,包括人力资源、物力资源、财力资源和时间资源等等。

> 从诱因到结果的整个危机演变过程中的一切都是不确定的。同样的危机管理行动,可能会因危机演变过程中某些不可控因素的影响而出现不同的甚至是完全相左的结果。

危机情境的严重威胁、超强压力和不确定性决策属性,使危机感知、危机预防、危机应对和危中找机等动态复杂性危机管理过程得以有机融合。如图 1-1 所示,对潜在危机相关信息的感知和认识,是危机主体对危机情境中可能存在的严重威胁和挑战成功进行甄别的基础,是针对可能的不确定因素未雨绸缪,制定和持续优化危机管理预案的前提,也是在超强压力下汇聚利益相关者力量成功进行危机应对的先决条件。在从危机感知到危机预防和应对的正向增强循环过程中,危机主体和核心利益相关者不但会使自己的危机管理能力得到持续成长,而且还可能会在感知、预防和应对危机的过程中发现和抓住新的发展机遇。

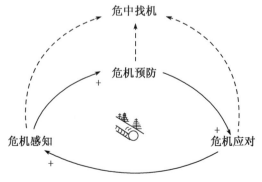

图 1-1 动态复杂性危机管理过程

覆巢之下,焉有完卵

巴菲特在评价欧洲债务危机的时候认为,"这是一场好戏,但我是不会看戏的"。在系统思考理念下,危机情境演变和发展过程中的精彩必将牵动包括危机主体在内的每一个利益相关者。

无论是谁,都难以在危机情境中做到事不关己高高挂起,都不可能成为完全置身于危机之外的看客。2006 年发生于南京的彭宇案本是一件极其普通的民事纠纷,却因论证逻辑广受质疑的一份判决书而成为引爆中国社会信任危机的导火索,使得"情大于理,理大于法"的传统社会文化特征与以证据和事实为唯一准绳的法律形成了尖锐的冲突。

这种矛盾和对立被放大之后,对中国社会人与人之间、人与组织之间的信任基础产生了极大的危害。每一个人和每一个组织都难以置身于此一危机之外,所有的利益相关者都深受其扰,各种枉顾他人利益和公共道德的、错位的怪异社会现象更是于光天化日之下大行其道:2011 年 10 月,年仅两岁的女童小悦悦在广东佛山被车撞倒之后,18 个路人从她身边经过,但都无一例外地选择了冷漠地离开①;2018 年 1 月,合肥某乘客为了等候迟到的家人,用身体阻碍已然晚点的高铁发车②;2018 年 8 月,"霸座男"孙某在高铁上以"站不起来"的莫须有理由强占他人座位③;2018 年 10 月,重庆万州坐过站的乘客刘某无理纠缠并用手机砸司机导致 22 路公交车失控后坠入长江④……雪崩时,没有一片雪花是无辜的。

动态复杂性危机情境之中,今日的问题往往来自昨日的解,任何拍脑袋和想当然的、仅凭一腔热血和激情的危机管理策略和行动,很可能都是错的。只有在社会公德不再是纸上谈兵的时候,文明才会内化成人们的信仰,才能成为对社会性危机行为的普遍约束。任何无视社会道德准则和破坏社会规则的人都必须付出相应的代价,真诚地道歉和主动面对责任应该是面对此类危机的最基本态度。

---

① 光明日报,《"小悦悦事件"的法律思考》,2011 年 11 月 3 日;光明日报,《不要动不动说道德滑坡》,2011 年 10 月 31 日;佛山日报,《一根刺,扎进每个人的内心》,2011 年 10 月 17 日。

② 人民日报,《"高铁扒门"事件,无视规则的人必须付出代价》,2018 年 1 月 10 日。

③ 中国青年报,《霸座男成网红,谁为恶俗博出位提供了市场》,2018 年 9 月 5 日。

④ 人民日报,《重庆万州发生公交车坠江事故》,2018 年 10 月 29 日;人民日报微评,《不形成制度正义,类似悲剧便难断绝》,2018 年 11 月 2 日。

在彭宇案所引发的"扶与不扶"的社会性危机拷问之下,某大学校长宣称,如果该校师生因扶起摔倒的老人而遭到起诉,学校将无偿提供法律支持,将由学校和校友募资为其赔偿。这一"校长撑腰体"言论因其徒有其表的正能量而爆红网络,但遗憾的是,其对当下中国社会信任危机的消解作用恐怕终将有违校长们的初衷。姑且不论动用学校资金和校友募款进行败诉赔偿的合理合规性,仅以此一言论的潜台词而言,其中的内涵恰恰是对整个社会法律体系的先入为主的不信任。

事实上,彭宇案的一审判决只是个别现象而已,正是在诸如"校长撑腰体"的非理性危机干预之下,这似乎已然渐渐成了人们潜意识中的一种常态。这种缺乏系统思考的危机管理行动越是努力,其结果往往越是适得其反,不但难以达成其倡导师生讲诚信、做好事和做有道德公民的目的,反而会导致整个社会信任危机状况的持续恶化。

面对社会价值观扭曲危机的严重威胁,我们更应该反思的是,彭宇案中的那份奇葩判决书是如何堂而皇之出台的,小悦悦身边的那 18 个路人内心冷漠的根源是什么,那位以身体阻拦高铁的乘客,那些层出不穷的霸座男女,其内心极度自我的情结又是如何养成的。

覆巢之下,焉有完卵。如果不能基于系统思考去发现和消除社会价值观扭曲危机的根源,类似于彭宇案的奇葩判决必然会一而再再而三地重演,从小悦悦身边冷漠路过的看客数量也将远不止 18 个,为了一己之私而置社会秩序和公义于不顾的蛮横现象也必然会越来越多地出现。如此,在这些潜在危机的威胁之下,每一个人都有可能会成为下一个倒霉蛋,成为社会信任危机中的牺牲品。

危机没有预约

与没有哪个企业可以确保其产品和服务百分之百合格一样,也没有哪个企业可以确保员工中不会有害群之马,没有哪个企业可以保证所有的管理制度体系都尽善尽美而不存在漏洞。既然如此,产品的瑕疵、员工的懈怠和破坏,以及制度制定和执行过程中的缺陷而导致的危机,对于任何一个企业都是不可避免的。

面对突如其来的危机,危机主体及核心利益相关者必将承受伴随危机而来的超强心理压力,不但会紧张,而且很可能会因此而产生恐惧感,导致危机认知、危机应对、危机预防和危中找机能力的下降,甚至会在消极的情绪影响下抱怨命运对自己的不公,偏执地认为是别人搞错了而极尽推脱责任之能事,最终导致整个危机管理的失败。

尽管危机爆发之前往往会有若干信号出现，但是，所有危机在来临之前都是不会进行预约的。工业安全专家赫伯特·威廉·海因里希（Herbert William Heinrich）认为，每一起严重事故的背后，必然有 29 次轻微事故和 300 起未遂事故先兆以及 1000 起事故隐患。① 根据海因里希法则（Heinrich's Law），危机显然并非一个孤立的事件，或许对危机主体和利益相关者们所造成的危机伤害是在某一瞬间突然发生，但其实是一系列相关事件连锁发生的结果情境。2019 年 3 月 10 日上午，埃塞俄比亚航空公司所属的一架波音 737 - MAX 型客机坠毁，导致 189 名乘员罹难，这是继 2018 年 10 月 29 日印尼狮航的一架波音 737 - MAX 型客机坠毁导致 178 名乘员遇难之后的又一惨剧。相隔不足 5 个月的连续两起空难，让波音公司及其 2017 年入市以来已斩获全球超过 5 000 架巨量订单的 737 - MAX 新型客机在一瞬间便深陷品牌和声誉危机之中：埃航空难之后，波音公司股价在短短 3 天内便出现了自"9·11"事件以来的最大跌幅，蒸发市值近千亿美元；至少有 13 个国家暂时禁止波音 737 - MAX 飞机在其领空飞行，至少有 43 个国家的航空公司全面停止了该机型的飞行任务。

同一型号，都是机龄只有几个月的新飞机，都是在刚刚起飞不久便坠毁，这显然不能说是巧合。将接连发生的两起空难过程进行比对之后，人们惊奇地发现，波音公司在这一新型客机上采用了一种新的失速保护程序，使得自动驾驶系统可以根据飞机机身攻角传感器的信息，在不对飞行员进行提示的情况下直接操控飞机。于是，这两架飞机在起飞之后，飞行员都陷入了与自动驾驶的"人机大战"之中：当飞机处于起飞爬升阶段时，这一程序就会基于未经对比矫正的错误的攻角传感器数据使飞机自动进行俯冲，当飞行员好不容易通过人工干预抬起机头时，程序又会再次让飞机俯冲，如此这般地拉起来，按下去，再拉起来，再按下去……最终导致了狮航和埃航的两架客机起飞不久在低空划出一道道 S 形曲线之后便接连坠毁。

狮航空难之后，印尼国际交通安全委员会于 2018 年 11 月底公布的调查报告表示，该型号客机失事前曾反复出现技术问题，攻角传感器的错误信息导致机头不断被强制向下，失事客机飞行员曾 20 多次拉起机头。狮航其他飞行员也都表示对波音公司的这一新型系统并没有得到充分的信息，在遭遇类似的紧急情

---

① Heinrich H. W. *Industrial Accident Prevention: a Scientific Approach*. McGraw-Hill, 1931.

况时,他们不知道如何做出合适的反应。

为什么以保障飞行安全为目的的自动控制系统反而会危及飞行安全?为什么飞行员与自动驾驶系统在飞行控制过程中不是互补,而是对抗?为什么新的控制系统功能没有能在驾驶指南和飞行员培训中得到充分体现?正当波音公司和狮航之间围绕空难原因在于不可靠的飞机自动控制系统,还是在于不靠谱的航空公司飞行保障而争执不休时,在非洲飞行安全声誉良好的埃塞俄比亚航空公司惊人相似的又一惨剧,使波音公司的品牌和声誉危机雪上加霜。

尽管没有哪一个飞机制造公司可以确保所产出的飞机绝对安全,尽管波音公司一再声明对 737 - MAX 机型的安全性有足够自信,但是,在这一场突如其来的危机威胁之下,如果危机沟通和应对不当,执全球民航飞机制造业牛耳数十年来所积累的波音公司品牌声誉必将毁于一旦。

危机中的一切都是不确定的

祸兮福之所倚,福兮祸之所伏,危机中的一切都是不确定的。这种不确定性的根源,就是危机演变和发展过程本身所固有的动态复杂性。虽然危机主体和核心利益相关者可以在一定程度上对某些潜在危机爆发的时间、地点和方式进行大致的判断,并基于判断结果准备相应的危机管理预案,但是,没有哪个危机的演变是完全按照危机管理预案的安排一步步进行的,任何一个情境要素的哪怕是极为细微的变化,都可能使危机演变和发展过程偏离危机管理预案。换言之,完全按照危机管理预案而演变和发展的危机,几乎是不存在的。

在危机管理预案中,危机主体和核心利益相关者对潜在危机情境的所有判断都是相对的。一方面,潜在危机的诱发因素、危机演变和发展过程中的干扰因素为数众多,没有哪个人、哪个企业可以确保其危机管理预案已经完全考虑和覆盖了所有潜在危机情境,掌握了所有可能诱发潜在危机的相关因素;另一方面,危机的诱发因素和危机演变过程中的干扰因素彼此之间会形成动态的、极为复杂的相互作用关系,其结果必然会导致危机情境的难以预见性和高度不确定性。

鉴于危机演变和发展过程的动态复杂性,危机主体一旦对危机情境及其相关影响因素的作用产生误判,则极有可能导致危机沟通和应对失败,使得危机状况持续恶化,即从一种负面影响相对比较有限和容易应对的常见危机情境,恶化转变为攸关存亡的灾难性危机情境。近年来,德国大众汽车公司苦心经营大半个世纪而塑造的品牌和质量神话,就在排放造假这一灾难性丑闻危机中从神坛上跌落了。

在德国大众汽车公司82年来的发展史上,犹如过山车一样的2015年给所有的核心利益相关者留下了尤为深刻的记忆。刚刚在上半年达成多年来的心愿,首度击败老对手丰田而登上全球汽车品牌销量的冠军宝座,下半年就被爆出使用欺诈软件修改排放测试结果,深陷"排放门"危机,召回车辆以千万计,各种罚款、赔偿使大众公司在这次危机中的直接损失近300亿美元。相比较而言,这次危机给大众公司带来的间接损失更是一个难以估量的天文数字,随着品牌"人设"的崩塌,大众投资者和消费者纷纷离去,大众公司的市值在极短的时间内几近被腰斩。

作为以"精益求精"和"工匠精神"为标签的德国制造业的代言企业,作为德国汽车产业的领跑者,大众汽车为什么会铤而走险走上尾气排放造假之路呢?有人将此归结于资本的趋利性,有人认为是新能源汽车快速兴起而带来的竞争压力所致,也有人把矛头指向了全球汽车市场上各大汽车企业之间的过度竞争,这显然都是一些基于狭隘的心智模式的揣测。这些将危机一味归于外因的说法不但不能自圆其说,而且难以得到利益相关者,尤其是广大投资者和消费者的认同。

无论是资本的趋利性,还是新技术的发展或竞争对手的市场压力,都只是使大众深陷"排放门"危机的表层原因,其深层次原因则在于大众汽车公司作为制造业企业的"为什么而制造"的价值观崩塌问题。

置身于动态复杂性危机情境之中,企业实现"自利"的前提唯有"利他",即只有基于符合社会主流价值观的"利他",企业才能找到根本的危机管理之道,才能真正实现"自利"而渡过危机,并在危机中找到新的发展机遇。虽然大众汽车公司也在官网上宣称其"保护资源环境"和"促进社会公正"的社会责任观,但是,在面临资本的趋利性诱惑时,在新技术发展和市场竞争对手的压力之下,大众终究还是被自己所击败而放弃了社会责任,使得一个司空见惯的市场竞争压力危机,在基于侥幸心理的危机管理恶性循环之下难以自拔,最终演变成灾难性的品牌信任和声誉危机。

危机中的一切都是不确定的。大众汽车公司"排放门"危机的根源,绝非只是"资本的趋利性""新技术的发展"和"竞争对手的市场压力"之类的简单外因,而是对动态复杂性危机情境的错误认知,是从偶然性欺骗到习惯性造假的沉迷,最终使大众汽车公司在常见的竞争危机困境中舍本逐末,热衷于通过"旁门左道"来扩大利润,走上了一条饮鸩止渴的不归路。

1.2 危机谱系

迄今为止,人们已经创造了很多词汇用来勾勒和描述危机情境,例如事故、事件和冲突等等。随着人们对危机情境感知和认识的不断加深,为了能够系统解析危机管理之道,在最大程度上实现对危机演变和发展过程的管理和控制,甄别危机与自然灾难之间的关系,理清危机的谱系就显得尤为必要了。

自然灾难不是危机

这是当下许多人和企业对危机情境感知和认识的误区所在。但凡危机,其诱因中必有人为因素,否则,危机主体就无法通过合适的危机预防而达成使危机在特定时空范围内不发生的危机管理目的了。也正是危机诱因中的这些人为要素,使得危机与自然灾难之间的甄别成为可能。

2004 年 12 月 26 日,印尼亚齐地区发生里氏 8.9 级地震,引发了一次罕见的、高达 10 余米的印度洋大海啸,造成印度洋沿岸地区近 30 万人死亡,50 多万人无家可归[①];2010 年 4 月 14 日凌晨 1 时,冰岛南部亚菲亚德拉冰盖的艾雅法拉火山喷发,使得附近的 800 多居民流离失所[②];2011 年 3 月 11 日 14 时 46 分,日本东北部海域发生里氏 9.0 级大地震并引发海啸,造成了 10 102 人死亡,超过 17 000 人失踪[③];2013 年 2 月 15 日 9 时 20 分,俄罗斯中部乌拉尔地区的空中掠过一道刺眼的白光,一颗质量约 10 吨、速度约 30 公里/秒的陨石在数声巨响中落地,多处房屋的窗户被震破,上千人受伤[④]。无论是地震、海啸、火山爆发,还是陨石撞地球,都属于迄今为止未见有人为诱因的自然灾难。

在自然灾难面前,人类的力量是极为渺小的,甚至于到现在为止,对于火山爆发、地震的预测预报依然是世界级的科学难题。当然,对于陨石撞地球之类的自然灾难,人类则更是难以预防和有效应对。自然灾难与危机是有着本质区别的,其直接诱发因素中一般都难以找到人为因素的痕迹。相应地,所有的危机诱

---

① 人民日报,《印度洋遭遇 40 年来最强烈度地震海啸,万人丧生》,2004 年 12 月 27 日。

② 人民日报,《关注冰岛火山爆发》,2010 年 4 月 21 日;中新网,《害怕火山二度爆发,冰岛疏散南部近八百居民》,2010 年 4 月 14 日。

③ 人民日报,《面对天灾,中日有难同当》,2011 年 3 月 13 日;人民日报,《日本发生特大地震海啸》,2011 年 3 月 12 日。

④ 成都商报,《流星撞地球,伤俄上千人》,2013 年 2 月 16 日。

因之中,都应该能够找到或显著或隐蔽的人为因素。

1982年9月29日,强生泰诺胶囊被人投毒,导致美国芝加哥地区2天内7名消费者丧生①;2003年10月13日,理律律师事务所员工刘伟杰盗卖客户SanDisk公司委托存管股票并卷款潜逃,不但让理律所数十年累积的品牌声誉危在旦夕,而且让理律所及所有的合伙人都濒临破产;2008年,直接导致1万多名婴幼儿患病和4名患儿死亡的三聚氰胺毒奶粉事件浮出水面,不仅导致三鹿公司倒闭,而且将整个中国奶制品行业都卷入了迄今依然凄厉的信任危机之中②;2011年8月26日,因为对日本大地震和福岛核事故处理不力而备受诟病的菅直人内阁,在执政仅14个月后便遭遇空前的信任危机,被迫集体辞职③;2018年1月30日,多年来以"零不良贷款"纪录傲视全国金融行业的某商业银行成都分行向空壳企业授信以转移不良贷款的违规行为曝光,不但使该银行因形同虚设的内控体系和淡薄的合规意识而被课以巨额罚款,也敲响了金融行业考核激励机制不当、危机预防体系缺失和危机管理能力低下的警钟④;2018年7月15日,国家药品监督管理局在飞行检查⑤中发现长生生物公司冻干人用狂犬病疫苗生产记录造假⑥,不但使该公司股价一泻千里,而且引发了社会公众对国产疫苗质量的普遍质疑⑦。这些危机的演变和发展过程中,都显而易见地存在着若干人为因素的作用。

当然,危机与自然灾难之间的区分也并不是绝对的。一方面,尽管灾难本身不是危机,但是,自然灾难可能会成为危机的诱因之一。例如,在自然灾难中救灾不力,或者相关救灾善款使用不透明,都可能会导致政府和许多慈善组织遭遇信任危机。另一方面,许多自然灾难诱因中之所以未见有人为因素,或许只是因为当前人们对真相的信息获取能力不足、认知能力有限而已。随着人们对真相

① 新民周刊,《小小胶囊连夺七命,美国"泰诺"杀人启示录》,2003年6月17日。
② 光明日报,《毒奶粉前不能苛求公众淡定》,2013年8月6日;人民网,《三鹿奶粉事件始末》,2014年3月5日。
③ 中国日报,《日本菅直人内阁集体辞职》,2011年8月30日。
④ 中国经济周刊,《"零不良"神话破灭》,2018年1月28日。
⑤ 飞行检查(Unannounced Inspection),简称飞检,指事先不通知被检查对象而实施的现场检查,是由产品认证机构对获证后的工厂最常用的一种跟踪检查方法,也是提高工厂检查有效性的重要手段。
⑥ 国家药品监督管理局网站,《国家药品监督管理局关于长春长生生物科技有限责任公司违法违规生产冻干人用狂犬疫苗的通告(2018年第60号)》,2018年7月15日。
⑦ 人民日报,《真相不沉默,疫苗才不失信》,2016年4月1日。

的信息获取和认知能力的发展,那些原本对于人们来说属于无能为力的自然灾难,或许就慢慢变成了能够预防和应对的危机。如果有证据表明,正是人类的太空活动而导致某个流星或陨石的运动轨迹发生改变并最终撞向地球,人类的某些不良行为所致的全球气候变暖诱发了海啸,人类的海底核试验诱发了火山喷发,人类的巨型水坝建设诱发了地震,那么,这些流星撞地球、海啸、火山喷发和地震也就都不再是自然灾难,而成为可以进行预防和应对的危机。

危机分类的相对性

危机演变和发展过程的动态复杂性,决定了各种危机类别之间必然会有着相对性特征。如果忽视了这种相对性,那么对于危机谱系的认知就会不可避免地遭遇静态陷阱。

近年来,有学者试图从危机主体是否违反相关法规或道德标准的视角,基于危机主体的过失有无,将危机分为不可辩解的危机和可辩解的危机,认为危机主体一旦违反了法规或标准,就形成了危机主体有过失的、不可辩解的危机而遭遇危机情境。相反,如果危机主体能够找到相应的法规和标准支撑其行为决策的合理性,就属于危机主体无过失的、可辩解的危机,就可以通过解释或澄清来规避危机演变和发展过程中对危机主体和核心利益相关者的负面影响。这些观点虽然看似有一定的道理,却属于典型的静态危机管理思维模式,不仅会助长危机主体在危机管理过程中的侥幸心理,使其游走于法律法规和标准的边缘,而且对于危机主体的危机感知与预防也是有百害而无一益。

事实上,对于人为因素诱发的危机来说,没有哪一种危机对于危机主体来说是无过失的,是可以辩解的。法规和标准都是人为制定的,从来也不存在绝对的法规和标准可以用来规避危机演变和发展过程中的负面影响或者对危机进行分类。如果一定要有一个标准,那也只能是存在于人们潜意识中的以动态复杂性为唯一特征的永恒变化着的危机认知,以及在这种认知下所形成的危机爆发时间点的差异和危机主体的不同。

因此,就危机的分类而言,可以从危机情境发生的时间点来进行分类,如过去的危机、现在的危机以及未来可能发生的潜在危机,也可以从危机主体的性质来进行分类,如个人的危机和组织的危机。

对于过去、现在和将来的危机,其间区分的关键主要在于动态复杂性危机演变和发展过程中危机情境所处的时间点。随着时间的流逝,所有当下正在发生的危机情境都会成为过去,而所有将要发生的潜在危机也早晚都会成为当前的和过去的危机情境。就危机管理而言,过去的危机情境能够为危机主体应对正在发生的当前危机情境提供决策借鉴,而过去的危机情境和当前的危机情境则能够为危机主体就潜在危机的预防和应对打下良好的基础。

对于个人的危机和组织的危机,其间区分的关键在于危机主体是个人还是组织。由于人类天生的社会化属性,每个人都同时有着各种不同的组织身份,属于不同组织中的一员。每个人既是一个国家组织的公民,也是一个家庭组织的成员,同时又可能是一个企业组织的员工。正是在不同组织中身份属性的叠加,才构成了每个人的社会属性。因此,当危机主体是某个自然人时,则是个人的危机;当危机主体是由多个自然人所构成的组织时,则是组织的危机。组织有很多种,小到家庭、企业和政府机构,大到整个社会。在本书中,对于组织的界定以企业为主。

在危机管理过程中,由于个人的危机预防和应对不慎,员工个人的危机极有可能会演变和发展成为其所在企业组织的危机。相应地,一旦企业组织遭遇危机,其中的员工个人也难逃殃及池鱼的命运,从而诱发职业生涯发展中断、经济收入降低等一系列员工个人危机。

过去、现在和未来的危机

基于危机情境所处时间点的不同,可以将危机情境分为已然过去的危机、现在正在发生的当前危机,以及将来可能发生的潜在危机。

1. 过去的危机

如果危机已经发生,且危机所引起的各种直接后果和负面影响已然平息,那么,这就属于已经过去了的危机情境。尽管过去的危机的威胁貌似已渐行渐远,但是,对于包括危机主体在内的每一个核心利益相关者来说,都需要对过去所经历的危机进行反思:我们过去曾经经历过哪些类似的危机? 对于过去的危机,我们的预防和应对处置正确吗?

相信很多人都对 2003 年席卷全球数十个国家和地区的 SARS(严重急性呼吸综合征,Sever Acute Respiratory Syndrome)危机情境记忆犹新。这一发端于中国广东的公共卫生健康危机,曾让全球各国的政府和社会管理机构大为紧张,因为对于这一传染性极强的疾病而言,当时的人们在病因、传播特征、临床表现、治疗和预防等各方面都是一无所知。所幸的是,全球各国科研机构和研究人员在通力协作之下,不但很快就弄清楚了 SARS 的发病机理、传播途径、临床诊断和治疗方法,而且也发现了一系列卓有成效的预防策略和手段。

2. 当前的危机

如果危机情境发生的时间点是在当下,那么,这就属于现在正在发生的当前的危机情境。毫无疑问,面对现在正在发生的危机情境,危机主体及所有的核心利益相关者都需要审慎斟酌的是:我们现在的危机应对策略是正确的吗? 每一个危机管理行动决策的依据是什么? 先前制定的危机管理预案和当前危机状况之间的差异如何?

近年来,西非多个国家一直笼罩在 2014 年被发现并持续至今的埃博拉出血热危机之中。尽管世界卫生组织的官员多次表示,终结埃博拉疫情的目标"非常有可能实现",但是,"新增病例数量的减少,并不意味着危机的威胁正在变小"①。从历史上看,大多数有过埃博拉疫情的国家,都会在疫情结束后的两年内再次爆发,因此,当下的西非各国无疑需要与国际合作伙伴一起进行长期的疫情监测,持续提升自己对埃博拉危机的预防和应对能力。

3. 潜在的危机

如果危机尚未发生,那么这样的危机情境就属于未来可能发生的潜在危机。对于未来可能出现的潜在危机,危机主体和所有的利益相关者都需要思考的是,我们准备好了吗?

未来,与 SARS 和埃博拉疫情危机接踵而至的新的传染病危机情境,会在什么时候在哪个国家以什么形式爆发? 会以什么样的途径被传播? 会在多大程度上对人类的存续和发展形成威胁? 虽然现在对于新的潜在传染病危机情境的一切都是未知,但是,十多年前的 SARS 以及当下仍在西非各国肆虐的埃博拉疫情,无疑为预防和应对未来潜在的传染病危机情境提供了前车之鉴。

尽管 2003 年的 SARS 危机已然成为历史,但正是在 SARS 期间所获得的经验和教训基础上,中国各级政府及相关组织建立了传染性疾病预防和控制系统,并在 2013 年 H7N9 新型禽流感危机情境管控过程中得到了进一步的完善,不但为 2014 年后在全球范围内抗击埃博拉疫情提供了帮助②,也为未来未知的传染病危机情境的应对和控制提供了决策借鉴。

---

① 人民日报,《科技大观:应对埃博拉疫情需要重防控》,2014 年 8 月 8 日;光明日报,《埃博拉疫情令人忧心》,2014 年 8 月 1 日。

② 光明日报,《阻击埃博拉的中国力量》,2018 年 8 月 10 日。

个人和企业的危机

基于危机主体性质的不同,本书主要讨论个人的危机和企业的危机。

1. 个人的危机

对个人而言,做对一件事并不难,难的是一辈子都做对事。相较于那已经很难了的"一辈子都做对事",更难的是"一辈子不做错一件事"。

人非圣贤,孰能无过? 从亚当和夏娃走向那个诱人的苹果至今,人类行为中的犯错就从未停止过。犯错是人类进步的阶梯,几乎所有的成就,都是基于不断的试错而取得的。没有哪个人能够保证其一生中都不会犯错。既然每一个人都难免会犯错,那么,犯错而诱发危机就成了或早或晚的必然。不论是位高权重富可敌国的达官显贵,还是布衣黔首黄冠草服的平民百姓,都随时有可能因为一念之差的犯错而身陷危机旋涡。

在危机管理过程中,有成功者,但更多的是失败者。人们在危机管理态度、价值观和行为上的不同,将直接导致危机管理结果的天壤之别:有的人在危机中遭受了重创,在事实上很短暂而感觉上却极为漫长的痛苦煎熬之后,资产、形象和声誉都有可能在危机中遭受重创,甚至危及存续和发展的基础而从此一蹶不振;相反,有的人敏锐地发现并抓住了危机演变过程中稍纵即逝的机遇,不但平安渡过危机,而且脱颖而出凤凰涅槃,获得了新的跨越式发展。

追根寻源,古今中外的个人危机大多源于对潜在危机动态复杂性特征及其可能后果的无知和无畏,对未来规划的迷失,以及从过去经验中进行学习的错觉。

(1) 对潜在危机的无知与无畏

无论是谁,也无论是任何时候,都需要对潜在的危机永存敬畏之心。在危机管理过程中,无畏者的态度和行为,彰显的往往是一种极其可怕的对危机动态复杂性特征的无知。

对此感触犹深的,莫过于那些以杠杆手段在背离了投资属性的股市中试图实现经济自由梦想的股民了。在本质上,股市是一个向社会投资者开放的企业股权交易平台,而股市杠杆则意味着投资者可以运用少数保证金翘起 N 倍本金进行炒股。换言之,股市本应该是上市公司经营状况的晴雨表,但是,股市与上市企业经营状况之间的这种紧密关联一旦被弱化,则可能会变质为一个赌场,而加杠杆炒股的行为则无异于一种倾其所有的豪赌。如果上市公司的信息披露不及时,甚至违规行为屡屡出现而得不到有效遏制,则会使得股市最终沦为一个披着投资平台华丽外衣的陷阱和骗局,那些加杠杆炒股的绝大多数股民则无异于亢奋的赌徒,等待他们的命运也必将是在危机旋涡中沦陷和毁灭。

在日常生活中,其实也不乏类似于股市和加杠杆炒股的现象。譬如,你以首付 20 万买了一幢总价 100 万的房子,就意味着你使用了 5 倍的房市杠杆,一旦房价上涨 20%,你的投资回报率就是 100%!同样,你以 20 万购买了市值 100万的股票,就意味着你使用了 5 倍的股市杠杆,一旦股价上涨 20%,你所持股票的投资回报率也将是 100%。股市和房市之间的差异,只在于股市行情变化的速度和变现的便利性远超于房市而已。

在这种快速致富的诱惑和冲动之下,很多股民丧失了对股市和房市中潜在危机的感知能力,甚至会因为对这种潜在危机的无知而在交易过程中变得无畏。回望 2015 年的 A 股行情,人们印象最为深刻的莫过于"杠杆"和"千股涨停+千股跌停+千股停牌"。在那段光怪陆离的日子里,在权威媒体"4000 点才是 A 股牛市的开端"的蛊惑下,无数股民倾尽所有甚至举债投身于牛市大潮,不但误认为买到就是赚到,而且杠杆越加越高。遗憾的是,这种疯狂的投机行为一旦淹没了股市投资的理性,显示屏上股价数字的红色和绿色一旦与企业运营绩效的真实状况失去应有的关联,股市也就彻底沦陷为一个无形的赌场,无数股民也就在不知不觉中变身为赌客。短短几天之内,在"千股涨停"的盛宴中,随处可见的是激动、狂欢和暴涨的贪欲;在"千股跌停"的多米诺骨牌踩踏下,到处是迷茫、惊愕和对人生的绝望;在"千股停牌"的前无古人或许也后无来者的奇闻播报屏幕上,是黑底白字的幽默提示,"一旦逃出火场后,不要再返回火场"。

基于系统思考,对危机情境的动态复杂性特征及其可能后果的洞察,是危机管理决策和行动成败的关键。千百年来,由无知而诱发的危机悲剧在人类历史长河中并不鲜见。这种基于对危机演变过程和结果的无知而产生的无畏,是为个人危机根源之一。

（2）对未来规划的迷失

计划经济时代,大多数员工都习惯于以企业为家,甚至主动牺牲个人的休息时间不计报酬地加班加点工作,生活与工作之间的关系高度统一。改革开放之后,尤其是世纪之交,市场经济大潮中大量企业员工在产业转型升级过程中纷纷被下岗,仅上海地区因下岗而遭遇职业生涯规划危机的纺织女工人数就近百万之众。尽管企业和政府提供了多样化的新技能培训和再就业机会,但仍有很多员工在潜意识中固执地认为,"我做不了其他工作的啊,我是一个纺织工!"①

在以高考为指挥棒的应试教育体制下,许多学生把高考当成了努力学习的唯一动力。读小学是为了考中学,读中学是为了考大学,然而,考上大学之后呢,很多学生便在长期的应试压力陡然释放之后迷失了。在大学的象牙塔中轻松愉快地度过四年之后,许多学生便彻底不知道自己该做什么了。如今,曾经贵为"天之骄子"的大学生们毕业即失业的现象比比皆是,甚至有很多大学生因此而患上了匪夷所思的"毕业恐惧症",有的继续依靠父母而成为啃老一族,有的盲目选择考研以试图换取再多三年的幸福而迷茫的象牙塔中的日子。

读完大学之后,我们可以做什么呢? 2000 年,曾是地区高考状元的某名校毕业生操起杀猪刀开始他那"猪肉佬"职业生涯,曾引起当时社会舆论的一片哗然。2013 年 4 月,年过不惑的他回母校演讲时,第一句话就是"我给母校丢了脸、抹了黑,我是反面教材"。很显然,在他和很多人的潜意识中,高考状元和名校毕业生的交集只应该是政治家、科学家、教育家,是儒雅的学者、事业有成的官员、发达的企业家,而绝无可能是一个屠夫。

一个人一味专注于工作或者学习本身的时候,就不会对工作和学习与社会互动的结果有责任感。如此,一旦遭遇变革,就难以摆脱局限性思考障碍,难以察觉未来规划危机的诱因和过程的相关要素,而只会偏执地归罪于外:我们的纺织厂之所以倒闭,我之所以下岗,之所以失去了作为一个纺织工的工作机会,一定是因为某些奸商和既得利益者的合谋。大学生毕业即失业,都是应试教育和大学扩招惹的祸。集高考状元和名校毕业生光环于一身的名校高才生之所以会成为"猪肉佬",一定是因为他没有一个好的家庭和社会关系背景。然而,危机真相真的是如此吗?

如果基于系统思考而对这些危机现象进行解析,上海纺织女工之所以会抵触再就业技能培训和学习,大学生之所以会对就业产生恐惧,人们之所以会对名校毕业生成为"猪肉佬"而感到莫名惊诧,均是因为其内心深处对于未来规划的迷失,是为个人危机根源之二。

(3) 从经验中学习的错觉

2011 年在澳门授课期间,一个出租车司机的感慨给我留下了极为深刻的印象:"澳门回归之前,我们常常去港澳码头接送来自香港的赌客;澳门回归之后,

---

① 联合时报,《上海纺织:从壮士断臂到凤凰涅槃》,2009 年 8 月 24 日;《架起希望的金桥:上海纺织再就业工程》,百家出版社,2002 年版。

我们更多地是去珠海码头接送来自内地的赌客。无论这些赌客是来自香港,还是来自内地,他们在澳门的行为模式几乎都是一致的:早上接他们过来赌场的时候,一个个都是财大气粗意气风发;晚上送他们离开赌场的时候,几乎无一例外地都是一贫如洗如丧家之犬。"

为什么来自不同地区的有着不同肤色、不同教育层次和不同文化背景的人们都有可能迷失于博彩危机呢? 其实,赌场与赌客之间的输赢,绝不是因为微弱得几乎可以忽略不计的数学概率差异,更多地是源自系统思考能力的缺乏而导致的从经验中学习的错觉。这种错觉,不但铸就了赌客的贪婪、不服输以及侥幸的心理,铸就了赌客嗜赌成瘾的行为弱点,而且会使赌客深陷博彩危机之中而难以自拔。

现在人们所学的知识,很多都是对过去经验的总结和反思。然而,这些来自过去经验的知识,在当下的危机管理实践应用过程中都不可避免地会受到时空限制。也正是这些经验知识所固有的时空限制,很容易使赌客产生从过去危机经验中学习的错觉,甚至在身陷破产危机的时候还是一片茫然。

虽然每个人都与生俱来地有着一定的对潜在危机相关信息的感知和认识能力,但这种能力往往会受到从危机经验中学习错觉的影响。正是这种影响,使赌场的赌客个个都信心满满,认为自己会成为足够幸运的那一个赢家,使人们迟钝甚至丧失了对于潜在危机相关信息的感知和甄别能力,最终成为被煮的青蛙,是为个人危机根源之三。

2. 企业的危机

所有企业的成长和发展历程中,都遍布着各种各样的危机。但凡企业的消亡,一定是源自危机管理的失败。如果能够成功进行危机管理,一个企业的寿命在理论上是可以无限延长的,但是,如《基业长青》(*Built to Last*)的作者吉姆·柯林斯(Jim Collins)所描述的那种历经百年危机洗礼而长盛不衰的企业实在是凤毛麟角。壳牌石油公司的一项研究显示,大型企业的平均寿命仅约为人类平均寿命的一半。换言之,亲历当下所在企业的倒闭危机,对于很多人来说,都将是一个大概率事件。就企业危机的来源而言,可能源自企业外部,如政策和法律环境的变迁、市场竞争的加剧、行业和产品技术变革等等,也可能源自企业内部,如战略管理理念的扭曲、产品和服务的瑕疵、管理制度体系设计和实施的漏洞等等。

政策和法律环境的变迁,可能会使企业失去一直以来所依赖的政府财政支持,使企业的原材料成本、人力资源成本和污染防治成本上升,使企业的运营合规制度体系受到挑战;市场竞争的加剧,可能会使企业的市场和利润空间萎缩,使企业面临更多来自同行或跨界竞争对手的压力;行业和产品技术变革,可能会使企业的核心竞争优势不再。对于外部危机之源,企业或许很难进行有效控制,但是,这并不意味着企业不可以通过合适的危机管理策略和行动,对企业外部危机的演变和发展过程及方向施加影响,在尽可能减轻外部危机对企业可持续发展能力损害的同时,发现和抓住其中的潜在发展机遇。

企业管理理念的扭曲,可能会使企业的战略决策和行动失误,导致企业战略资源运用的低效和浪费,在人力资源管理上"事不得其人,人不能尽其才",在财务管理上拆东墙补西墙;产品和服务的瑕疵,可能会使企业失去利益相关者的信任,深陷伦理责任旋涡;管理制度体系设计和实施的漏洞,可能会使企业中组织政治和派系现象林立,有令不行且有禁不止,在一个个看似影响不大的违规行为之后酿成危及企业生存的惨剧。对于内部危机之源,企业是完全有能力可以进行感知、预防和应对的,其成败之间的差异,就在于危机管理态度和价值观正确与否。

危机管理的清醒与迷醉之间,往往只是一步之遥。任何一个机遇,都可能会成就一个企业家,可能会给企业带来超乎想象的发展。此时的企业家,因为他们敏锐地发现并抓住了机遇,极有可能会被吹捧为或者自诩为不世出的天才而飘飘然;此时的企业,在一番蒙眼狂奔之后,在绝大多数利益相关者的眼中是规模足够大、资金足够充裕、人才足够多,俨然已经到了倒不掉和不能倒的地步。问题是,这样的机遇会一直存在吗?这一波利好行情还会持续多久呢?当早晚一定会到来的危机冬天降临时,你和你所在的企业准备好了吗?

在企业危机演变和发展过程中,往往是"屋漏偏逢连夜雨,船迟又遇打头风",来自内外部各种危机之源的作用,彼此之间会交互作用,并在恶性循环之下不断增强。企业是在万般无奈之下回天无力而化身为历史的尘埃,还是在危机洗礼之中力挽狂澜而成为业界领袖和中流砥柱,全在于其危机管理态度和价值观是否正确,前期的危机预防是否到位,以及当下的危机沟通和应对是否适当。有了正确的危机管理态度和价值观,才有可能提出共同的愿景以凝聚利益相关者之合力于危机管理过程,改善员工个体、部门和企业组织的心智模式以感知和甄别潜在危机信号,基于自我超越进行未雨绸缪的危机预防,打造危机管理团队以做出正确的危机沟通和应对行动决策,也才有可能基于系统思考在危机管理过程中发现和抓住新的发展机遇。

很显然,只有对企业内外部各种危机相关要素的形成进行追根寻源,对其间的交互作用过程进行抽丝剥茧的解析,才能够打造一个在危机中屹立不倒的优秀企业,成就一个在危机中高质量可持续发展的卓越企业。

第 2 章　危机管理之债

超常的快速发展之后，往往会是更为快速的衰败，这仿佛已然成为当下很多企业成长和发展过程中的魔咒。即使那些现在看上去很成功的企业和企业家，常常也都是很差劲的危机管理者，终将在自己亲手种下的危机之债中折戟沉沙。

当你在一片危机废墟中独自舔舐伤口时，当你在利益相关者们远去的背影中苦涩回味昔日的辉煌时，你或许才会幡然醒悟：只要是危机管理之债，最终都是要还的，而且还要加上利息。当然，与如影随形的危机管理之债一样，危机演变和发展过程中潜在的新的发展机遇也是无时无处不在的。即使你已然身负巨额的危机管理之债，只要你从现在开始关注和扫描危机诱因，系统评估和分析潜在危机信号，开始着手解决当下的和潜在的麻烦，你就有可能连本带利还清危机管理之债，发现和抓住危机中潜在的新的发展机会，就有可能收获和品尝危机管理的成功。

入则无法家拂士，出则无敌国外患者，国恒亡。

——孟子①

---

① 约公元前 372 年—公元前 289 年，思想家、教育家，儒家学派代表人物。与孔子并称"孔孟"，被尊称为"亚圣"。

2.1　无时无处不在的潜在危机信号

当你试图用一句"善意"的谎言来激励员工的工作热情时,当你试图用一个快捷模块甚至是不洁代码来节省编程时间时,当你试图用一次超过偿还能力的借贷来解决财务困境时,请记住:这些非系统思维下的危机应对行动,都会成为新的危机之债,都会成为未来将会爆发的更加难以应对的潜在危机的根源。

无论是哪种形式的交换,通常都是以公平为基本准则的。如果你没有把这种交换的基本准则牢记在脑子里,你在危机管理过程中的任何举债行为,都无异于舍本逐末和饮鸩止渴。或许那些被自我安慰为权宜之计的举债行为能让你从危机困境中获得暂时的解脱,但是,作为危机主体,你必须对这种危机管理症状解时时抱持高度的警惕和戒心,在用症状解换来的有限时空范围内全力以赴于危机管理根本解的寻找和实施。的确,一点一滴地提升员工的工作热情,一个代码一个模块地编写程序,一厘一毫地累积收入,尽管可以从根本上消除危机困境,却难以立竿见影,有时甚至需要经历一个相当长的时间滞延。如果你在这个过程中失去耐心,转而求助于那些看上去既省心又不费力的危机管理症状解,慢慢就会在这些症状解的诱惑之中迷失,失去寻找根本解的动力和能力。此时此刻的你,就会对症状解,即更多的谎言、更多的不洁代码和更高额的借贷形成依赖,也很快就会遇到更大的麻烦,遭遇更难以应对的新的危机。

如果你蒙眼狂奔迷醉于发展速度,正在为不可思议的成功而感到沾沾自喜,如果你钻研于钩心斗角的企业政治,未经历风雨就在镁光灯下享受四面八方潮涌而来的掌声、赞美声和羡慕的眼光,如果你独断专行而无视企业的管理细节和标准,如果你习惯性渎职于伦理价值观和责任要求,那么,你的危机管理之债应该正在以可怕的加速度进行累积。和经济债务一样,如果你引发了危机管理之债却没有意识到要为此承担责任,或者根本就不愿意去负责,那么,你的危机管理最终必然会失败。

不可思议的成功

如果你手中持有的股票在短期内持续出现莫名其妙的暴涨行情,如果你遇到突如其来且几近完美的爱情,如果你的下属取得了超过所有人合理预期的业绩,你似乎完全有理由为此而感到高兴和兴奋不已。但是,你也应当警惕是否存在这样的一种可能性:你手中的股票可能正在被某个庄家操控,暴涨之后便会是迅猛得让你无路可逃的暴跌；让你耳热心跳的爱情背后，可能只是一个布局精巧的“仙人跳”；貌似能力超群的天才下属可能正在铤而走险，通过一些违背伦理、道德、法律或企业政策的手段来谋取超乎寻常的收益和回报。

　　通常情况下，不管是个人，还是企业，如果在短时间内取得了不可思议的成功时，都有理由应该多一份警惕。正如没有哪一个企业的产品能够确保百分之百合格一样，也没有哪一家银行能够确保所有员工的行为都符合规范，确保百分之百地无不良贷款。当某商业银行发现某个地区分行的业绩连续十多年突飞猛进，不但所有员工都没有任何不良记录，而且不良贷款率也一直为零的时候，其上级银行和监管部门就都应该小心了。该分行的这种长期无不良员工行为记录和不良贷款的现象，其本身就是一个极其明显的潜在危机信号。遗憾的是，十多年来如此明显的信号，都被上级行和监管部门选择性忽视了，他们不但没有对此一异常现象予以足够的关注，引起足够的警觉，反而对这一“皇帝的新装”大为赞赏，将其竖为行业标杆和模范。当该分行一系列触目惊心的违规行为最终被发现和曝光之后，最应该值得深思的，正是导致如此不可思议的“成功”得以大行其道的原因，即该银行及金融业监管机构长期以来所形成的危机感知和辨识能力不足，以及整个银行业在激励和风险控制上存在系统性缺陷的危机管理之债。对于此类系统性危机的管理，仅仅一罚了之无疑是简单粗暴和难以行之有效的。

　　当然，这样的问题绝不仅仅是银行业独有。任何监管部门对任何企业的任何产品实行质量免检，其本身都是一种对潜在危机相关信息麻木不仁的危机管理之债。2008 年的三聚氰胺毒奶粉危机对中国乳制品行业的负面影响迄今犹在，如果只是将这一危机之源简单归咎于三鹿公司某些员工的疏忽或者企业管理者的渎职，那显然是远远不够的。三聚氰胺毒奶粉危机管理过程中更需要深思和警惕的是：这些三聚氰胺毒奶粉是如何通过各种检查而长期畅销于市场的？这些毒奶粉是如何受到监管机构的青睐而成为免检产品的？ 多年来消费者对毒奶粉的投诉又是如何被忽视的？ 如果不能找到这些危机管理之债的根本解决方案，下一次毒奶粉危机便随时有可能会出现。

　　如果总行及金融业监管机构面对分行零不良员工行为和零不良贷款的“成功”时，食品业监管机构面对三鹿公司产品质量全部合格的“成功”时，能够基于系统思考而及早感知和发现其中的潜在危机隐患，及时端正危机管理态度，调整危机预防策略和手段，也就不至于会使整个银行业和乳制品行业被殃及而深陷于信任和声誉危机之中了。

危险的企业政治

在书摊上满是《办公室丛林法则》、荧屏逐渐被《杜拉拉升职记》霸占的今天，无论是国企、民企还是外企，都会遭遇各种各样的企业政治危机。其典型的表现就是滥竽充数者越来越多，扯皮和推诿责任的现象越来越普遍，"眼睛盯着领导，屁股对着下属和客户"成为司空见惯的常态。

一旦遭遇企业政治危机，企业就会沦为钩心斗角、尔虞我诈的宫斗剧片场，工作中出工不出力的现象就会变得越来越严重，部门之间和岗位之间扯皮和推卸责任的情况就会越来越常见。遇到问题时，大家几乎都会下意识和想当然地归罪于外，异口同声地回答，"是你（别的岗位和部门）的错！"或者"是月亮（客观原因）惹的祸！"

置身于企业政治危机的旋涡之中，员工个体的选边站队就会成为必然，阿谀奉承就会成为大多数人趋之若鹜的必修课。那些拒绝选边站队的和不善于阿谀奉承的员工，在企业中的生存和发展空间就会变得越来越窄。最终，职业忠诚被领导者个人忠诚取代，劣币驱逐良币，随处可见的都是对领导者个人死心塌地的庸才，而企业则会在领导者个人的飘飘然之际渐渐病入膏肓。

有点似曾相识的感觉？因为这或许正是你曾经或正在置身其中的危机困境！既然企业政治如此凶险，那么，如何才能有效预防和应对企业政治危机呢？一方面，必须确保组织管理制度的透明，构建和坚守符合社会主流价值观的企业文化；另一方面，基于系统思考，持续提升企业管理者的危机管理领导力。

人是一种具有复杂心理活动的高级动物。在浓厚的企业政治氛围下，即使最终的奖惩结果还算公正，但如果评价过程缺乏透明度的话，也往往会诱发员工之间以及员工与企业之间的信任危机。只有管理制度的制定和执行过程透明化，员工才可能会真正成为"制度监督员"，制度也才可能真正获得自我持续优化的生命力，并得到绝大多数员工的普遍认同和信服。如此，企业政治的生存空间就会随着以使命、愿景和核心价值观为主体的企业文化的建设而被持续挤压；即使得逞一时，也很难持久甚至演变成为主流；即使无法杜绝，也不至于蔓延成灾而诱发企业的生存危机。

当然，企业政治现象与管理者的职业操守底线是紧密关联的。可以说，有什么样的管理者，就会有什么样的企业政治。如果企业管理者无视企业政治的潜在危机威胁，再健全的管理制度，都可能会毁在设计和制定这些制度的管理者手上。对于一个管理者来说，任何时候都要不忘初心，绝不能视企业利益为某种交换的筹码,这在以"关系"导向为核心的中国社会文化情境下尤为值得警惕。当某位下属犯错,根据企业管理制度必须撤职甚至辞退的时候,即使这位下属私下里和管理者个人感情深厚,即使他在过去曾经为企业的发展立下过汗马功劳,也绝对不能姑息迁就。反之,即使某位下属与管理者个人的私交一般,甚至曾因工作发生过激烈的争执或冲突,如果其能力与业绩表现俱佳的话,那么就应该得到奖励和提拔。

对细节和标准的主观忽视

英国民间流传着这样一首民谣:"失去了一颗铁钉,丢了一只马蹄铁;丢了一只马蹄铁,折了一匹战马;折了一匹战马,损了一位国王;损了一位国王,输了一场战争。"这一民谣源自英国国王理查德三世与里奇蒙德伯爵亨利在 1485 年进行的一场战役。在这次战役中,据说只是因为一颗钉子,理查德三世最终败北并失去了对整个国家的统治权。

那些诸如小小的马蹄钉一样的看似微不足道的细节和标准之中,往往蕴藏着诱发危机的种子。如《韩非子·喻老》中所记载的,"千丈之堤,以蝼蚁之穴溃",对细节和标准之于危机管理的警告可谓振聋发聩。在企业运营过程中,那些看起来仿佛是无关紧要的细节性小问题,那些对标准和规范的偶尔突破,往往都是至关重要的潜在危机信号。如果危机主体在主观上无视这些正由小变大、由偶尔变成经常出现的潜在危机信号,就难以基于系统思考拟定行之有效的危机管理预案,就会在置身于危机情境之中时应对失措,甚至会诱发新的更难以应对的攸关存亡的灾难性危机。

祸患常积于忽微,危机之中常常是一失万无,这些道理并不深奥,谁都能懂,却不容易铭刻于心。近年来,从黄岛输油管道爆炸到天津港危险品仓库爆炸,再到盐城响水天嘉宜化工厂爆炸,动辄以数十上百条生命为代价的安全生产危机警示鼓点正变得越来越密集。在天嘉宜化工厂爆炸之后,人们赫然发现:2017年至今,该工厂曾多次因违反固体废物管理制度等被监管部门和机构罚款;国家应急管理部甚至早在 2018 年 2 月就给该企业明确列出了一张包含 13 项问题的清单! 每一次罚款,清单中的每一个问题,看上去都与接踵而至的这次爆炸惨剧紧密相关。遗憾的是,这些罚款和这张在官网上静静悬挂了一年之久的清单背后,不是诚实面对危机真相的整改,而是企业和核心利益相关者的各种形式主义和官僚主义应付,是对这些问题中所包含的管理细节和规范标准的无视,是2019 年 3 月 21 日午后的一声巨响、一片焦土火海和 78 条鲜活生命的代价。

几乎所有标准和规范的制定,都有其必要性和存在的逻辑。然而,标准和规范又恰恰是最容易被人们主观忽视的危机信号。一方面,没有哪一个标准能够涵盖企业运营中的所有细节,所有的标准都不可避免地存在细节性的疏漏;另一方面,没有哪一个企业可以确保员工能够完全理解标准和规范,而不会在遵守和执行过程中犯错。虽然标准和规范的缺陷以及员工的偶然性操作失误在所难免,但是,这绝非可以无视管理细节和规范标准的借口。当违反管理细节和规范标准的行为一而再再而三地出现的时候,显然应该引起足够的警觉:这无疑是一种带有系统性特征的危机现象。究其根源,就在于危机主体和核心利益相关者在潜意识中对管理细节和规范标准的主观忽视。换言之,对潜在危机的感知和认识,绝不应该是刷在墙上和挂在嘴上,而应该是落实在行动上。如果不能基于系统思考,从根本上改变"一罚了之"的监管,不能根除从危机感知到危机预防和危机应对的危机管理全过程中的形式主义和官僚主义,未来的安全生产危机警示鼓点必然更为密集,代价也必将更为惨烈。

习惯性渎职的剧场效应

在一个剧场里,大家都在看戏。每个人都有座位,大家也都能清晰地看到演员的表演。忽然,有一个观众站起来了,可能是因为他觉得坐着看戏不得劲,站起来能够看得更爽。于是,后面被遮挡视线的人开始抗议,周围的人劝他坐下,但他置若罔闻。

过了很久,管理员终于在千呼万唤中过来了,但他不是责令那位站起来的观众坐下去,而是在另外再购买一张票之后,那位观众就被默许可以站着看戏了。于是,那人周围和后面的观众,或是出于好奇,或是为了不被遮挡,也都或效仿或被迫再买一张票而获准站着看戏了。最后,全场的大部分观众都从坐着看戏变成了站着看戏。

后来,有人觉得站在椅子上看戏更爽,当然,那得是另外多买两张票才能换来的特权。于是,又有大多数观众或被迫或效仿地跟进。

后来,又有人感觉在脚底下垫上几块砖会看得更爽。当然,每多垫一块砖的代价,就是得多买一张票。那位剧场管理员发现自己渐渐忙不过来了,再也顾不上,也根本没心思和兴趣去研究和选择受观众欢迎的剧本和演员了,甚至不得不增雇了几个帮手,以能够准确计算观众脚下垫得越来越多的砖的数量。当然,剧场收入开始出现连续倍增,连带附近那家本已陷入运营困境的砖厂生意也莫名其妙地开始火了起来。

后来，某个观众在看演出的过程中一趔趄，从垫得高高的砖堆上摔倒了，连带周边的观众也倒下了一大片，很多观众受伤，酿成了一起不大不小的踩踏事故。面对蜂拥而来的记者，剧场管理员认为，该事故的原因主要在于两个方面：其一，是有些观众太贪心，脚底下垫了太多的砖；其二，是观众脚下垫的砖的质量太差了。

再后来，就没有人会去光顾这个不安全又没有好片子的剧场了，而边上那家刚刚扩建准备大干一番的砖厂，也不得不和剧场一起关门歇业了。

这就是习惯性渎职危机情境下的剧场效应。在这个听起来似乎像童话般的渎职危机过程中，所有的利益相关者，最终都成了受害者。表面上看，这一动态复杂性危机的始作俑者似乎是那个首先站起来看戏的观众，因为是他首先破坏了秩序。实际上，真正应该为这一危机负责的，或者说危机的真正根源，是剧场管理员的渎职。

今天，在很多领域，对很多人和很多企业来说，渎职危机情境下的剧场效应已然在不知不觉中变得司空见惯，尤其是那些隐性渎职现象和行为，更是成了一种防不胜防的潜在危机情境之源。当你基于"不管你如何做，我只看结果"的逻辑给下属布置任务时，当你的眼里只有明星员工，耳朵里只能听到来自明星员工的声音时，当你视管理为压制不同意见的幌子时，当每次开会都只是为了凸显作为管理者的你的智慧和英明时，这种习惯性渎职的剧场效应很快就会在你的企业中出现。如果你所在的企业中，这种习惯性渎职的剧场效应现象已然成为常态，那么，企业倒闭危机的倒计时应该也早就开始了。

此一危机的解决关键，就在于对渎职危机行为本身及其剧场效应后果的系统思考。任何人和任何部门对渎职行为的容忍，其本身就是一种过错。如果这一态度和认识不够端正，对于习惯性渎职危机的任何管理行动就都不可能有效，剧场效应现象也将会成为习惯，一而再再而三地反复出现。

2.2　人才困境

21 世纪什么最重要？毫无疑问，是那些创造和掌握知识的人才！如果让一个 CEO 对公司中的人才状况进行评价，你几乎很少能听到肯定的结果。换言之，人才困境几乎是当下所有企业管理者共有的危机之债。相应地，人才危机也就成了制约绝大多数企业高质量可持续发展的顽疾。遗憾的是，很少有人能够认识到企业的人才危机状况，明确说明企业中到底存在着哪些人才危机。

人才生态环境扫描

了解一个企业的人才危机状况,最佳的方式和途径就是对企业中的人才生态环境进行扫描,包括甄选和招聘、培训和开发、绩效和报酬,以及人才维持等4个方面。

系统思考这20个问题,你大致就可以知道企业的人才危机状况了。

1. 甄选和招聘

➤人才选聘面试官对拟聘岗位所需技能标准的了解程度如何?

➤人才选聘面试官向求职者介绍企业情况并进行适当反馈的主动性如何?

➤企业人才库对员工能力状况的更新及时性如何?

➤和业界最强企业进行人才争夺的胜算如何?

➤员工晋升遴选过程的透明程度如何?

2. 培训和开发

➤员工对企业之于自己的期望了解程度如何?

➤员工在工作过程中的潜能发挥程度如何?

➤员工对企业使命和价值观的认同程度如何?

➤员工在工作过程中获得规范指引的及时性和全面性如何?

➤员工和同事及上下级讨论工作改进的频率和范围如何?

3. 绩效和报酬

➤对员工绩效反馈的及时性、前后一致性和清晰程度如何?

➤对表现欠佳员工的管理有效性如何?

➤员工认为自己所得薪酬和福利的合理性如何?

➤与业界同行相比,企业薪酬福利的竞争力如何?

➤员工对工作过程和结果的满意程度如何?

4. 人才维持

➤企业员工离职比例的合理性程度如何?

➤人才流动与企业所处发展阶段相匹配的程度如何?

➤企业对员工离职原因的反思程度和修正及时性如何?

➤企业与离职员工保持联系和沟通的人性化程度如何?

➤应企业发展需要,离职员工重新回来工作的意愿如何?

不妨基于你所在企业的人才管理状况,尝试思考和回答以上20个问题,答案为"高"者赋值 5 分,答案为"一般"者赋值 3 分,答案为"低"者赋值 0 分。

这 20 道题目的总分即你所在企业人才管理状况的得分:如果您所在企业的得分在 90 分以上,恭喜你,企业中的人才危机状况应该还不算太急迫;如果得分在 70~90 分,企业的人才危机应该已经近在咫尺了;如果得分在 50~69 分,企业应该正处于攸关存亡的人才危机之中了;如果得分在 30~49 分,你该立即着手考虑如何远离这家企业了;如果低于 30 分,你确定这家企业还没有倒闭吗?

头衔与升职的陷阱

在一次企业访谈过程中,我很诧异地发现很多员工在企业中遇到不熟悉的人时,都会习惯性地称呼对方为"×总"。翻开这家企业的组织架构和岗位设置图,原来这家企业中带"总"的岗位真的是好多,企业层面的管理者是"总裁",事业部和职能层面的管理者是"总经理",业务层面的管理者是"总监"。很显然,在这家企业中,头衔被员工们看得很重要。

头衔对于员工之所以重要,无外乎两个原因:其一,是为了满足员工自我价值外显的需要。随着员工工作能力的提升和对企业贡献度的增加,尽管薪酬会越来越丰厚,但这种对员工自我价值相对隐性的体现是很难时时刻刻为他人所知的。相比较而言,职位的晋升和头衔的改变,就很好地满足了员工的这种自我价值外显的需要。其二,是为了满足员工社会身份识别的需要。随着企业规模的扩大,除团队内或岗位业务关联的几个常见面孔外,员工之间通常就很难知道"谁"是"谁"了,此时,头衔就如同速记符号,可以帮助大家准确描述每个员工在企业中的层级和角色。

既然头衔很重要,那么,什么样的头衔才是合适的呢? 还记得那个在微博上炫耀住豪宅开豪车生活的名叫"郭美美 baby"的网友吗? 她引爆人们对公益慈善组织的信任危机,其根本原因就在于她自我标榜的那个公益慈善组织"总经理"头衔。事后,在面对记者的询问时,她感到很委屈,说别的小姐妹们为了好玩,都在微博上写自己是什么 CEO 之类的,言下之意,为什么我就不能说自己是总经理呢? 殊不知,在这个遍地 CEO、总裁和总经理的商业社会环境之中,人们在这一危机中感兴趣的并非她的这个"总经理"头衔,而是这一头衔之前标注的那家公益慈善组织。

由此可见,无论头衔是主管、经理、总监、总经理或是总裁,其实关键还是在于头衔前面的那个标注。或许借助于这些花哨的头衔可以暂时吸引利益相关者的眼球,但千万别忘了,企业内部必须有一套合理的岗位职责界定和严格的晋升标准,并确保这些标准能够得到不折不扣的贯彻和执行。

在企业中,一个员工如果表现突出,就可能获得晋升,直至可能会被提拔到一个超出他的胜任力的岗位层级。那么,问题就来了,有谁知道某个员工难以胜任的会是公司中的哪一层级岗位呢? 这就是人力资源任用中难以避免的彼得定律:基于某个人现有的能力,他该晋升至公司中的哪一个层级最为恰当呢? 这显然是无法预知的。只有在一番试错之后,等到发现这个员工可以或难以胜任某层级岗位工作时才能知道。

遗憾的是,这种试错对人才管理工作的负面影响是非常大的,甚至会在此过程中诱发新的人才管理危机。假如某个初级软件工程师认为自己的编程能力和水平远在企业中新任的某个高级工程师之上,就会引发这位初级工程师对岗位、头衔和相应薪酬配置的不满,就会成为企业人才管理系统危机的根源。

由彼得定律衍生出的另外一个值得关注的人才管理危机根源,就是"坏榜样法则"。依据这一法则,公司中无论哪个层面出现了能岗不匹配的滥竽充数者,都会像蛀虫一样给其他成员带来负面影响,甚至使得那些本来能力卓著的员工或者渐渐变得平庸,或者心生去意。

导致这一人才管理危机的原因其实很简单:每一个员工,都会习惯性地以能力最差的那个上级作为参照物。例如,A员工因为彼得定律而获任企业副总裁,属于几个企业副总裁中能力最差的一个,但是,那些部门主管们并不知道这种尴尬的彼得定律现象的存在,他们会纷纷以A副总为标杆,作为自己努力的方向,产生和提出升职要求,由此就会诱发企业中人才能力和岗位职级不匹配的系统危机。

企业作为员工施展个人才华的舞台,其属性和常见的竞技场是不同的。一个岗位所需的很多能力要素都是隐性的。一个员工是否能胜任,显然是很难通过一张考卷、几场面试,或者效仿竞技场上柔道选手的升段PK来进行判断的。为了避免落入头衔与升职的陷阱,有效预防和应对由彼得定律和坏榜样法则诱发的人才管理系统危机,企业必须为所有岗位制定科学严谨的、公开透明的选聘及升职流程和标准,并定期进行检核和调整。

当然,这些人才管理流程和标准一经制定和确认,就必须得到所有员工,包括最高领导者本人的尊重。作为领导者,可以公开提议对这些流程和标准进行复审和修订,但绝不可以有一丝一毫的僭越。只有如此,员工才不会纠缠于头衔的高低,企业也才能摆脱头衔与升职的人才管理陷阱以及由此而可能诱发的一系列人才管理系统危机。

人才欲望的无限膨胀

出差途中,邻座上初识的那个家伙让作为一家中型企业创始人的你刮目相看。一番交流之后你不禁心生感慨,尽管他在技术研发方面不能算是顶级水平,但实在是一位难得的技术管理人才啊!

终于,在你诚意十足的感召和盛邀之下,这位人才答应加盟你的企业,当然你承诺的是更多的薪水,或者答应的是更高层级的技术部经理岗位,甚至原先一直困扰他的太太工作安置问题、孩子入学问题都在你的亲自关照下一并得到了圆满的解决。

唯一尴尬的是,企业中现任的技术部经理也是你刚刚费了九牛二虎之力才引进来的一个人才,美中不足的是,他虽然技术开发能力一流,但管理和协调能力有所欠缺。你的初衷其实是无可厚非的:如果能够把他们两个都留住,在技术部的管理工作上能力互补,岂不妙哉? 问题是,技术部经理岗位只有一个。于是,聪明的你又想出了一个"一山容二虎"的好主意:同时设立两个技术部经理岗位,一位负责技术研发,一位主抓技术管理。你的目的其实是很明显的,希望两位难得的人才能够彼此弥补缺陷和不足,共同进步。但是,很不幸,你很快就需要连本带利地偿还因此而衍生出的危机管理之债了。

几乎没有任何悬念的,你这种"一山容二虎"的做法,很容易让技术部的工程师们变得无所适从。如果某位工程师需要技术部经理就某个问题做出决策,他该请示哪一位经理呢? 如果其中一位经理做出了某个决定,另一位是否有权否决呢? 如果需要对一项复杂的技术决策开会讨论,两位经理是否都必须出席呢? 谁来决定技术部未来发展的方向呢? 如果技术管理经理对研发规划负责,技术研发经理对研发质量负责,那么一旦技术管理经理主导制定的研发规划下研发质量出现了问题,谁又该为此负责呢? 你又怎么知道真正的问题是出在了研发规划还是研发过程?

渐渐地,你就会发现,随着时间的流逝,原先相得益彰彼此互补的初衷实际上只能是镜中花水中月,看上去精英荟萃的技术团队的绩效,很快就会莫名其妙地变得越来越糟糕。或许,在短期之内,你还可以偶尔亲自主持一下研发部的大局,试图以威权对矛盾双方彼此的分工进行明晰,甚至以越级指导的方式直接干预几次研发规划和研发过程的决策。

诚然,这样的做法或许可能会让危机的负面影响稍见缓和,但是,这显然只是暂时的症状解,而绝非能够从根本上消除潜在危机诱因的根本解。随着你不得不进行的越来越多的亲自干预，技术部门的角色和作用就会逐渐变得模糊和退化，作为企业管理者的你，定然会因此而变得更为焦头烂额和心力交瘁！

这并不是寓言故事，而是一个总裁班学生在危机管理课上陈述的他的亲身经历。在他所领导的一个不到 2 000 人的中小型制造企业中，职能管理部门多达 37 个，部门副经理以上的中高层管理者多达 126 人，而且这上百号人几乎个个都是他近年来千辛万苦挖角而来的深受其赏识的业界精英。

这种人才管理危机困境的代价是极其惨痛的。在本地同规模同行企业高速发展时，他领导的企业却一直因莫名其妙的管理内耗深重而停滞不前。最终，唯一的危机应对策略就只能是休克疗法，重新梳理企业中每一个部门的职能，重新配置每一个岗位，重新评价每一个人才的能力，一次性还清因其人才欲望的无限膨胀而带来的所有危机管理债务和利息。

来自资深人才的诱惑

EMBA 课堂上学到的管理新知，让一个打拼了十几年的民营企业家眼界大开。在对企业中的中高层管理者进行拔苗助长式的一番密集轮训之后，他依然意犹未尽，"这样的员工能力提升实在是太慢了！"

很快地，他就发现了引进外部资深人士这样一个捷径。于是，一批有着出类拔萃的才干、广博深厚的专业知识、久经沙场而阅历丰富的人才在他的盛情邀请和高薪打动之下加盟企业的高管团队。然而，伴随着外来者和土著的角力，越来越频繁和尖锐的冲突很快打破了这家企业十多年来好不容易形成的稳健发展态势，原先分管生产、营销的本地出身的多位左膀右臂纷纷离职。最终，随着企业绩效飞速下滑，外来的和尚们也因念坏了企业的这部经而纷纷被遣散。

一个本来看上去好端端的企业，似乎是在一瞬间就变得一地鸡毛、千疮百孔而危机重重。"为什么会这样？"一脸无助的他看上去很迷茫，"他们可都是来自国企和外企的、在业界有着很好的表现和口碑的人才啊，是我看走眼了吗？"

这显然是一个有趣的人才管理系统危机。让我们一起静下心来，基于系统思维来回顾这几个问题吧。

1. 为什么要引进这些资深人才？

他的答案是时间。

尽管十多年来企业的发展还算稳健，但是，面对来自国内同行和跨国公司在华子公司的双重竞争压力，企业一直以来在成本、渠道和市场等方面所拥有的优势正在失去。面对渐渐落后于竞争对手的发展速度，股东和员工们的信心都已远不如前,引进和任用这些有着丰富管理经验的人才,一方面可以起到"鲶鱼效应",激发企业中老油条土著们的潜力;另一方面,可以加速企业的管理走向正规,增强竞争力并更快地取得成功。

是的,这或许正是某位大牌管理学教授在上课时所谆谆教导的。然而,遗憾的是,管理学教授们的演讲从来都是很丰满的,而企业管理的现实往往是太过骨感了。聘请来自企业外部的人才加盟一个发展中的民营企业以激发企业发展的潜力,提升企业发展的速度,这似乎是在给运动员服用兴奋剂以提高比赛成绩一样,侥幸的话,或许可能会偶尔刷新纪录而创造出佳绩,但长期而言就会形成依赖。一味以兴奋剂来提升成绩的运动员必将被禁赛;一味将振兴寄希望于外部引进人才的企业终将会一败涂地并不得不退出市场!

2. 谁才是对公司发展有益的资深人才?

他认为外来的和尚更会念经。

很显然,当感到因人才匮乏而使企业发展受阻时,是从外部引进人才,还是从公司内部选拔和培养人才? 做这个决定之前,管理者首先需要明确,对相关岗位被赋予的主要职责来说,是外部经验更重要呢,还是内部经验更重要。举例来说,对于生产部经理,如果管理者认为更需要的是优化生产流程和了解生产团队的综合情况,那么,最好是从企业内部培养和选拔人才。相反,对于销售部经理,如果管理者认为更需要的是拓展市场,了解目标客户的需求,实现销售业绩的最大化,那么,或许可以考虑从外部引进人才。

当决定从外部聘请人才时,请注意,并不是每一个在业界有着良好表现和口碑的人才,都能够在企业中一如既往地发挥作用。在这些外部人才加盟之后,管理者该如何领导他们呢? 企业中的那些老油条土著们又该如何配合,才能与他们相得益彰呢? 新的麻烦和潜在危机信号或许很快就会出现。

诚然,那些一路走来的创业小伙伴们对某些专业性工作的了解可能不如外部资深人才,这也正是引进这些资深人才的初衷,可是,他们的策略真的是尽善尽美无可挑剔吗? 管理者想好如何领导和检核这些工作了吗? 这些资深人才会沿用他们过去在国企或外企中所习惯了的,或许曾经屡试不爽多次取得成功的工作方式。他们过去所熟悉的工作习惯、交流方式和价值观标准都会被一一带入企业。遗憾的是,这些源自别的企业的元素,往往很难被企业文化和土著团队成员们消化和接受。相应的冲突危机也就在所难免,管理者及其所领导的企业准备好了吗?

3. 如何预防空降资深人才可能带来的危机？

在适当的时候，以适当的方式引入经验丰富的资深人才，确实是企业在发展过程中跨越管理瓶颈的一个选择。但是，企业中几乎所有的运营活动都是以集体力量为基础的，任何一个员工，如果不能成为这个集体中值得信赖的力量，那么，无论他的个人能力有多强，资格有多老，阅历有多丰富，对于企业发展大局来说都将是危机隐患。毫无疑问，在引进这些资深人才之前，管理者应该拟出适当的危机管理预案以防患于未然。

首先，管理者需要为这些资深人才制定明确的工作标准和要求。千万不可满足于对方看上去比企业中的其他所有人都更胜任这份工作，更不可轻易降低对他们工作的要求。要知道，企业聘请这些人才的目的，就是为了让他们做现有团队成员所不够擅长的工作。为了确保高标准，管理者可以借鉴企业内外部众多求职者们的承诺和描述，一旦确定为可能实现的目标，就将其写入这些资深人才的工作标准和目标。至于如何拿下那个史诗般的重量级客户的订单，如何实现那个对现有团队来说几乎是有点不可思议的运营目标，这都不是管理者需要关注的，而是他们需要考虑的。你聘请他们的目的，就是让他们来完成这些任务。

其次，要求这些资深人才必须顺应企业的文化。诚然，文化是可以被改变的，但这种改变往往都是渐进的和潜移默化的。千万不要认为，这几个外来的和尚加盟之后，企业立马就可以找到媲美世界五百强的感觉。这些人才往往来自不同的企业，习惯的本就是不同的企业文化，或许有些企业文化的确看上去更为高大上，但现在他们是在本企业中就职，那就必须接受和适应本企业的文化。即使管理者或许希望将一些新鲜的积极的企业文化元素引进本企业，也必须立场明确和循序渐进，切忌左右摇摆和急功近利。

最后，要求这些人才必须与企业中的土著团队进行合作，成为现有团队中的一分子。即使期望"鲶鱼效应"，其目的也是打造一个更有活力的团队，而不是破而不立。管理者需要在考察这些资深管理人士的管理能力和创新能力的同时，关注他们的合作能力、学习能力以及危机管理能力。

绩效管理失灵

当企业只是一个由几个人组成的创业团队时，作为创业者的你或许对每一个组织成员都很熟悉，对他们的工作状况也是了如指掌。实施绩效管理？开玩笑吧，那是大企业病，我们才不需要呢！

你对市场机会的敏锐和把握,团队成员的通力协作,使得当初由几个人组成的创业团队很快发展到了几十个人。实施绩效管理? 应该不需要吧,我们大家伙儿彼此之间都是很熟悉的,很多人甚至都是创业团队成员很了解且信任的亲属、同学和朋友,那样做难免会显得见外,现在这样其乐融融的不挺好吗?

某一天,当某个员工的工作表现让你感觉很失望的时候,此类危机管理债务就会凸显出来了。叫来他的主管,"这个我看着长大的家伙,一直很机灵的,最近这是怎么了啊?"主管的委屈也几乎是写在脸上的,"他总是不听招呼,不按企业的要求做事……""你告诉过他该怎么做事吗?""说了,不过他总是听不进去啊……"

绩效管理债务的累积,仿佛一笔悄无声息的利滚利的高利贷,很快就会在你面前露出狰狞的危机面目。如果没有绩效控制,企业将在任何一个方面都不可能做到最好。如果没有及时的绩效反馈,所有管理指令的传递和执行都可能会变得模糊不清和低效。那些在忠诚和能力方面可能都毫无问题的员工,并非意识不到自己工作中的缺点和问题,只是他们自己也不知道该如何着手进行修正而已。1999 年冬天,当我应一个学生之邀对其一手创办的企业进行管理问题诊断时,他和他那深陷绩效管理债务危机之中的企业都让我震惊不已。

曾是国企技术高管的他,在某个国家级工程的历史性机遇之下,研发出了一种国产机械设备成功取代进口。仅仅用了不到三年的时间,他就成了一个身家显赫的民营企业家。漂亮的花园式工厂里,一排排现代化厂房很是气派。唯一不够和谐的,就是他对自己的有点尴尬的角色定位:"在这个公司,我既是董事长和总经理,又是技术主管、市场主管、人事主管、财务主管和办公室主管,甚至还是技术员、销售员和司机……"

在布置得豪华气派上档次的各个职能部门办公室里,他那兼任各部门主管的儿子、儿媳、女儿、女婿、侄儿、外甥媳妇等一干亲属,无不是一脸茫然地正襟危坐。车间里,来自他们村的 200 多个老少爷儿们正在嬉笑打闹。很显然,这位风光无限却身心俱疲的创业企业家所取得的成功,是苦涩的,也是偶然的和暂时的。正是因为绩效管理失灵,他和他的企业深陷绩效管理债务危机的泥潭,积重难返之下的很多挣扎已然都是徒劳。

只要是债,就是要还的。因绩效管理失灵而诱发的危机管理之债,同样如斯。所幸的是,这样的潜在危机信号,正在得到越来越多的企业管理者的关注和重视。他们会极力褒奖那些业绩贡献突出的员工,而不再遍洒甘霖,给每个员工发同样的大锅饭奖金。他们会毅然决然地撤掉一个长期绩效不看好的项目,即使这个项目现在很受欢迎也在所不惜。

挽留人才的过度补偿

离职的,都是精英? 留下的,都是笨蛋? 这是人才管理中极为常见的逆向淘汰危机表象,也是很多企业管理者心中挥之不去的、长期难以消解的痛。

如果一个优秀的工程师通过非正式渠道向身为领导者的你要求进步,声称以他的能力完全可以胜任企业中更高一级的岗位,拿更高的薪水,甚至暗示你他手头已经拿到了猎头公司伸出的颇具诱惑力的橄榄枝,这或许会让身为管理者的你心头一紧。因为你知道,一旦这位工程师离职,将意味着他作为核心成员之一的那个产品研发计划可能会搁浅,至少可能会延期。在风云变幻的市场竞争中,谁知道在这要命的延期中又可能会出现哪些不确定风险呢? 还有,这个工程师的离职,会不会动摇他所在的团队,甚至演变成为一场攸关核心竞争力和企业存亡的人才离职潮呢?

该怎么办呢? 这位工程师的要求听起来似乎合情合理。在那一瞬间,你想到的只是不能也不想失去这位工程师。此时此刻,那种有待改善的心智模式让你脑海中浮现出的或许都是经过潜意识过滤之后的这个工程师的优点。最后,你决定不惜一切代价也要留住他。于是,你就一拍脑袋,顺水推舟地比照猎头公司的承诺给他升职和加薪,甚至加到了比他所在团队的其他同职级工程师都要高的水准,尽管他在团队中并不是能力最强的和角色最重要的。

表面上来看,这样的结果貌似皆大欢喜,因为你确实挽留住了这位优秀的工程师,保住了那个产品研发计划,维持了团队的稳定性,但是,却在不知不觉中背负了因挽留人才的过度补偿而诱发的新的危机管理之债。

或许你并不认为这有什么值得大惊小怪的,因为给员工加薪本就是作为管理者的你的权力范围之内无可厚非的决策行为。况且,或许你还会一再叮嘱他,让他务必对此保密。

殊不知,每个人在企业和团队中都会有几个好朋友,这位本来想要离职的工程师自然也不例外。他接到猎头公司的邀请时,少不了要向好朋友炫耀和咨询,或许在他给你暗示之前,已经有朋友建议他接受猎头公司开出的优厚条件了。但是,当本来犹豫不定的他从你的办公室出来之后,做出的决定居然是继续留下来,这样的结果应该会让他的那些好朋友感到有些意外和不可思议。他必须向这些好朋友实言相告,解释为什么没有接受他们的建议,否则,他就可能会因此而失去这些好朋友了。

或许,他也没有忘记你的叮嘱,要求这些好朋友务必对此保守秘密。但是,这些好朋友虽然同意保密,其内心对你的这种做法的愤懑却是可想而知的:原来只要用辞职相威胁,就能获得更高的报酬和升职的机会?在这种负面情绪的驱使下,这一消息被再次转告和分享给他们的好朋友的可能性就非常之大了。最后,或许每个人都没有忘记让得到这个消息的好朋友要注意保密,但不出意外的是,企业中绝大多数员工很快都会知道,要想升职加薪,并非只有努力工作这一条道儿了。

此一危机管理之债的核心,就在于这位员工的升职加薪决策,既不是基于企业发展需要的考虑,也并不是因为这位员工真的有着过人的能力和出色的工作表现,而只是基于他给你的一个暗示而做出的。你的这个决策会给企业带来哪些潜在的危机呢?

首先,这位员工的升迁之路,慢慢就会被其他员工获悉和效仿。想想吧,既然升职与能力和绩效无关,那么,今后谁还会安心工作呢?谁还会致力于与工作有关的学习和工作能力的提升呢?谁还会关注那些绩效管理指标的达成与否呢?其次,既然作为管理者的你可以无视员工的能力和业绩,那么,上行下效,公司中其他各个层级的主管当然也就没有理由去重视这些了。更有甚者,既然升职加薪可以这么做,那么其他的诸如选聘、奖惩等似乎也可以顺理成章地参照执行了。最后的结果,必然是会哭的孩子有奶吃,会耍手腕的员工能升职加薪,那些默默无闻努力工作的员工不但这次会无缘于升职,下次会无缘于加薪,再下次就会无缘于……或许,已经没有下次了,因为那些兢兢业业的人才慢慢都会离你和企业而去的。

此时此刻的你应该怎么做呢?如果想要偿还你亲手欠下的这笔危机管理之债,不但需要经过很长时间,而且必须付出极为高昂的代价。

2.3　解决当下的麻烦

很多人都希望自己能够铸就一家跻身于行业前列的百年企业。然而,2000年世界 500 强排行榜中,2010 年全球金融危机之后在榜的企业只有 284 家,而 2017 年依然在榜的企业仅剩 224 家。很显然,长江后浪推前浪,即使是名列世界 500 强的业界最成功企业的创立者,也可能是很糟糕的危机管理者。

如果想基业长青和永续经营,就需要着力解决当下企业发展中遇到的麻烦,控制合理的发展速度和规模,从创新与问责的危机困境中解脱出来,打造企业的危机管理文化,及时清偿危机管理之债。

发展速度管控

或许你和很多人一样,对传闻中不限速的德国高速公路心驰神往,希望有机会体验一下那种可以油门一踩到底的快感。然而,你所想象中的那种纵情驰骋现象即使在德国高速公路上也是极少会出现的。尽管德国高速公路的很多路段确实不限速,但是,德国高速公路的平均行车速度也仅仅是130公里/小时而已。一方面,持续高速行驶的车辆毕竟是很少的;另一方面,因为事故易发或视线限制等原因,德国高速公路中有相当一部分路段其实也是会有限速的。

企业发展情境其实和高速公路上的行车一样,发展速度问题几乎是所有企业都不可避免的一个烦恼。虽然并没有规定要求企业发展速度不能超过某个限制,但是,又有多少企业能够长期保持高速增长呢?

当怀揣梦想独自一人踏上创业旅程的时候,你必须尽可能地是一个全才,因为所有的一切都得由你自己一手搞定:从市场分析到产品设计,从产品生产到质量控制,从销售、推广到售后服务。在初创企业中,所有的决策都由你自己说了算,你既享受决策所带来的全部成果和喜悦,也承担所有可能的风险和危机责任。这个时候的你,尽可以把油门一踩到底,因为你的加速度尽管比较高,但你的速度其实并没有多快。

然而,你真的是不可以一直任性下去的,无所不精的全才其实是根本不存在的。十指摊开有长有短,当你擅长于一方面的时候,另一方面你就很难说是精通的了。如果你在短暂的成功之后自信心爆棚,误认为自己真的是无所不能,那本身就是一种更危险和更具破坏性的危机信号。

想要高质量可持续发展?那你就必须找到与你形成能力互补的合作者,以组成一个能够收获"1+1>2"的高绩效团队。很显然,如果企业规模不能扩大,永远是你自己在一个小作坊或自家车库中折腾,应该也是成不了什么气候的。

当你找到第一个志同道合者的时候,你就得开始操心彼此之间沟通的方式、渠道和内容了;当你有了一个由几个人、几十个人组成的团队时,你就得考虑流程、分工、绩效评估和激励了;如果企业规模持续扩大,你很快就会遭遇越来越复杂的企业管理制度体系和文化方面的挑战了。任何一个不起眼的企业管理危机,都可能会使这个承载了你所有梦想和希望的、正在快速崛起却又很是虚弱的企业以更快的速度灰飞烟灭。这个时候的你,恍若置身于高速公路上密集的车流之中:所经路段的视野和路况,你的车况和车技……都会成为你内心不限速躁动的天花板。

随着企业规模的扩大,你或许会发现,那些曾经轻而易举就能够做到的事情,在你的企业中却开始变得越来越困难;那些曾经身兼数职无所不能的牛人小伙伴的工作效率,开始变得越来越低;那些曾经行之有效的管理手段和方法,开始受到越来越多的挑战。此时此刻的你,无疑需要主动地多做一些系统性的危机管理反思:企业的发展速度是不是过快了?

创新与问责的矛盾

危机管理之路,从来都不会是平坦的星光大道。山重水复之际,柳暗花明无疑需要基于不断的探索和创新才能实现。然而,只要是探索,就可能会失败;只要是创新,就可能会有瑕疵,就可能会招致批评和问责。

一位新加盟的工程师发现,企业中的某个产品设计存在严重的危机隐患,并承诺说他可以带领一个团队在 3 个月内完成产品的改进,消除此隐患。在得到作为管理者的你的首肯和支持之后,一个以这位新进员工为核心的团队宣告成立,企业也投入了大量的人力、物力和财力于这一技改项目。结果呢,虽然他大胆的改进和创新设计对于产品危机隐患的消除最终被证明是成功的,但整个过程花了 9 个月,而不是他当初向你承诺的 3 个月。此时此刻的你,是该奖励他的创新成效,还是该追究他未能按期完成承诺的责任呢?

众所周知,对于潜在危机,从来就不是哪个管理者仅凭个人的一己之力就能够发现和应对的,必须依靠企业中的每一个员工,依靠企业内外的所有核心利益相关者,才能在最大限度上及时发现相关的危机隐患,才有可能将危机消灭在萌芽状态。如果无视这位工程师对潜在危机隐患的发现之功,以及他在应对潜在危机隐患过程中所取得的创新成果,反而要求他兑现当初所承诺的每一个细节,苛责于他的延期,那么,当意气风发的他遭到批评时,他以及那些看到或听说了这一幕的其他员工,今后还敢站出来面对自己所感知和发现的企业中的危机隐患吗? 长此以往,其后果必将会造就企业中一群危机隐患的看客,一群危机应对过程中的旁观者,以及一片在危机之后作鸟兽散的唏嘘。

好吧,既然如此,那就换一种做法,即对这位工程师未能完全兑现承诺的责任不予追究。这样做的后果又会是什么呢? 无疑会让企业中那些尽心尽力保质保量按期交付的员工感觉自己就像一个被愚弄的大傻瓜:既然拖期 6 个月也能跟没事人一样,甚至还一点不会耽误绩效奖励,那么,事前的工期承诺就没有任何约束力,我们又何必如此勤勉和努力呢? 或许用不了多久,你就会发现企业中所有的工期合约和承诺都渐渐变得不再具有约束力,俨然成了一个个谁都可以任意吹、任何人都可以随时戳破的肥皂泡，"差不多就得"的声音在企业中随处可闻尽人皆知。更有甚者，既然工期要求可以无所谓，那么质量要求大概也可以无所谓，至于成本控制、售后服务标准，就更应该是可以无所谓的了。

面对这样的一盘散沙，你无疑会感到无奈和痛心。一个本来好端端的企业，一群优秀的员工，咋就莫名其妙地在不知不觉中陷入了这样一种危机四伏的境地了呢？其实，罪魁祸首就是你自己，就在于你当初出于一片良苦用心而做出的那个显然欠妥的决策，即这位工程师不需要对他的逾期行为负责。

这就是创新与问责之间的矛盾，一种对于作为企业管理者的你来说极为常见的危机管理困境。要想解决这个矛盾，你就需要审慎观察企业中的危机管理氛围，考察这些员工的危机管理智慧、创造力和热情。换言之，他们在危机管理过程中的努力程度、他们对待承诺和结果的态度，决定了问责的形式和程度。

态度正确是成功进行危机管理的前提条件。要求员工勇于承诺和兑现承诺，是企业危机管理的基本准则，也是确保危机预防和应对工作在企业中得以顺利进行的前提。一方面，承诺没有兑现而产生的失望情绪，在危机管理过程中是极具传染性的，甚至可能会导致当前所面对的危机性质发生转变，诱发新的更难以应对的危机。因此，如果有人在危机管理过程中敷衍了事，不尽最大努力，那无疑是必须受到惩戒的。另一方面，企业管理者也必须注意到，并非每个合约和承诺的兑现难度都是一样的。尽管危机管理无小事，其间的任何疏漏，都可能导致危机管理的失败。但是，发现和消除产品设计中的危机隐患，与写一份电子邮件、打一个电话、发一个传真等日常工作任务相比，绝不是一码事。如果谁在这些简单工作中出现纰漏，显然是绝无理由不去严肃处理的。但是，危机管理任务本身是有着动态复杂性特征的，可能会涉及企业内部产品设计和制造管理体系的配合，甚至会涉及企业外部环境和学术前沿的诸多不确定性问题，其过程要远比一般日常工作任务复杂得多。因此，对于未能达成目标的失责现象和问题，必须区别对待。

那么，是否该追究那位延期6个月才消除产品设计危机隐患的工程师及其团队的责任呢？答案是不一定。一般而言，置身于这一两难困境中的你可以从问责对象的资历、态度和行为，以及任务的贡献、难度和风险等两个方面进行思考和问责决策。

1. 问责对象的资历、态度和行为

与新进员工相比，对企业和工作相对更了解的、经验丰富的老员工应该更能够准确预测工作结果。换言之，危机管理过程中，新员工的创新更应该予以关注和保护,可以适度扩大对新员工创新过失的忍耐空间。那位发现产品设计危机隐患的工程师,正是一位刚刚入职的新员工。他在熟悉产品的过程中,因为没有其他老工程师对现有产品的思维定式才发现了这一危机隐患。他之所以没有能够达成 3 个月内完成任务的承诺,或许是因为他对团队成员和能力的了解不够,也或许是因为他对产品设计和制造过程中其他功能缺陷的认识不足,等等。对一个新进入企业的工程师来说,对这些危机情境的了解无疑需要一个过程,如果他和他的团队在整个危机管理过程中并未有故意拖延的态度和行为,自然也就不必苛求。

相比较而言,如果这位工程师并非新人,那又该如何处置呢?让我们来看看《纽约时报》面对此类危机的选择吧。2003 年 5 月 11 日,《纽约时报》在头版显著位置刊登长文,自爆本报记者杰森·布莱尔(Jason Blair)编造炮制了 36 篇假新闻的"传奇经历"。该事件成为《纽约时报》创刊 152 年来的最大丑闻,问责利剑直指《纽约时报》编辑部功勋卓著的两位资深高管,即时任执行总编辑豪威尔·莱尼斯(Howell Raines)与总编辑杰拉尔德·博伊德(Gerald Boyd)。对于他们的去职,《纽约时报》掌门人索尔兹伯格(Arther O. Sulzberger)表示,"一个组织的健康与价值信仰,高于组织内部任何人和对任何事物的追求,当它们发生冲突时,组织的健康和价值信仰高于一切!"

2. 工作任务的贡献、难度和风险

不可否认,不同工作任务之间的内在特征是不一样的,贡献有多有少,难度系数有大有小,风险也有高有低。例如,面对产品市场份额急剧下降的危机,当你发现危机诱因来自经济大环境的不景气、政府政策的变动、产品技术的更新换代和消费者偏好的变化时,要想让产品设计部门对未来进行准确预测,想让营销部门依靠原产品再造辉煌,其难度就可想而知。

2001 年,一向善于通过并购在全球范围内进行市场扩张的巨无霸移动运营商、英国最大的电信企业沃达丰(Vodafone)雄心勃勃地进军日本市场。结果如何呢?那些在外观设计上全无新意的沃达丰手机一直未能获得日本主流青少年消费者的青睐!尽管手机的通话品质一再得到提升,但是,沃达丰还是在进入日本市场 5 年之后不得不黯然收场。如果那位新来的工程师,正是发现并消除了诸如沃达丰日本市场手机产品外观设计创新不足这一潜在危机隐患,在同行其他企业纷纷困扰于此类危机时,你们的手机却能异军突起,以新颖的外观设计表现收获来自日本青少年消费者越来越多的点赞,很显然,对于他那 6 个月延期的失误,你不但不能大发雷霆而施以惩罚,相反地,你和整个企业都得由衷地感谢他和他的团队。

打造危机管理文化

没有哪个企业可以做到对所有潜在危机隐患的未卜先知,清偿所有的危机管理之债。危机管理平庸者与卓越者之间的差距,往往就在于企业和核心利益相关者面对危机时的态度和价值观,在于企业中的危机管理文化是否能够让员工等核心利益相关者在面对危机时大胆创新和放手一搏。

企业中的危机管理文化对危机管理策略和行为的影响是毋庸置疑的。就如同不可能找到两个 DNA 完全相同的树叶一样,也不可能找到两个危机管理文化完全一样的企业。卓越的充满人文关怀的危机管理文化和价值观,无疑有助于企业危机管理目标的顺利达成,不但可以使股东和员工心甘情愿地为企业的危机管理奉献自己的智慧和汗水,使合作伙伴和顾客都会自始至终地与企业不离不弃,而且甚至会让竞争对手在内心为之折服。

1982 年 9 月 29 日,美国芝加哥地区发现了 7 名消费者因服用强生公司的泰诺胶囊而中毒死亡。一时间,关于这一危机的消息不胫而走,甚至一些有关泰诺胶囊的恐怖笑话也开始出现并扩散,"泰诺不光是祛除头痛,它还能永远治愈头痛"。有调查显示,当时 94% 的用户都心有余悸而表示将不再使用强生公司的任何药品。根据既定的危机管理预案,由强生公司董事长吉姆·博克(Jim Burke)为首的危机对策委员会在 29 日当天即成立并开始高效运作。在危机责任归属不明晰,且代表美国政府列席危机对策委员会会议的 FBI 官员基于竞争对手投毒的预判而不同意进行产品召回的情况下,吉姆·博克秉承"公众和消费者利益至上"的企业使命和价值观,在 30 日凌晨冒着公司倒闭的风险毅然做出了全面召回市场上所有泰诺胶囊的危机应对决策。在成功解除了对消费者生命的潜在威胁之后,博克代表强生公司给在危机中失去生命的 7 位受害者的家属写了吊唁信。一个多月之后,强生公司采用防污染新包装的泰诺胶囊即开始面市,这种全新包装的泰诺胶囊在极短的时间内就恢复并超越了原有的市场份额。

所有企业的危机管理文化都是逐步发展和完善起来的,其中的大部分内容都是在经年累月的危机管理过程中提炼出来的精华。危机管理文化和价值观的重要性,就在于其对企业中员工思考危机问题的方法和态度的改变,在于从危机管理细节入手的对核心利益相关者无时无处不在的影响力,决定了危机管理团队在危机关头首先需要考虑和解决的问题。强生公司之所以能够冒着公司倒闭的风险而进行产品召回,正是因为其企业危机管理文化和价值观。用博克的解释就是,"我们绝不能让第八个消费者因此而失去生命"。换言之,每一个消费者的生命,对于博克及其领导的强生公司来说,都是至高无上的,这就是强生公司危机管理文化和价值观的核心所在。

有什么样的管理者,就有什么样的企业危机管理文化和价值观。在企业危机管理文化的形成过程中,管理者必须从大处着眼,从小处着手,确保企业的危机管理文化与社会伦理价值观标准的高度一致。如果危机管理文化空洞,则很难真正对核心利益相关者的危机管理行动和企业的危机管理决策产生影响,当然也就更谈不上会对企业在业界的声誉有什么贡献了。

2.4 潜在危机诊断

对任何企业和任何人而言,各种各样的潜在危机都是无时无处不在的。稍具危机管理意识的企业和个人,都会在事先针对感知到的潜在危机进行预测和预防。然而,并非所有的危机都是可以预测的。更为遗憾的是,那些信号越是不显著的潜在危机,其对危机主体和核心利益相关者的负面影响的范围和烈度往往会越大。因此,从情境假设和影响因素的甄别入手,对潜在危机情境及其可能的影响进行评估和系统分析诊断,就成了危机管理成败的分水岭。

潜在危机情境假设

在本质上,危机就是一种以动态复杂性为特征的冲突过程。在危机爆发之前,危机主体及核心利益相关者完全可以借助于合理的情境假设,通过头脑风暴,对所假设的潜在危机情境和可能的演变过程进行研讨和分析,对一定时间和空间范围内某个潜在危机发生的可能性、性质及其可能带来的负面影响进行评估,在一定程度上就特定危机进行预防,制定出尽可能合理的具有一定针对性的危机管理预案,调配和利用资源以在危机爆发时能够进行有效应对。基于对危机演变和发展过程的系统解析,及时发现和抓住危机演变过程中的新的发展机遇。

无论是企业,还是个人,都有着一些涉及自身核心利益的、需要在危机演变和发展过程中予以重点关注和保护的高度优先目标。因此,危机情境和演变过程假设可以从这些"高度优先目标"可能受到的相关威胁入手。换言之,危机主体需要首先自问:"我的最优先的危机预防目标是什么?"然后,就可以列出对这一目标而言的威胁要素了。对企业而言,其危机预防的最优先目标一般包括破产、核心利益相关者的信任和品牌声誉等等;对个人而言,因各自个体的差异,其最优先考虑的危机预防目标很可能是身体的健康、家庭的和谐和事业的顺利等等。一旦这些优先目标之间在危机管理过程中出现冲突，危机主体就需要基于彼此间的价值比较再次进行权衡和选择决策。当强生泰诺胶囊遭遇投毒危机时，时任董事长博克正是冒着公司破产的风险，选择了核心利益相关者的信任和品牌声誉为优先保护的目标，做出了全面召回的艰难决策。

危机演变和发展过程的情境假设并非杞人忧天，也不是草木皆兵；相反，这些假设正是危机主体对潜在危机感知和认识的结果，也是对潜在危机进行有效预防、应对和控制的基础。成功进行这些假设的前提，是危机主体面对潜在危机时的勇气和诚实。面对未来一定会发生的危机情境，危机主体既不可以基于鸵鸟心态而心存侥幸，认为自己不至于那么倒霉，认为这种危机不会发生在自己的身上，也不可以讳疾忌医，在越来越多和越来越显著的潜在危机信号面前自欺欺人。

因此，在进行危机情境假设时，危机主体需要以最充分的想象力、最诚实的态度，将最为害怕和担忧的潜在危机情境呈现出来，如此，才有可能针对最优先目标的相关潜在危机进行预防，制定和实施危机应对预案。

如果你最为担心的是你一手创立的企业的失败和破产，那么，你就应该常常去做这样的情境假设：什么危机才会造成企业的失败和破产呢？华为公司创始人任正非先生在2000年发表了振聋发聩的《华为的冬天》一文，"十年来，我天天思考的都是失败，对成功视而不见，也没有什么荣誉感、自豪感，而是危机感。也许是这样才存活了十年"。微软公司的创立者比尔·盖茨也在十多年前就多次提及，"微软离破产永远只有十八个月！"对破产和失败危机的坦诚，才使得华为和微软在历次重大危机中均有惊无险，一路前行而发展至今。

你列出的企业失败和破产危机情境的各项诱因，或许包括了全球经济低迷、企业财务状况不良、企业人力资源素质不佳、市场竞争格局不稳定、经济政策调整和技术发展变革等诸多内外部因素，那么，你接下来就需要循此假设，进一步探索导致这些危机诱因要素发生的前置因素又会有哪些。例如，企业财务状况不良的前置因素是资金不足，还是资金周转率过低？人力资源素质不佳的前置因素是人才评价机制缺失，薪酬不够合理，绩效不够显著，还是对企业的忠诚和认同度不够？相比较而言，这些前置因素中，哪一类的哪些因素在特定考察期内会对企业的潜在伤害最大？基于此，你就可以将对相关危机诱因的管控进行优先次序排列，并据此考虑对当前有限的危机管理资源进行合理调配，组建危机管理团队，拟定有针对性的危机管理预案。

潜在危机情境评估

基于潜在危机情境假设,企业需要对危机可能产生的无形的负面影响和有形的损害,以及在某一时空范围内潜在危机发生的可能性进行评估。一般而言,可以用数字来表示某个潜在危机情境的负面影响值和损害值的大小,用百分比来表示该潜在危机情境在特定时空范围内发生的概率。基于对各种潜在危机情境评估结果的排序,企业就可以拟定潜在危机管控优先次序,合理调配资源,以达成危机管理效果的最大化。

1. 潜在危机的负面影响值和损害值

所谓潜在危机负面影响值和损害值,即在任由潜在危机发展而不做任何干涉的情况下,该危机情境可能会给危机主体及核心利益相关者所带来的无形的负面影响和有形的损害。一般以从 0~1 作为对负面影响值和损害值的主观判断范围。

就无形的负面影响指标而言,如果这一潜在危机爆发,企业并不需要中断正常的运营活动,或者拨出专门的时间和资源来进行危机应对和控制,那么,这种潜在危机情境对企业的负面影响赋值就是 0。相比较而言,如果企业需要完全中断日常的运营活动,全力以赴地投身于这一潜在危机情境的应对和控制,那么,这种潜在危机情境的负面影响赋值就是 1。

就有形的损害指标而言,如果这一潜在危机爆发,对企业最优先的危机预防目标将毫无损伤,其赋值就是 0;相反,一旦这一潜在危机爆发会对企业最优先的危机预防目标造成无法挽回的严重后果,其赋值就是 1。

由于评估者一般都是基于自己的主观判断而对未来某一潜在危机情境的负面影响和损害指标进行赋值,所以常常需要对这一潜在危机情境比较熟悉的、来自理论和实践领域的多个专业人士参与评估。将这些专业人士的评估值加权平均之后,企业才能获得较为客观的潜在危机情境评估结果。以三聚氰胺毒奶粉危机为例,三鹿集团如果在危机爆发之前针对这一潜在危机情境进行评估,如果评估结果认为企业的品牌、声誉以及消费者信心可能会因此而受到毁灭性打击,应该全力以赴地进行危机管控而绝不可以掉以轻心,并且,企业也完全有能力通过危机管控,使企业的经营完全恢复正常,那么,这一危机的负面影响指标赋值虽然是 1,但其损害指标的赋值是 0。相反,如果评估结果认为可以对这一潜在危机情境置若罔闻,但是,危机一旦爆发,不但企业运营将无法持续,而且很快就会导致企业的破产,那么,这一危机的负面影响指标值就是 0,而损害赋值则是1。

对每个评估者针对潜在危机情境给出的负面影响值和损害值评估进行加权求和之后,就可以得出该评估者对该潜在危机情境的综合损失指数。然后,将多个评估者的综合损失指数进行加权平均,就可以得到所考察潜在危机情境的预期损失指数,为危机管理决策提供参考。

2. 潜在危机在特定时空范围内发生的概率

长期而言,危机一定会发生,即如果对某一潜在危机的考察期足够长,其发生的概率应该是100%。换言之,假以时日,每一个航空公司都会遭遇空难危机,每一个制造业企业也都会因不合格产品而遭遇客户投诉,任何一个银行的"零不良"贷款现象都只是一个虚无缥缈的神话。但是,在特定的时空范围内,这些潜在危机的发生,就是一个概率问题了。

危机管理的目标,就是将在特定时空范围内的潜在危机发生概率尽可能降低,或者将不会发生这一潜在危机的特定时间尽可能延长,空间尽可能延展。如果能够将特定时空范围内的潜在危机发生概率降低为零,即在此一时空范围内该潜在危机不会发生,则是成功的危机管理;当然,如果将某个潜在危机情境不会发生的时空范围能够延长和延展至无限,则是危机管理成功的极致了。

值得注意的是,对潜在危机情境发生的概率大小进行评估,虽然不能改变其对企业和核心利益相关者所造成的负面影响和损害,却可以改变企业的危机管理资源分配优先次序。如果仅凭危机预期损失指数的大小就决定危机管理资源调配的优先次序,则很可能会造成有限的危机管理资源被误用和浪费的现象。因此,只有将危机发生概率与预期损失指数合并考察,才可能形成科学合理的潜在危机诊断。

对潜在危机情境的发生概率而言,也需要和潜在危机情境负面影响及损害值一样进行量化考察,绝不能依靠"非常可能""很可能"或"不太可能"等评估范式来对其进行迷糊判断。如果某一潜在危机情境在特定时空范围内绝无可能发生,那么,其发生的概率就是0;如果一定会发生,那么,其概率就是100%。一般而言,在评估潜在危机情境的发生概率时,可以从频率变化趋势和环境稳定性等两个方面进行考察。

(1) 危机情境发生频率的变化趋势

类似的危机情境过去是否已经发生过?发生的频率及其变化趋势如何?以航空业的空难危机情境为例,如果知道在过去的100年中,某航空公司的空难危机一共发生了6次,其间的间隔分别是25年、23年、20年、17年和15年。如果去年刚刚发生了一次空难,那么,此时你可以估计来年发生空难的概率应该不会太大;如果上次空难发生在 15 年甚至 20 年前,来年将发生空难危机的概率就会显著提高。除此之外,该航空公司空难危机之间的时间间隔变得越来越短,显示该航空公司在特定时间范围的空难危机发生频率正在升高,就需要尽快着手强化所有利益相关者对这一潜在危机情境的感知和认识能力,系统解析并持续完善危机管理预案,有效提升公司的危机预防和应对能力。

（2）环境稳定性

危机主体所处环境因素的稳定性,无疑会系统改变相关危机发生的概率。2004 年 3 月,A. T. 科尔尼公司发现,中国首次超越美国而成为全球最受跨国公司青睐的投资目标市场。究其原因,正是因为改革开放以来,中国政府数十年如一日对改革开放政策的坚守和承诺,跨国公司在中国市场上因政策环境变化而诱发潜在危机的概率估计正变得越来越低。

危机预防策略解析

在对潜在危机情境进行评估之后,以危机预期损失指数为横坐标,以特定时空范围内的危机发生概率为纵坐标,如图 2-1 所示,就可以基于一个四象限坐标系对潜在危机情境进行系统解析,完善危机预防策略了。

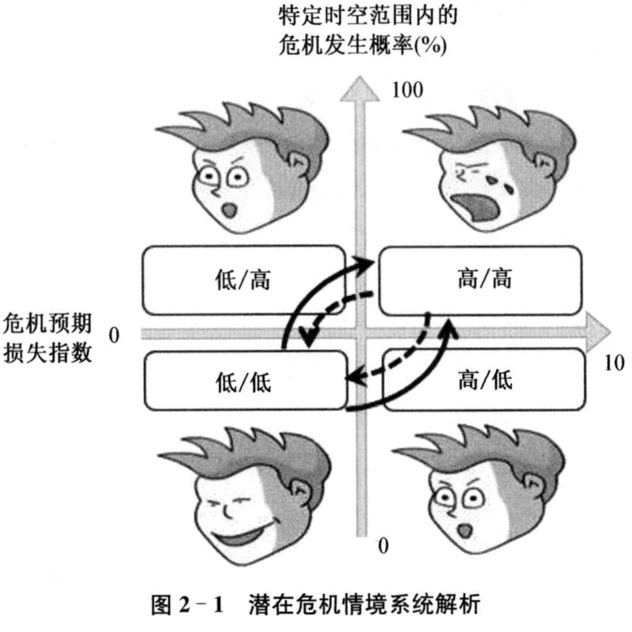

图 2-1　潜在危机情境系统解析

　　一般而言,对于任何潜在危机情境,都可以利用图2-1所示的坐标系来进行系统解析。对于预期损失指数及发生概率均较高的潜在危机情境,企业无疑需要高度关注,优先调配足够的资源,立即着手对其进行预防和控制;相比较而言,对于危机预期损失指数及发生概率均较低的潜在危机情境,企业可以暂时不用担心。至于预期损失指数较高而发生概率较低,或预期损失指数较低而发生概率较高的潜在危机情境,就需要企业予以足够关注,并在危机预防资源的配置上予以适当的优先考虑了。

　　值得警惕的是,尽管有些潜在危机情境的预期损失指数和发生概率在考察的特定时空范围内显示较小,但是,危机情境并不是一成不变的。任何一个相关要素的变化,特别是企业对潜在危机情境的关注度不足和危机预防资源投入配置方面的失误,很可能会使得一个预期损失指数和发生概率均较低的、原本看似暂时不用担心的潜在危机情境,演变成为必须引起足够关注的、在危机预防资源配置上需要优先考虑的潜在危机情境,甚至最终会演变成为需要予以高度关注、立即投入足够资源以进行预防和管控的潜在危机情境,如图2-1中的实线箭头所示。

　　当然,企业对潜在危机情境关注程度的升高,以及在危机预防和管控资源方面更为充足的投入和更为合理的调配,不但会有效降低潜在危机情境的预期损失指数,而且会成功降低潜在危机在特定时空范围内爆发的概率。潜在危机情境将有可能会从预期损失指数及发生概率均较高的、需要予以高度关注和立即着手调配资源以进行管控的紧急状况,演变成为只需保持警惕和予以足够关注的状况,甚至最终会演变成为预期损失指数和发生概率均较低的暂时不用担心的状况。如图2-1中的虚线箭头所示,这也正是危机预防的过程和目标所在。

　　所有成功的危机预防,都是基于完善的危机感知和认识系统,对企业内外部危机诱发因素进行系统解析,对这些因素可能诱发的潜在危机的负面影响和损害进行识别,对特定时空范围内潜在危机情境的发生概率进行判断。只有基于系统思考对潜在危机的诱因、负面影响和损害以及特定时空范围内的发生概率进行系统解析之后,企业才能在危机预防过程中进行有针对性的准备,高效调配和利用资源,制定和实施相应的危机预防策略,也才能做到在危机预防和应对过程中的临危不乱和胸有成竹,在危机管控过程中发现和抓住新的发展机遇。

第二部分
危机预防

战国时代，名医扁鹊有一段关于他们兄弟三个医术高下的论述，其内涵堪称危机管理的大智慧："大哥的医术最为高明，因为他能治病于未发作之际；二哥次之，因为他能治病于初起之时；我是最差的，因为我要等到病情完全发作之时，才会用重药使病人起死回生。"尽管危机应对过程往往惊心动魄而更容易给人留下深刻的印象，但是，相较于危机应对而言，危机预防显然更为重要。回首过去，面对一路而来的过五关斩六将时，你或许并不应该感到沾沾自喜，因为尽管功成名就，但你的危机管理水平充其量只不过和扁鹊的医术一样，差不多是最差的那一个。相反，如果能够在危机乍现时化险为夷而有惊无险，那你就可以和扁鹊的二哥媲美；如果能够在危机爆发之前不战而屈人之兵，能够将潜在危机化解于无形，那你就可以和扁鹊的大哥比肩。

　　未雨绸缪的危机预防，或许难以见到立竿见影的效果，或许甚至会像一个无底洞那样耗费你大量的人力、物力和财力资源，还不一定能确保成功，然而，对于任何一个有志于从平庸到卓越的企业来说，在危机预防上投入再多的资源也不为过。

　　有成功的地方，就会有失败。只满足于今天，在变幻不定的明天就会感到难以生存下去。

——彼得·德鲁克①

---

　　①　Peter F. Drucker, 1909—2005, 现代管理学之父。

第3章　危机诱因

　　潜在危机尽管看不见也摸不着，但是，人们总是能实实在在地感受到它的存在。你可以在一杯咖啡或一杯清茶的陪伴下静心思考，也可以与几个志同道合的伙伴一起头脑风暴，清点所在企业当下的潜在危机问题：人力资源管理方面会遇到哪些麻烦？财务管理方面会遇到哪些挑战？产品质量管理与设计方面有哪些痛点？市场营销管理方面存在哪些陷阱？……当然，仅仅找出潜在危机问题是不够的，你更需要的是对诱发这些问题的企业内外部深层次原因进行解析：究竟是技术变革，是经济环境的变化，是激烈的市场竞争，还是别的什么原因导致你的产品和服务被淘汰？为什么消费者的诉求、利益相关者的警告会一再被忽视，甚至被无视？那些对企业声誉造成极大伤害的谣诼，为什么总是如影随形，那么难以消除？

　　传统的危机管理理念与方法，因为过度依赖危机管理经验而难免坠入学习陷阱，局部的、静态的、线性的危机诱因分析，根本无法满足对未来的、全局的、动态的、复杂的、混沌状态下的危机情境进行有效预防的需要。对动态复杂性危机诱因进行解析，以发现和抓住危机中新的发展机遇的唯一可行的方法，唯有系统思考。

　　让我们陷入困境的不是无知，而是看似正确的谬误论断。

　　What gets us into trouble is not what we don't know. It's what we know for sure that just ain't so.

——马克·吐温①

---

　　① Mark Twain, 1835—1910，美国作家、演说家，笔名马克·吐温，真名萨缪尔·兰亨·克莱门(Samuel Langhorne Clemens)，美国批判现实主义文学的奠基人。

3.1 清点潜在危机问题

危机演变和发展过程的动态复杂性特征,决定了从危机感知、危机预防到危机应对的危机管理过程,以及贯串于危机管理全过程的危中找机,都必须恪守和秉持系统思考的思维模式。尽管没有哪一个企业能够列出未来可能遭遇的所有潜在危机,洞察这些潜在危机的所有诱因,但是,越来越多的企业开始对人力资源、财务、产品生产、市场营销等企业运营管理体系中最容易诱发潜在危机的各个薄弱环节予以密切关注。见烟知火,见木识林,对未来可能遭遇的潜在危机情境进行合理预测,制定具有一定针对性和可行性的危机管理预案,并在危机管理实践过程中进行不断的优化和完善。

尽管危机诱因可能源自企业内部和外部,但对企业的负面影响和损害路径都是相似的。潜在危机相关问题主要表现在企业各个运营管理环节,包括人力资源管理、财务管理、生产管理和营销管理等方面。你所在的企业中,相对比较薄弱的运营管理环节有哪些?其中最薄弱的环节在哪里?有没有人正在关注着这些潜在危机及其诱因问题的改善呢?

人力资源管理的麻烦

在一个崇尚成功的社会里,"拥有各种选择"变得越来越重要。今天,我们在期望企业取得成功的同时,也期望每一个员工都能取得成功。但遗憾的是,很少有人能够确切知道自己应该身属何处,也很少有企业能够确切知道相关岗位的"真命天子"究竟在哪里,这就是企业人力资源管理的麻烦。就人力资源管理的目标而言,一是事得其人,即企业中所有业务的各个流程环节,都匹配了具有足够胜任力的岗位任职者;二是人尽其才,即企业中的所有员工,都能够在各自的岗位上尽展其能,实现自我价值和人生抱负。相应地,企业人力资源管理体系的潜在危机,一般也是源于这两个方面,或者是事不能得其人,或者是人不能尽其才。

1. 事不能得其人

在创业阶段,企业创始团队的成员可能都需要身兼数职,很难也确实没有必要去进行岗位和部门之分。然而,随着企业的成长和发展,相关工作任务就会成为常态,就需要设置相应的部门和岗位,并根据部门和岗位的设计要求来选聘合适的人才。

一般来说,管理层级越高,工作性质就会越复杂,工作涉及面就会越广,工作内容就越难以规范,对岗位任职者的时间、精力的占用也可能会越多,胜任力要求也会越高。如果组织架构中管理幅度的设计过大,一个管理者的直接下属过多,无疑就会诱发新的更为复杂的公司政治问题,以及更难以应对的人际关系矛盾和冲突。若你正烦恼于企业中的业务沟通协作困难、员工对企业的认同度不高,不妨静心反思这些危机困境的根源,尝试把复杂的问题简单化处理,缩短信息传递链以减少沟通失真,以授权与弹性分工协作来提升企业及各个团队的整合能力,以跨越员工个人、团队和组织层次的组织学习来提升员工的岗位胜任力,打造企业的高质量可持续发展能力。

2. 人不能尽其才

在很多企业中,常常可以见到一些消极懈怠、整天无所事事的员工。对这些员工而言,或许在企业中待一天就会有一天的工资,至于其工作的结果、成效和对企业发展的贡献如何,都很少会被关注。这种现象的存在,正是企业人力资源管理系统性危机的征兆。遗憾的是,春江水暖鸭先知,这种危机信号往往会被一线员工最先感知,而一个习惯于高高在上和夸夸其谈的管理者,则会成为企业中最后一个感知此一危机信号的人。

所谓"得人心者得天下",对于一个企业的发展而言,仅靠蒙眼狂奔招来大批有着业界精英光环的能人显然是远远不够的,因为骨干员工不能尽展其才而诱发跳槽危机,其负面影响和损害无疑都是巨大的,甚至在很多时候会演变和发展成为企业存亡危机。只有致力于对员工从外到内、从有形到无形的综合激励,才能调动员工个体的主动性、积极性和创造性,塑造和重构员工的价值观,才能实现员工个人目标与所在团队和企业目标的有机融合。否则,企业必然一边是大量的招募,一边是更大量的员工跳槽,最终沦为行业竞争对手的员工培训机构。

财务管理的困境

2018 年国庆节前夕,一个白手起家并成功问鼎地区首富的企业家因债务爆雷而瞬间沦为"首负"的新闻刷新了各大媒体头条。人们扼腕唏嘘之余,不难发现这其实只是当下诸多中国企业在多个产业领域蒙眼狂奔导致资金链断裂的一个危机缩影而已。

每一个企业家,都需要经常性地去仔细审视和研究手头的企业资产负债表:如果资产总负债率越来越高,或许就意味着企业被清偿或重组的危机正在临近;如果经营现金净流量越来越少,甚至频频出现负值,就说明企业营利能力的原动力匮乏危机已是迫在眉睫;如果逾期未付的债务越来越多,就意味着企业的偿付能力危机正在凸显;如果发现大量不良资产长期存在,就需要警惕账面资产和利润被虚夸的泡沫危机了。显然,无论是财务监管不力而导致预算控制失败,还是资金周转不灵而导致资金链断裂,都有可能使企业陷入财务管理的危机困境。

1. 预算控制失败

预算是将抽象的战略计划付诸实施并进行有效控制的途径。相对战略计划本身来说,预算控制所包含的信息更为具体和丰富,影响的时空范围也更为广阔和深远。

对一家主要产品和市场均处于成熟期的企业来说,产品售价、市场份额、客户关系都相对稳定,企业可以基于销售预测来安排生产计划,以成本控制作为主要的利润增长点。然而,如果产品和市场处于孕育期和发展变革期,或者企业处于初创期或高速成长期,那么,产品周期、市场定价、客户关系拓展等都会面临高度的不确定性风险,成为预算控制失败的危机之源。

对企业而言,一旦预算控制失败,无论其所处的发展阶段如何,也不管其规模大小,都可能会导致企业深陷存亡危机而难以自拔。对在 2018 年国庆前夕由地区"首富"沦为"首负"的那位企业家及其所领导的企业来说,除了大多数倒闭企业所共有的内部管理混乱、股东分歧、技术储备与发展不足等危机诱因之外,其真正的危机根源是在发展历程中渐忘初心,不但未能深耕和坚守企业具有技术专长和市场优势的饰品领域,反而在利润表象的诱惑之下贸然涉足貌似市场机会无限的房地产、金融、互联网、投资等多个领域,几乎是不计成本地大举发行公司债,最终在拆东墙补西墙的债务危机恶性循环之下逐步陷入了资金链崩溃的泥沼。正是关联交易重重的多元化投资预算控制失败,成为压死这匹骆驼的最后一根稻草。

凡事预则立,不预则废。对于任何一个企业而言,其所有的决策和行为都需要受到预算控制的制约。在这种制约的管控之下,企业或许会遇到短暂的运营困境,但是,这些制约的管控一旦形同虚设而失效,在"花不完的钱"和"还不完的债"的错觉之下,给企业带来的必将是攸关存亡的生死危机。

2. 资金链断裂

基于杠杆原理,古希腊科学家阿基米德说,"给我一个支点,我将能撬动整个地球"。这句诞生于公元六世纪的豪言壮语,成了近年来很多"胸怀远大"的企业家在制定和实施企业资本发展战略时的借鉴。然而,成也资本,败也资本。由于对资本市场属性的认知偏差,许多"为了上市而上市"的企业接连遭遇了资金链从正常到宽松、从宽松到紧张、从紧张到断裂的生存危机,"迷失"在了资本市场上融到的资金之中。

企业上市之后,面对天上掉馅饼一样突如其来的巨额资金,很多企业家一改从前以谨慎为基调的发展风格,花钱如流水一般盲目加大投入,甚至涉足远超出自己驾驭能力的多个市场领域。然而,令人尴尬的是,这种盲目决策往往很难获得相应的回报。随着资本市场上融来的钱泥牛入海一般有去无回,经营亏空的口子越撕越大,企业资金链越绷越紧,资本市场上的融资声誉也越来越差。为了填补亏空,缓和资金链的紧张程度,很多企业不得不从融资转向借贷,导致企业财务成本迅速攀升,甚至远超企业的实际经营利润,最终深陷靠变卖厂房、设备和土地资产以断臂求生的恶性循环之中。

资金之于企业,犹如血液之于人体一样,维系和支撑着从研发到生产、从仓储到营销的企业存续和发展生态系统中的所有环节。或许,在经济快速发展、金融环境相对宽裕的时候,这种依托于融资杠杆效应的发展模式会有短暂的奏效,但谁又知道这样的利好环境究竟能够持续多久呢? 和股市一样,在大盘连续翻红的日子里,你随便买一只股票的结果几乎都是赚钱的,但是,谁又见过只涨不跌的股市呢? 一旦经济发展进入调整期,与资金链相关的任何内外部因素发生变化,如宏观政策调控、行业竞争环境动荡、技术变革、原材料和人力成本上升等,金融杠杆就会在一夜之间从万众膜拜的创新神器变成人人喊打的过街老鼠。曾经人潮涌动的股市一下子就变得门前冷落车马稀,而无数曾经缔造炒股和创业神话的个人和企业,也就只能在银行收贷和供应商逼债导致资金链断裂的财务管理危机阴霾下黯然神伤了。

产品和服务缺陷

从来没有哪个行业的哪个企业,可以确保自己的产品设计和制造能够做到完美无缺,可以确保服务的零投诉率。或许你会认为,我们的产品和服务质量已经远胜于同行竞争对手,达到了当下行业中登峰造极的 99.99% 的水平。在现有产业技术能力和资源投入状况下,这或许已经算是一个意味着产品和服务质量管理成功的指标了,甚至在当前应该已经再没有一点点进步和提升的可能空间了。的确,这种超越周边竞争对手的表现,这种在当前技术和资源条件下傲视群雄的感觉,似乎完全有理由值得你引以为豪了。但是,当你自认为到达顶点的时候,往往也就意味着你开始走下坡路了,当你那件万里挑一的次品到达用户手

中的时候,这个用户的体验却只能是百分之百的糟糕。可口可乐公司在全世界
150 多个国家和地区每天卖出约 4 亿瓶可乐,娃哈哈公司每小时生产 5 万瓶饮
用水。如果可口可乐和娃哈哈也满足于这种万分之一的次品率,那就意味着消
费者每天都将会喝到 4 万瓶劣质次品可口可乐,每小时都会有 5 瓶不合格的娃
哈哈饮用水下线。在如此糟糕的消费者体验危机之下,可口可乐和娃哈哈还能
活到今天吗?

　　既然不合格的产品和有瑕疵的服务早晚一定会出现,那么,在危机预防的道
路上,就永无止境而没有终点。企业必须针对产品质量投诉制定并不断完善相
应的危机管理预案,确保这些危机管理预案能够随时启动和高效付诸实施,并在
实施的过程中不断得到优化和完善。只有如此,企业才有可能精益求精,达成产
品和服务缺陷危机管理的目的,即尽可能延迟产品和服务缺陷危机爆发的时间,
让产品和服务缺陷危机在特定的时空范围内不会发生。2013 年 9 月 21 日,江
西南昌新建县一对年幼小姐妹被洗衣机绞死,这一惨剧在今视网 22 日报道之
后①迅速引起了人民网、《南方都市报》等多家媒体的广泛关注。

　　洗衣机厂家随即发出声明,声称根据产品设计原理和性能分析,在相关新闻
报道陈述的条件下,洗衣机是不可能发生转动的,强调洗衣机并不存在直接导致
女童死亡的设计和质量问题。然而,这一声明却与南昌公安部门于 10 月 16 日
发布的调查情况通报相矛盾。② 记者和民警证实,在该洗衣机内放置超过两个
女童体重的 60 斤大米,盖上盖子之后,不用按按钮,该洗衣机居然也会自行
启动。

　　10 月 16 日晚,洗衣机厂家再次发布声明,在对两名女童的死亡表示痛惜和
哀悼,提醒用户监护好未成年儿童之后,声称公司一直积极履行企业公民责任。
遗憾的是,这一顾左右而言他的声明,不但没有能起到任何危机沟通和管控的作
用,反而激起了更多利益相关者的质疑:该洗衣机到底有无质量或设计问题? 生
产厂家对女童死亡到底有无责任? ……然而,这一系列问题,都被一味只是忙于
"洗白"自己的生产厂家忽略了,其数度声明仅仅是强调自身产品没有问题,而不
是主动检查该产品及同型号同生产批次产品,解析相关细节,以确认产品设计和

---

　　① 今视网,《新建县樵舍两姐妹被洗衣机绞死》,http://news.jxntv.cn/2013/0922/
5073001.shtml。

　　② 中新网,《南昌"洗衣机绞死女童"案落定,警方排除他杀可能》,http://www.
chinanews.com/sh/2013/10-16/5388953.shtml。

制造环节是否存在潜在危机隐患,尤其是在警方通告与企业声明中的技术数据相矛盾时,也未能及时就核心利益相关者的"洗衣机设计究竟是否存在缺陷"这一关注点进行说明。该企业的这种危机管理态度与价值观,不但让消费者在情感上难以接受,在事实上也是难以置信,也让该企业付出了惨重的品牌和声誉代价。

假以时日,对所有企业来说,产品和服务缺陷诱发的危机都是必然会发生的。在危机管理全过程中,企业无疑都应该将消费者的利益真正放在最重要和最为优先的位置。如果该洗衣机厂家在危机管理过程中能够采取主动态度,对死亡女童的亲属进行抚慰,对涉事洗衣机进行权威检测,找出其"时好时坏"的原因并及时公布报告,对存在隐患的同类型同批次产品主动进行召回和整改,积极承担相应的危机管理责任,才算得上真正履行了作为一个企业公民的基本责任。或许,这种危机管理态度和行为所收获的品牌信任和声誉,很可能会远超过企业多年来巨额投资的广告效果。

营销管理陷阱

从市场细分与定位来说,企业无疑应尽量选择那些竞争相对较少、竞争对手相对较弱的细分市场作为目标市场。相应地,企业对目标市场的营销,也必须紧扣消费者的显性需求,激发和引领消费者的隐性需求,以适度的营销创新、渠道合作和公共关系传播,使产品和服务能够不断满足目标消费群体的动态需要。然而,从营销创新、渠道合作到公共关系传播的整个营销管理过程中,密布着潜在的危机隐患和陷阱。

1. 剑走偏锋的营销创新

在营销创新上,有的企业基于系统思考而稳扎稳打渐入佳境,也有的企业由于急功近利而剑走偏锋,屡屡陷入"握着一手好牌,却打出一副烂牌"的营销创新失败危机情境。2002 年,以"零贷款、零租金、零库存"为噱头的 ITAT (International Trademark Agent Trader,国际品牌服装会员店)营销商业模式横空出世,创造性地试图通过一个平台实现服装制造业和商业地产业过剩产能的完美结合。如果仅从营销模式上来看,ITAT 剑走偏锋的"铁三角"营销创新确实是"独步江湖",摩根士丹利、蓝山、Citadel 和美林等知名风投机构纷纷被其营销模式的独特创新所打动。遗憾的是,随着 2008 年连续两次上市申请失利,营销模式创新中的不可持续性硬伤在失去资本的掩盖之后原形毕露,竟至于使这家号称"年销售额近 40 亿,店面近千家"的明星企业在短短数月中就光环尽失,化身为一颗让所有利益相关者都敬而远之的流星。

所有营销创新的成功,都是将自己的产品品牌与消费者需求紧密联系在一起,以激发和满足消费者的某种特定需求。相应地,大多数营销创新的失败,也都是因为忽略了产品和品牌与消费者需求之间的联系。ITAT 在营销创新过程中显然忘记了最关键的一个核心问题,即消费者需求和"铁三角"营销模式的可持续性。这个铁三角一旦不可持续,无疑就会成为随时可能垮塌的泥三角。

2. 渠道合作的冲突

稳定和安全的分销渠道,是企业成功拓展和占领市场的基础保障之一。从理论上讲,生产商和渠道商之间基于专业化的分工可以最大限度地降低市场运营成本。然而,由于两者之间的利益取向不同,规模大小不一,素质与管理水平参差不齐,权利与利益分配也就常常会随着双方力量对比的变化而变化,由此,就不可避免地会围绕渠道控制以及潜在利益分配而爆发冲突,使企业遭遇渠道管理危机困境。

近年来,制造商与渠道商之间的冲突危机情境似有越演越烈之势。先是真真假假的三星与国美撤柜纠纷,使得制造商和零售商之间累积已久的冲突危机浮出水面,被各大媒体炒得沸沸扬扬。尽管三星和国美"交火"的消息后来遭到了双方比较默契的否认,但是,随后爆发的医药行业迄今以来最为激烈的南京医药与西安杨森之间的"工商博弈"却是实实在在的。虽然双方最终还是握手言和,但是,这场博弈的结果是又一次敲响了渠道合作冲突危机的警钟。

3. 广告创意与公共关系传播失败

广告学中有一个定律,即企业投放的所有广告中至少有 50% 是无效的。然而,与 50% 的无效广告所带来的损失相比,广告创意和公共关系传播失败的危机将更为有害,对企业品牌和声誉的负面影响也更为深远。旅居美国康奈尔大学期间,我曾经看到过两则印象极为深刻的电视广告:一则是瑞士名表浪琴的广告,画面是浪琴维修点的办公室内,几个西装革履的售后工程师正悠闲地品着咖啡看着报纸,画外音是"此时此刻,我们遍布全球的数千个维修工程师正闲得发慌";另一则是中国某品牌家电的广告,画面是着装整洁的维修工程师正在为客户提供规范的上门维修服务,画外音是"我们的维修工程师,每周七天、每天二十小时响应您的维修服务诉求"。

这两则广告的创意,同样都是想通过售后服务来获取消费者对产品品牌的认同,然而,美国消费者从广告中解读出来的,前者是企业对产品质量的高度自信,而后者却是该品牌产品随时可能会坏! 该家电品牌原样照搬这一当年在中国本土市场上曾经取得过巨大成功的广告创意,在美国市场上的品牌和公共关系传播效果显然是失败的。这一创意在中国市场之所以能够取得较好的品牌和公共关系传播效果,是因为当年中国市场的竞争品牌很少有能为消费者提供即时响应的售后服务,如此的差别化广告创意显然就是成功的。但是,当售后维修服务的即时响应不再是消费者的需求痛点时,这种广告创意的品牌和公共关系传播效果自然就会大打折扣,甚至会在美国市场上产生适得其反的消费者感知。市场竞争环境变了,消费者的文化和思维方式变了,这种以不变应万变的广告创意和公告关系传播的失败,无疑是必然的。

3.2　危机诱发因素解析

与自然灾难所不同的是,危机诱因中必定有着人为的因素。如果你留意和审视一下企业运营潜在危机问题的那些诱发因素,就会感叹于其包罗万象:既有技术变革、政策与经济发展、市场竞争等难以为企业所左右的源自企业外部的硬环境因素,也有企业制度、团队氛围、价值观与伦理行为、消费者诉求、媒体和大众传播等源自企业内部的可以为企业所管理的软环境因素。

技术变革的风起云涌

作为企业运营潜在危机诱发因素的技术变革,并不是指一般意义上的技术发展与进步,而是意味着企业产品和服务必须进行更新换代的颠覆性技术变革。例如,移动通信数字信号之于模拟信号,数码成像之于胶片成像,光盘之于磁带,清洁能源汽车之于燃油汽车,半导体之于真空管,智能手机之于功能手机,等等。

在中国移动通信服务领域,摩托罗拉手机在 1999 年之前几乎拥有绝对的市场优势。就当时中国大多数消费者对手机和摩托罗拉品牌的认知来说,摩托罗拉就是手机,而手机也就是摩托罗拉。如果摩托罗拉品牌当年在中国市场的辉煌成就能够延续至今,那么,今天的手机市场品牌格局又该是如何呢? 遗憾的是,1999 年年底,中国移动通信技术从模拟信号向数字信号转变,这一技术变革不但使得市场上只能接打电话、外形似砖头的大哥大,摇身一变成了既能接打电话又能收发短信的小巧玲珑的手机,而且使移动通信工具的价格也出现了大幅度下降,新出现的手机价格甚至只有原先大哥大价格的十分之一。

尽管摩托罗拉事先已然预知了这一技术变革及随之而来的颠覆性市场变

化,并基于危机管理预案而开始在中国天津投资生产数字化手机,然而,这一技术变革的速度之快远远超出了摩托罗拉的预期,市场需求量变化之大也远远超出了摩托罗拉的想象力。当中国手机市场因为技术变革和价格变动而发生市场需求的井喷式暴涨行情时,在中国当时仅仅只有一家生产基地的摩托罗拉是绝无可能满足这一需求的。于是,三星、诺基亚、爱立信、西门子等摩托罗拉在全球市场上的竞争品牌,毫无悬念地在此刻蜂拥进入中国市场。

与摩托罗拉的中国市场危机相类似,在世纪交替之际,曾经傲视全球胶卷行业多年的柯达公司,能够预见到其最大的威胁将会是来自自己在 1975 年所发明的数码影像技术吗? 答案是不能。那时候,柯达公司的注意力和战略发展计划,一直都被富士胶卷等传统胶卷业的竞争对手所吸引和纠缠。当家用电器制造商索尼公司宣布推出商用数码相机之后,柯达的战略发展后门便应声而破。在这个由技术变革诱发的颠覆性危机影响之下,柯达公司的市值在短短几年内就被蒸发掉了 95%。2012 年 1 月 19 日,柯达公司不得不屈辱地低下了曾经高昂一百多年的头颅,向美国政府正式提出破产保护申请,被自己在 37 年前亲手铸就的那颗子弹射杀了。

任何科技发明和技术变革,对企业来说都是一柄利弊兼具的双刃剑。每一种新技术的发明和应用,都是基于对前一种过时技术的颠覆性变革,在带来全新的生存和发展市场空间的同时,也常常会使得整个产业界中的许多巨无霸企业面临难以预料和预测的危机。假以时日,未来技术的发展,必然会使时下正流行的主流技术变得过时。相应地,那些漠视技术变革危机信号的企业,无论其过去和现在是多么辉煌和风光,一旦这些技术变革降临,它们都将很快"OUT",遭遇被淘汰的危机厄运。

还记得被赋予公民身份的机器人索菲亚说的那句预言吗?"我会毁灭人类!"当人工智能时代以前所未有的速度迎面而来时,这似乎已成了一个值得全人类为之警惕的宿命危机。

政策与经济发展环境的潮起潮落

常言道,"潮起,则船高;潮落,则船低"。几乎所有的商业财富聚散,都会在一定程度上受到政策和经济发展环境的盛衰沉浮影响。在政策和经济发展环境有利的时候,大多数行业中的大多数企业都会运行良好。但是,一旦遭遇经济发展低谷或者政策性变迁,那些在利好或垄断环境中裸泳的企业,必然会遭遇甚至深陷可持续发展危机。

　　伴随着中国房地产行业的市场化改革进程,房地产及诸多相关行业中的大多数企业都走上了发展的快车道。在 21 世纪初的十余年中,丰厚的利润空间甚至让某些房地产从业者发出"赚得都有点不好意思了"的感叹。然而,这种在政策不够完善背景下出现的市场行情究竟会持续多久呢? 一旦不动产确权登记完成,全面开征不动产持有税,加上廉租房政策实实在在地对低收入人群的保障和倾斜,那些将全部资产甚至举债投资不动产的企业和个人,无疑会因此而遭遇流动性危机。如果有人或有企业基于侥幸心理而无视这一潜在危机,不相信自己会成为这一危机演变和发展过程中尴尬的接盘者,或者认为自己有足够的能力置身于危机之外,那么 20 世纪 80 年代末和 90 年代初发生于日本的房地产泡沫危机可谓前车之鉴。

　　20 世纪 80 年代初期,日本房地产及相关行业繁荣空前,随之而来的房地产价格暴涨和日元升值让很多日本人和日本企业的金融自信心爆棚。为了缓解日元升值所伴生的企业出口压力,日本政府被迫多次降息和提升货币供给量,在利率上从 1980 年的 9% 一路下调到 1989 年的 2.5%,在货币发行上大水漫灌,货币供应量 M2 从 1980 年的不到 200 万亿日元一路增发至 1989 年的 400 万亿日元和 1992 年的 500 万亿日元,期望能够借此给房地产热降温,给其他资金短缺的产业输血。遗憾的是,受房地产行业暴利的吸引,增发的大量资金依然是源源不断地涌入了房地产市场,导致日本 20 世纪 80 年代中后期的房地产价格陷入了恶性循环而持续暴涨,不断吹涨房地产行业的泡沫。

　　只要是危机,就总是会爆发的;只要是泡沫,就总会有破灭的那一天。纵观日本房地产行业的泡沫危机,其价格上涨期仅约 16 个季度,而价格下跌期则长达 56 个季度。房地产泡沫危机爆发之后,伴随房地产价值大幅缩水的则是房地产及相关行业的企业破产潮:1990 年起,日本企业破产的数量陡增,1992 年的企业破产数量是 1990 年的 2.4 倍,中小企业信心指数从 1989 年高位峰值一路下滑,在 1992 年至 2004 年长达 12 年内均为负值。1992 年开始,日本房地产泡沫危机开始波及金融业,日本金融机构在国际金融市场上的融资信用等级被持续调降,融资成本剧增,导致大量日本金融机构倒闭。在日本房地产泡沫危机爆发之后的 10 多年中,从房地产企业到金融企业,从制造业到批发零售业,日本企业破产的数量连续多年始终维持在一个较高的水平上,可谓哀鸿遍地,惊心动魄。最为悲摧的是,如日本经济学家大前研一在《质问力》一书开篇中所描述的那个A 先生的经历一样,"每个月都在还房贷,但房贷的数额却没有减少",许多日本民众不但一生辛劳所得均在 30 年前的这场房地产泡沫危机中被洗劫一空,甚至直到近 30 年后的今天,依然有多达 700 万之众的资不抵债的房贷人还在这场危机所致的债务灾难中苦苦挣扎。①

很显然,无论是社会管理机构、企业还是个人,对经济发展环境中潮起潮落的诸多系统性潜在危机信号的无视,显然是一种不智。

市场竞争的蓝海与红海之间

在商业生态大环境中,行业与行业之间、企业与企业之间、企业内部的团队之间、员工之间的关系都是既有竞争,也有合作。也正是这种竞争与合作并存的现象,才使得整个商业社会的发展过程变得千姿百态而且丰富多彩。

众所周知,绝大多数市场都不外乎于两种颜色特征,即红海市场和蓝海市场。在红海市场中,产业界限明晰,竞争规则人所共知,市场空间日渐饱和,爆发性利润增长的预期也越来越渺茫。而在蓝海市场中,则有着广袤的亟待开发的市场空间,与不断被创造的新需求所伴生的是无数意味着超额利润收益的全新的市场机会。

在中国市场经济改革开放进程中,几乎每一个市场,都经历过或正经历着从蓝海到红海的发展过程。在这个过程中,政策导向、利润空间、市场规模、技术壁垒以及相关资源要素,决定着从蓝海发展到红海的时间的长短,决定着利益相关者之间的竞争生态状况。以光伏产业发展为例,正是受到国际市场上多晶硅料暴利空间等诸多因素的诱惑,中国许多光伏企业迷失在了蒙眼狂奔的潜在危机之中。与跨界盲目圈地和光伏行业迅速发展相伴生的,便是在不知不觉中出现的产能过剩危机、国际技术差距危机和市场供需失衡危机等一系列潜在危机信号。遗憾的是,这些变得越来越明显的潜在危机信号,都被绝大多数中国企业和企业家选择性忽视了。

2004 年,中国第一批光伏组件生产企业中的佼佼者成功登陆纽交所。作为中国第一个在境外上市的民营新能源企业,公司创始人也于 2006 年以 23 亿美元资产问鼎中国内地首富,一时间风光无二。遗憾的是,当日历翻到 2011 年的时候,光伏企业间的竞争开始变得空前剧烈,加上欧洲债务危机、全球光伏行业产能过剩及美国光伏"双反"调查等诸多不利环境因素的影响,中国光伏企业的发展悄然步入"寒冬"。一直无视潜在危机信号的许多光伏企业彻底被危机击

---

① 大前研一,《质问力:新时代人生和商界成功宝典》,企业管理出版社 2012 年版,第 1-2 页。

垮,丧失了存续的理由。即使是那个曾位列全球四大光伏企业之一的在纽交所风光无限的弄潮儿,也于 2013 年不得不破产重整和退市。留给利益相关者的,是对光伏产业过去、现在和未来的危机管理反思。

来自利益相关者的警告

任何细枝末节的粗心大意,都常常意味着为潜在危机的到来打开了方便之门。自计划生育被曲解为低生育率以来,尽管关于中国人口红利面临拐点、人口增长与经济发展失衡的相关警告一直就没有停歇过,但中国人口老龄化危机正在加速临近的信号都无一例外地被忽视了。虽然 2013 年党的十八届三中全会和 2015 年五中全会分别宣布并实施了"单独二孩"和"全面放开二孩"政策,但是,人口老龄化危机之于整个中国经济和社会高质量可持续发展的负面影响和损害,丝毫不容忽视。

随着许多城市中心地带的居民楼越盖越高,关于高层建筑火灾危机的警告也是越来越密集:高层建筑火灾时消防云梯的效果有限,施工管理混乱导致建筑保温材料的阻燃质量不过关,居民普遍缺乏高层火灾自救常识,城市消防通道常年被堵塞,等等。遗憾的是,这些潜在危机的警告,大多数都被人们选择性地视而不见和听而不闻。2010 年 11 月 15 日,导致 58 人遇难的上海静安区高层住宅楼火灾,几乎应验了上述所有警告。[①]

如果人们能足够重视这些潜在危机信号的警告并引以为戒,中国社会的老龄化危机或许就不会这么快地到来,屡屡见诸报端和网络的那些触目惊心的消防惨剧或许就会少很多。这些危机,或许本来都是可以避免的。

唤醒一个睡着的人很容易,但唤醒一个装睡的人是极其困难的。尽管有些管理者已经意识到广开言路和倾听来自利益相关者的潜在危机警告的重要性,但是,也有太多的管理者因自负而闭目塞听,因无知而掩耳盗铃。在一个企业中,越来越多的无所事事的新员工,往往就预示着企业人力资源战略规划的潜在危机;越来越频繁的顾客抱怨,常常说明了企业产品设计和质量管控的潜在危机;越来越难看的经销商的脸色,越来越少的顾客,断崖式下跌的营业额,其背后就是消费者正在离你而去,市场竞争危机正在到来。

---

① 人民网,《静安"11·15 特大火灾事故理赔工作纪略"》,2011 年 7 月 25 日;人民网,《上海火灾舆情应对策略研究》,2010 年 12 月 17 日;人民网,《静安大火考验"楼高高"》,2010年 11 月 16 日。

在你的身边,你所在的企业中,有越来越多的来自利益相关者的潜在危机警告正在被忽视吗? 如果有,这本身就是一个系统性潜在危机信号了。

难以消除的谣诼

好奇心是人类的天性。正是在好奇心的驱使下,人群在聚集时,很容易就共同关注的现象和问题,进行竭尽想象之能事的猜测和口口相传,其结果难免就会谣诼不断。每个人,每个企业,都可能会成为谣诼危机的主角。

在互联网时代的今天,借助于各种社交平台,谣诼传播和异化的速度更是达到了指数增长的地步。然而,谣言止于智者,大多数谣诼尽管传播速度极快且范围极广,但也终究不过是喋喋不休的闲扯,最终都会在智者面前消失。值得关注的是,也有一些谣诼是长久难以消除的。究其原因,正是因为其中的内容并非完全杜撰,而是有着真实的内核。如此,这些难以消除的谣诼,就成了某些潜在危机正在酝酿之中的信号。在举国震惊的三聚氰胺毒奶粉危机演变过程中,婴幼儿奶粉中含有有毒物质的传言其实早已有之,但都被三鹿集团和相关监管机构有意无意地忽视了。一直到了 2008 年 9 月,在全国数千名婴幼儿健康受损的状况下,三鹿集团才不得不揭开了部分不法奶站和奶农往牛奶中添加三聚氰胺的事实。

很显然,三鹿集团并非在此时此刻才获悉这一信息,只是长期以来一直在主观上视其为谣诼而充耳不闻。正是三鹿集团对企业产品质量管理漏洞的主观故意忽视,才最终酿成了大祸,不仅使三鹿集团覆灭,也将中国的奶制品行业拖入了持续至今仍未见消融的信任和声誉危机之中。不妨反思一下,如果当初三鹿集团能够秉持正确的伦理价值观,对这些真真假假持续多年的潜在危机信号予以足够的警惕,端正危机管理态度,从不法奶站和奶农的行为中识别出潜在危机信号并立即着手进行有效应对和管理,积极履行企业社会责任,那么,三鹿集团就不会在这场危机之中消亡。当然,中国的奶制品行业也就不会深陷这场长达十多年仍未见一丝曙光的市场寒冬了。

被忽视的消费者诉求

虽然对于客户投诉很多企业并不陌生,但可怕的是,有些企业正在越来越多的客户投诉中慢慢地变得习以为常了。当史蒂夫·乔布斯(Steve Jobs)向人们展示出他生命中留给人类的最后一件艺术品 Iphone 4 时,这个在全球用户抽样调查中被大多数消费者认为是"长一分则太长,短一分则太短;厚一分则太厚,薄一分则太薄;重一分则太重,轻一分则太轻"的超级完美手机产品,深刻乃至全面改变了这个世界的互联网、媒体和消费习惯,让全世界的果粉们为之癫狂。然而,与此同时,在苹果用户论坛上,也有越来越多的果粉正在被 Iphone 4 那可怜的电池续航力折磨得快要疯掉了。可以想象,如果 Iphone 5 还是经由乔布斯的神奇之手推出,那应该是一款让你几乎会忘掉充电器在哪儿的物件,因为乔布斯对产品功能进行优化选择的唯一依据,就是消费者的感受和体验。

遗憾的是,接下"苹果"魔棒的蒂姆·库克(Tim Cook)却没有这么做。相对于 Iphone 4,只是长了一点、薄了一点和轻了一点的 Iphone 5 让果粉感觉很失望。如果一定要列数 Iphone 5 的亮点,就是其对于产品颜色的细分更加丰富了。但遗憾的是,其全球平均铺货的营销管理策略却白白浪费了这个唯一的亮点,库克显然没有事先预估到东方社会文化背景下的消费者会对"土豪金"黄色表现出超乎寻常的热情。

一再的失望之下,果粉对苹果手机的钟爱还会持续多久呢? 消费者对苹果产品的期待还能维系多久呢? 在这个科技日新月异的时代,"江山代有人才出",在中国市场上,厚积薄发的华为手机正在追赶和超越苹果。可以预计的是,如果不能延续"乔布斯"式的对消费者体验的深切关注,苹果公司在将来也一定会重蹈覆辙,再次遭遇被消费者抛弃的危机。因为消费者一旦对苹果公司的硬件产品失去兴趣,建立于 Iphone、Imac 和 Ipad 等一系列硬件产品与 App 应用之间用户数量的正向增强循环就会被打破,使得 App Store 生态链失去庞大的用户基础,甚至会诱发硬件产品被消费者抛弃与 App 应用用户数量急剧减少的恶性循环。如此,苹果公司就会因为赖以存续和发展的根基被撼动而面临存亡危机的威胁了。

你和你的企业,正在面临着哪些顾客投诉? 哪些投诉正在被习惯性地无视? 面对这些投诉,静心坐下来好好反思一下吧,或许你可以从中感受到某种系统性危机正在临近时的粗重喘息声和沉重脚步声。

管理制度体系漏洞与伦理缺失

随着人本管理理念被越来越多的企业管理者所接受,员工在工作中的自主决定权也正在变得越来越大。很显然,授予员工工作自主权,无疑有利于实现企业与员工的双赢:一方面,企业的监管成本降低,企业文化和工作氛围得到持续改善;另一方面,员工在企业中感受到越来越多的人性化的尊重,长期在等级制度管理下被压抑的个人创造力将会得到释放和发挥。

　　但是,所有的管理策略均需辩证地看待,任何管理制度体系的设计都可能会有漏洞,授权管理制度自然也概莫能外。授权管理制度中可能存在的不利方面,对于任何企业的任何管理者而言都是绝不可掉以轻心的。因为一个过度授权而失去监督的员工,极有可能会给企业带来麻烦,甚至是殃及企业存续和发展的生死危机。任何一个了解巴林银行(Barings Bank)破产悲剧的人,都不会认为这是在危言耸听。

　　究竟是什么原因,让这样一家多年来业绩良好而又声名显赫的银行,在顷刻之间便遭遇灭顶之灾呢? 造成这一悲剧的罪魁祸首,就在于巴林银行内部授权制度体系中的漏洞。正是这一制度漏洞的存在,使得一个名叫尼克·里森(Nicholas Leeson)的极为聪明的员工有了可乘之机,几乎是在一瞬间就摧毁了巴林银行历经 200 年才打造出的品牌声誉。

　　作为一名精英员工,里森仅在 1993 年就为银行赚取了 1 400 万美元利润。对于如此能干的员工,巴林银行高管们对重用里森的决策几乎是没有任何异议的,但是,问题就在于他们似乎忘却了"绝对的权力,滋生绝对的腐败"这条危机管理戒律。

　　里森的个人能力无疑是极高的,不但精通交易系统和财务分析流程,而且也知道如何发现和利用制度体系设计中的漏洞,使自己的交易能够避开系统的监督,使银行例行的财务审计和调查都成了聋人的耳朵。正是巴林银行高管对他的绝对信任和过度的授权,使得聪明的里森有了冒险的机会,在交易系统中建立了一个被认为是非常吉利的代码为"88888"的虚假账户,用以掩盖其在交易过程中所犯下的一连串错误,以及由这些错误所造成的连带损失。当这些错误和损失累积到再也无法掩盖时,包括巴林银行股东和高管在内的几乎所有利益相关者都无不瞠目结舌。有着数百年历史的在业内广受尊敬的巴林银行破产了,能力超群的"魔鬼交易员"里森也进监狱了。扼腕唏嘘的同时,我们无疑需要对此一危机的前因后果进行反思:对于巴林银行的倒闭,授权制度的漏洞固然是诱因之一,但是,这真的是最根本的原因吗?

　　制度是由人设计的,没有哪个企业可以确保其管理制度体系的设计和实施是完美无缺的,是可以覆盖和预防所有潜在危机的。很显然,再健全的制度设计,都不可能是没有漏洞的。而制度体系设计漏洞危机的背后,更多的则是危害更为剧烈的员工伦理缺失危机。如同法律体系之于人们行为的约束一样,无论是大陆法系中汗牛充栋的法典,还是英美法系中历经百年而累积的判例,都无法穷尽未来所有可能的犯罪行为。行为不端、品行有问题的员工,在其位却不谋其职的监管者，都可能是企业存亡危机的根源。

　　你所在的企业中，是否存在精明能干、业绩显著，但伦理缺失、行为不端的员工呢？是否存在睁一只眼闭一只眼，只注重结果而对过程不闻不问的管理现象呢？如果有的话，企业的危机应该已经不远，大麻烦或许正在来临！

第 4 章　潜在危机信号识别

在危机演变和发展过程中,很多潜在危机信号几乎是随处可见的:企业与利益相关者的关系变得越来越疏远;人才流失现象变得越来越普遍;营利能力变得越来越弱;决策执行力持续降低;平时一喊就到的银行贷款经理突然变得忙碌而难得一见;消费者的投诉和抱怨数量变得越来越多,范围越来越广,所涉及的问题也变得越来越尖锐。

当然,并非所有的潜在危机信号都会这么明显和高调地宣示自己的存在。作为危机主体,无疑需要见烟知火和见木识林,对于看到、听到或感受到的每一个异常现象,都应该基于系统思考找出背后的问题,找出可能导致这些潜在危机信号被忽略的各种原因。唯此,才有可能避免危机信号识别过程中的自负和盲人摸象的尴尬,才有可能汇聚所有利益相关者之力于潜在危机信号的搜索、发现和甄别,才有可能完成对潜在危机信号抽丝剥茧式的解析,才有可能未雨绸缪地盘点潜在危机中的机会和优势,发现并抓住其中潜在的新的发展机遇。

提出一个问题,往往比解决一个问题更重要。

——阿尔伯特·爱因斯坦①

---

① Albert Einstein, 1879—1955,柏林大学教授,创立了狭义相对论和广义相对论,从根本上改变了关于空间、时间和物质的概念,1921 年诺贝尔物理学奖获得者。

4.1　对潜在危机信号的无视

所有的潜在危机在爆发之前都会有越来越多且越来越明显的信号出现,但是,很多企业常常是事后诸葛亮,只有等到危机过后一地鸡毛之时,才会懊恼于对潜在危机信号的无视。为什么会出现这种尴尬而又郁闷的状况呢? 其一,在于主观上错误的危机管理态度。自负和自以为是,很容易导致对潜在危机信号的主观故意忽视。其二,在于客观上对危机信号感知和甄别能力的不足。如果不能由点及面地系统解析各种信号之间的关联,就很容易导致对潜在危机信号的客观忽视。

自负的闹剧

满招损,谦受益。由自负而滋生的自以为是,会让危机主体对来自利益相关者的忠告和善意的提醒"刀枪不入",主观上故意忽视来自各个渠道的潜在危机相关信息,无法觉察到已然近在咫尺的,甚至已经非常明显了的潜在危机信号。

自负和自信在企业危机管理过程中是有着本质区别的。自负常常表现为一种极其顽固的大企业病。美国通用就曾是这样一个罹患自负病症的巨无霸企业。在 20 世纪 80 年代初期,几乎所有的市场调查报告都在提醒通用公司的高层管理者:与日本汽车相比,通用公司出产的汽车正在失去顾客的青睐! 遗憾的是,作为当时全球最大的汽车生产商,面对一再出现的、越来越频繁的种种危机警告,通用公司的高层管理者都不以为然。他们甚至自负地认为,只有通用公司才有资格决定汽车产品的标准和市场的发展趋势。然而,正如《汉书·魏相传》所载,"兵骄者灭"。2009 年 6 月 1 日,通用公司终于走下了用 101 年铸就的自负的神坛,在日积月累的危机之中走到了一个历史性的转折点,正式申请破产保护。

翻开吴晓波先生所著的《大败局》,那些在中国改革开放大潮中快速崛起又更快速衰败的企业的发展历程中,随处可见的是对危机的茫然无知、麻木不仁和自负。那些在极度自负的闹剧中倒下的企业家和消亡的企业,堪称一部部鲜活的危机管理教材。回首昨天在中国市场上傲视群雄、风骚而不可一世的企业枭雄们,我们依稀还可以记得他们的身影:豪掷 3.2 亿元卫冕央视标王的秦池,以 15 万员工织就遍及中国城乡的庞大保健品营销网络的三株……他们的昙花一现,皆是因为自负而在不期而至的危机中折戟。

放眼今天在中国市场上纵横驰骋的企业"巨星"们,以"让天下没有难做的生意"为己任、期望持续发展最少 102 年而横跨三个世纪的巨无霸在线交易平台,自认为"最了解中国"、坐享 Google 离开后绝大部分搜索市场份额的互联网巨头,与迪士尼跨界"叫板"的全球规模最大的不动产企业……从他们现下的辉煌与自负,到未来一定会出现的终极危机之间,会是多远呢?

盲人摸象的尴尬

盲人摸象的故事为很多人耳熟能详,其可笑的情形千百年来一直让人忍俊不禁。在面对层出不穷的潜在危机信息片段时,用系统思维甄别潜在危机信号,既是一种智慧,也是一种担当,反映了一个企业的动态复杂性危机管理能力。在危机管理过程中,很多人和很多企业都会茫无头绪,于不知不觉中陷入"盲人摸象,各执一端"的误区,遭遇"按下葫芦浮起瓢"的尴尬,使得同样或类似的系统性危机情境一而再再而三地重复出现。

任何一个动态复杂性危机管理问题的成功解析,都需要经历若干轮"从复杂到简单,再从简单到复杂"的过程。其中,"从复杂到简单"的过程是基于潜在危机信号和相关的危机表征现象追根寻源,犹如庖丁解牛一般,发现和抓住多个细节性问题的症结,并找到相应的解决策略;"从简单到复杂"的过程是就细节问题的解决策略进行整合,一览众山小,形成动态复杂性危机问题的根本解决方案。当然,这些解决方案在危机演变和发展过程中,需要基于危机情境及相关影响因素的变化,经历多个轮次的不断修正和完善。

不同的人,不同的部门,从不同的信息源所感知和发现的潜在危机信号往往都是片面的,彼此间不但可能难以接续和印证,甚至可能会相互矛盾。由此,便对企业甄别、分析和整合潜在危机信号的主观意愿和客观能力提出了巨大的挑战。

绝大多数商学院的 MBA/EMBA 培养体系设计中,都包括人力资源管理、财务管理、营销管理、生产管理等课程模块。对于一个 MBA/EMBA 学生来说,在人力资源管理课堂上,教授会告诉你人力资源是企业高质量可持续发展的基础;在财务管理课堂上,教授会告诉你资金的高效运用是企业成长动力的源泉;在营销管理课堂上,教授会告诉你对市场和消费者需求的洞察和满足是企业逐鹿天下的制胜法宝;在生产管理课堂上,教授会告诉你对产品和服务质量的关注再多也不为过。

遗憾的是,当企业遭遇相关危机情境时,如果仅仅按照这样的逻辑,可能永远也不可能找到最根本的危机解决方案。企业人才大量流失这一潜在危机信号的背后,并不一定就意味着人力资源管理之过;导致企业资金链断裂的罪魁祸首,并不一定就是财务管理问题;市场急剧萎缩和销售额陡降的责任,并不一定在于营销管理的不到位;产品和服务质量投诉猛增,也并不一定就是生产管理惹的祸。相应地,那种头疼医头脚疼医脚的危机管理决策无疑都是盲人摸象,不但难以实现让危机在特定时空范围内不发生的危机管理目的,而且可能会使危机情境在恶性循环中发生性质突变,发展成为危及企业存亡的品牌和声誉危机。

毫无疑问,在危机爆发之前,所有关于潜在危机的信息都是碎片式的,企业必须能够针对潜在危机的片段信息进行一叶知秋的系统思考,具备"由点及面"地把不同来源的潜在危机相关信息情报进行整合和系统分析的能力。否则,盲人摸象式的尴尬和无奈将会如影随形,导致同样的危机一而再再而三地重演,甚至会让危机主体产生"运气不好"的错觉,丧失对危机进行预防的动力和信心。

4.2　搜索和甄别潜在危机信号

无论是主观上的自负和自以为是,还是客观上对于潜在危机相关信息整合分析能力的不足,都是妨碍人们对潜在危机信号进行辨识的痼疾。这样的现象,在过去、现在和未来,在几乎所有危机主体身上,都会有不同程度的表现。为了有效提升识别潜在危机信号的能力,企业必须强化危机意识,营造危机管理氛围,群策群力,让所有的利益相关者都成为企业危机管理系统中的一分子;必须构建一个虚实结合的企业危机管理系统,时刻保持对潜在危机信号的高度警惕;必须抽丝剥茧,学会从潜在危机信息海洋中系统解析、辨识和确认真正的危机信号。

构筑潜在危机防火墙

如何才能感知和识别潜在危机信号呢?音乐会上,你只有用心,才能聆听和感悟到每一个音符的美妙。同样,在危机管理中,你也只有用心,才能感知和认识到每一个潜在危机信号的存在及其可能造成的负面影响和损害值。面对同样的潜在危机信号,一个有心人会很容易察觉得到,并对未来的危机情境做出判断。相反,一个"事不关己高高挂起""做一天和尚撞一天钟"的人,不但不会关注身边潜在的危机信号,而且即使看到了、听到了和感觉到了,也往往会在主观上选择性忽略,对潜在危机信号视而不见和充耳不闻。

  对潜在危机信号不敏感、不愿意关注甚至故意回避的企业管理者显然是不称职的。倾听和关注利益相关者的意见和建议,显然应该写在每一个企业管理者的岗位描述中,成为其核心职责之一。回顾巴林银行破产危机的演变过程,不难发现在危机之初曾出现过许多极其明显的信号。里森凭空捏造出在花旗银行有 5 000 万英镑存款,以补偿其虚假账户中的亏空,这一极为明显的潜在危机信息每天都会出现在呈报给巴林银行高层管理者的资产负债表中。换言之,巴林银行高层管理者每天都有机会通过这些记录发现里森违规操作的潜在危机信号。然而,令人匪夷所思的是,即使是专门针对里森经手账户的长达一个月的调查,也居然没有人想到要去调查一下这个虚无的花旗银行关联账户。后来,里森在自传中对这段被调查时期的感觉进行了描述,"对于没有人来调查和制止我,我觉得不可思议。伦敦的人应该知道我的数字都是伪造的,应该知道我每天向伦敦总部提出的现金要求都是不对的,但他们仍然会支付这些钱"。甚至于在新加坡期货交易所的审计与税务部门发函给巴林银行总部,提出他们对"88888"账户资金问题的疑虑时,巴林银行依然没有对这些潜在危机信号予以足够的重视。

  对于为什么没有能从那个几乎所有的 CEO 和企业高管都应该很熟悉的资产负债表中发现问题,巴林银行董事长彼得·巴林(Peter Baring)有过这样一段解释,他认为,反映短期资产变化的资产负债表根本没什么用,"如果期望通过资产负债表的数据就能够增加对一个企业的了解,那真是幼稚无知"①。殊不知,巴林先生对资产负债表信息的主观忽视所付出的代价,就是创办于 1762 年的巴林银行的破产和倒闭!

  无论多么明显的危机信号,也是无法唤起一个无心者的关注的。一个有趣的现象值得所有危机管理者引起警惕:如果企业中只是依靠管理者来感知潜在危机信号,或许你很快就会发现,这些被高管感知得到的危机信号,慢慢地就会变得越来越少和越来越简单。因为管理者自己就是直接面对、分析和解决潜在危机相关问题的责任者,对于那些极易令人产生焦虑和不快的潜在危机信号,很多不称职的管理者的选择都是下意识地掩耳盗铃,既不愿意去倾听,也不愿意去面对,甚至都不愿意去相信。

---

  ① 崔刚,《上市公司财务报告解读与案例分析》,北京:人民邮电出版社,2009 年,第 27 页。

春江水暖鸭先知

要想在浩瀚的潜在危机相关信息海洋中搜寻和甄别潜在危机的蛛丝马迹，仅靠企业高层管理者显然是绝无可能的。企业的危机利益相关者，包括每一个员工、每一个合作伙伴和每一个顾客，都是企业进行危机预防的白细胞。事实上，最早察觉到企业潜在危机信号的，往往都是企业产品和服务的终端用户，以及与这些终端用户有着直接或间接接触的基层一线员工，包括销售员工、售后服务员工、安全保卫员工、质量检查员工、财务会计员工、生产员工和仓储运输员工等等。

为了尽可能多地获取和利用关于潜在危机的第一手相关信息，企业必须在组织内外广开言路，让利益相关者们都能够自由发表意见，公开说出他们所看到的、所听到的、所感觉到的和所想到的问题，以及他们对于如何解决这些问题的思考。如果这些"耸听的危言"在企业中总是会习惯性地被打击和惩罚，甚至会因其"不和谐"而被穿小鞋，利益相关者们或者是选择离开，或者是选择三缄其口，唯命是从，甚至渐渐地习惯于和精于粉饰太平，报喜不报忧，造成对潜在危机信号闭目塞听的悲剧。因此，对利益相关者关注潜在危机信号的行为进行引导和必要的激励，是企业能够发现或获取潜在危机信号的制度保证，是管理者能够成功勾勒危机管理全景地图，汇聚利益相关者之力以进行危机管理的基础。

在危机管理过程中，运筹帷幄而决胜于千里之外的危机管理决策责任无疑在于企业高层管理者，但是，对潜在危机信号的搜寻和识别，则需要借力于所有利益相关者的触觉、听觉、视觉和头脑风暴。2011 年 1 月 22 日，在某个电商平台企业内部的一封群发电子邮件中，一位员工就工作内容大爆粗口，无意间踢爆了企业中长期存在且正变得越来越猖獗的内部员工与骗子客户内外勾结的潜在危机，"……2010 年跑来投诉中供是骗子的买家每个月比 2008 年翻了 20 倍！还查到有些销售，一个人就签进来好几十家骗子公司，甚至还一手拿公司的佣金，一手拿骗子的贿赂！真是太气人了！"正是这位员工在这封不同寻常的群发邮件中所表露的极为激动的情绪，才让这一在公司中正变得司空见惯的潜在危机现象引起了广泛的关注。显然，尤为值得该企业高管深思的是，为什么员工对潜在危机相关信息的心平气和的正常沟通，总是会被忽视呢？

春江水暖鸭先知。在你的企业中，那些敢于质疑现状和提出问题的员工，会因此而受到奖励吗？还是会被忽略，甚至会因此而遭到嘲笑、冷遇和挤兑呢？

搜索潜在危机信号

与自然灾难不同，危机诱因中必然存在人为因素。也正是这些人为因素的存在，使得潜在危机的演变和发展过程中会出现许多或明显或隐藏较深的危机爆发前的先兆信号。尽管绝大多数危机情境都有着显著的突发性特征，但是，没有任何先兆信号的危机几乎是不存在的。

所有的危机，都有着一个或长或短的从孕育到爆发的演变和发展过程。在这一过程中，一定会在某个或某些地方存在着可能极易被人们所忽视的潜在危机信号。随着危机爆发时刻的临近，潜在危机信号一般会变得越来越多和越来越明显。人们回顾和检讨"挑战者"号航天飞机爆炸危机的演变和发展过程时，发现这一导致美国航天飞机计划被冻结长达 32 个月之久的灾难性危机本来是可以避免的，如果工程师罗杰·博伊斯乔利（Roger Boisjoly）的报告能够得到应有关注的话。

作为主管航天飞机固体火箭助推器（Solid Rocket Boosters，SRB）O 型环项目的工程师，罗杰一直在通过各种渠道向公司管理层以及美国国家航空航天局（National Aeronautics and Space Administration，NASA）高层表达着他对 O 型环的担心：一旦环境温度低于 11.7 摄氏度，O 型环的橡胶材料将会失去弹性而无法保证对接缝处的有效密封。遗憾的是，这些强烈的潜在危机信号，最终都无一例外被管理决策者们选择性忽略了。"挑战者"号航天飞机发射升空仅仅 0.6 秒之后，就从右侧 SRB 尾部接缝处喷出了一股黑灰色的异常烟雾。第 58 秒，追踪摄像机捕捉到了该部位的烟羽变得越来越明显和强烈。第 60 秒，该部位开始逸出火焰。第 73 秒，"挑战者"号在全球亿万观众面前凌空爆炸解体。

很显然，如果负责设计、制造与维护 SRB 部件的承包商莫顿·塞奥科尔（Morton Thiokol）公司高管和 NASA 决策者们能主动而充分地审视所处的环境，主动搜索、选择并及时关注和掌控潜在危机相关信息，就可能会获得危机管理的先机，将航天飞机爆炸这一灾难性危机消灭在萌芽状态，最终达成在特定时空内让危机不发生的危机管理目的。遗憾的是，与莫顿公司和 NASA 一样，企业及其高管在搜索潜在危机信号的过程中，常常都会受到来自选择性注意、噪音以及信息过载等方面障碍的干扰，使得潜在危机信号的搜索和发现过程充满了不确定性。

1. 选择性注意的干扰

在审视危机情境时，人们常常会不自觉地在潜意识中概略判断什么是"可能发生的",或者什么是"不可能发生的"。这种先入为主的判断,会将危机主体的注意力吸引到一些特定的自认为是重要的问题和潜在危机信号上去,使得可能更为严重的潜在危机信号被过滤和忽略,让稍纵即逝的新的发展机遇从眼皮子底下溜走。当危机管理者不愿意关注和接受那些与其信念和习惯性认知不相吻合的潜在危机信号时,危机的发生往往就在所难免了。这也就是罗杰的数次报告都没有能避免"挑战者"号航天飞机爆炸危机的深层次原因所在。

一般而言,在面对多个潜在危机信息来源时,潜在危机相关信息彼此之间往往会有冲突,危机管理决策者往往会选择性地聆听和接受那些与自己的习惯性认知相对一致的观点。为了赢得企业危机管理决策者的青睐,难免会有"乖巧"的员工或利益相关者投其所好。长此以往,企业危机管理决策者的潜在危机相关信息来源就会变得越来越窄,对潜在危机的分析判断就会变得越来越偏离实际,企业就会渐渐丧失发现潜在危机信号的能力,在一片赞歌声中于不知不觉间迎来灾难性危机。

2. 噪音干扰

俗话说,耳听为虚,眼见为实。但是,在潜在危机相关信息搜集与信号甄别过程中,危机主体听到的固然可能失真,看到的也很可能不是真的。当潜在危机信号强度相对于噪音强度的信噪比偏低时,对潜在危机信号的搜索和甄别就会变得非常困难。

潜在危机相关信息的搜集和信号甄别过程中难免会遇到一些噪音的干扰。这些噪音,可能来自企业危机管理者自身,也可能来自危机利益相关者。在有待改善的心智模式下,人们所听到的只是自己想听到的,所看到的也只是自己想看到的。至于那些不想听和不想看的,即使在潜在危机相关信息搜集和信号甄别过程中被听到和看到了,人们也很可能会在潜意识中对其进行主动的过滤和忽略,这就是危机管理者自身心智模式不健全所带来的噪音干扰。

同样,面对潜在危机,有些危机利益相关者,如竞争对手,常常会基于自身利益最大化的诉求而有意无意地散布和释放一些虚假危机信息,给企业危机管理者获取有价值的潜在危机相关信息制造障碍,这就是一种典型的在危机信息搜集和甄别过程中来自利益相关者的噪音干扰。

正是这些来自危机管理者自身和危机利益相关者们的噪音干扰,使得搜集潜在危机相关信息和甄别潜在危机信号的过程充满了挑战。那些显而易见的潜在危机信息往往是无效的,那些拍脑袋而得出的危机预防和应对策略也很可能是不够完善的,甚至可能是错的:或是掩耳盗铃,或是南辕北辙,或是刻舟求剑,或是缘木求鱼。

尤为值得警惕的是,当虚假的潜在危机相关信息被不断重复时,当所处的危机演变和发展情境相对比较动荡和复杂时,危机管理者很可能会因为长时间保持警戒而在危机预防和应对方面出现过度反应。这种基于过度反应的噪音干扰同样会在一定程度上带来潜在危机相关信息获取成本的增加。但是,相比较而言,过度反应所带来的危机信息获取成本的增加,其负面影响和损害值往往会小于那些因为无法有效识别真正的潜在危机信号而造成的损失。对于这一点,付出了"挑战者"号航天飞机七位航天员生命代价的美国航空航天局,一定是感触尤深。

3. 信息过载的干扰

置身于以信息爆炸式增长为特征的信息化时代,企业在搜集和识别潜在危机相关信息时,很可能会遭受信息过载之苦。这些信息过载往往会使危机管理者产生疲劳,甚至会主动忽视那些来自其他渠道的潜在危机相关信息,导致真正的潜在危机预警信号难以被有效识别出来,丧失发现和抓住潜在发展机遇的机会。

受累于潜在危机相关信息的过载,企业要识别出有效的潜在危机信号,就变得犹如大海捞针般越来越困难,潜在危机相关信息分析工作本身的边际效用也就会变得越来越低。因此,当人们不得不主动忽视一些优先等级偏低的潜在危机信号时,危机预防体系也就不可避免地会出现漏洞。在"挑战者"号航天飞机发射升空之前,NASA 收到的应该绝非仅有罗杰的危机警示报告。换言之,罗杰的报告,或许只是成千上万份危机警示报告中的一份而已。之所以没有能够得到重视,或许只是由于其在潜在危机相关信息过载状况下的优先等级不够罢了。

那么,在潜在危机信息搜寻和信号识别过程中,如何有效避免信息过载的困扰呢?一方面,危机管理者可以凝聚所有利益相关者的合力,动员和投入更多的足够的资源于潜在危机信息的搜集、分析和潜在危机信号的识别;另一方面,危机管理者可以基于系统思考而动态调整和配置利益相关者资源,以在最大程度上减少由时间和资源的不确定性所带来的信息搜集缺失。

甄别潜在危机信号

面对大量的潜在危机相关信息,危机管理者可以基于系统思考,借助于未来情境分析工具,以尽可能实现对潜在危机信号的甄别。首先,列出企业近期的策略运营目标或远期的战略发展目标,动员企业的所有员工和利益相关者一起参与对潜在危机信号的甄别。在独立思考之后,每位参与者都列出自己所认为的对这些目标而言最糟糕的 5 至 10 个潜在危机情境,以及诱发这些危机情境的所有可能因素。其次,对危及企业目标实现的所有潜在危机情境,基于其负面影响和损害值的大小、特定时空范围内发生的概率高低进行排序。然后,对所有潜在危机的诱发因素进行分析和整理,通过头脑风暴追根寻源,寻找这些诱发因素背后的所有可能的原因,直至将这些原因,或者这些原因的原因,推演到现在工作中所面对的问题为止。最后,针对推演出来的可能会危及企业目标的所有问题,提出现在就可以着手付诸实施的针对潜在危机情境的管理预案,打造企业的危机管理防火墙,构建企业危机预防系统。

每一个员工,不论其在企业组织中所处层级的高或低,也不管其所在岗位性质是核心或边缘,都应该是企业危机预防系统的有机组成部分。只有基于这个企业危机预防系统,才可能使得来自所有员工的潜在危机相关信息都得到足够的关注。当然,这个将潜在危机相关信息由点及线、由线及面进行关联的危机预防系统的核心,仍然是由一群受过危机管理专业训练的、具有互补性危机管理技能的员工组成。他们的潜在危机信息感知触角,将会借助于所有的员工和利益相关者而遍及企业的每一个角落,持续保持对可能的潜在危机信号的高度敏感,随时收集、分析和甄别可能的潜在危机相关信息和信号,针对各种潜在危机情境制定危机管理预案,并随着潜在危机情境的变化对已制定的或正在实施过程中的危机管理方案进行持续检核和必要的优化和调整。

由于观察问题的视角不同,并非每一个员工所感知和发现的潜在危机相关问题都能够切中肯綮,直指潜在危机的要害信息。换言之,如果企业危机管理者把所有搜集到的潜在危机相关信息都当成危机信号去进行处理,他们就会疲于奔命而徒然消耗宝贵且有限的精力和资源。那么,如何才能高效甄别真正的潜在危机信号呢?

面对真假难辨的潜在危机信号,危机管理者不妨自问以下两个问题:我的直觉如何? 我会因为这个潜在危机信号的存在而感到烦恼和不安吗? 识别潜在危机信号的一个有效方法,就是把自己设想为一个破坏者,然后反问自己:"如果可能,我需要怎么做,才能达成破坏的目的呢?"如果直觉告诉你这确实是一个潜在危机信号时,危机管理者就需要当心了。必要的情况下,可以考虑向其他利益相关者进行咨询,尤其是那些可能同样或更为了解这一潜在危机问题的员工和同事。任何时候,都不要忽视那些让你会下意识地感到烦恼和不安的潜在危机信号,都不要试图文过饰非。相反,需要深吸一口气,仔细而认真地审视与这个潜在危机信号相关的每一个环节,判断这个可能尚处在潜伏期的危机信号是不是会变得更大和更危险,预测这个潜在危机可能引发的后果,包括有形的损害和无形的负面影响。

面对潜在危机信号时,危机管理者的内心常常会因长远利益与当前利益的冲突、群体利益与个体利益的冲突而纠结。此时,只要不忘初心,危机管理者就能豁然开朗、明辨是非,勇敢地面对潜在危机信号,知道此时此刻该做什么和不该做什么了。

4.3　勾勒潜在危机信号地图

无论是在车水马龙的城市,还是在人迹罕见的乡村,当你迷路的时候,你可能马上会会拿出地图,找出自己所在的位置,然后按图索骥,确定自己行进的正确方向。然而,置身于动态复杂性潜在危机情境之中时,你如何才能找到正嘶嘶燃烧的潜在危机炸弹的导火索,在危机演变和发展过程中进行自我定位,找到正确的危机管理方向和可行性应对策略呢?

个人的潜在危机信号地图,可以从成长、家庭、工作、财务、健康和自信心等方面来绘就;对于一个企业而言,潜在危机信号地图的分析可以从企业运营的外部环境和内部环境等方面入手。

个人潜在危机信号地图

对于一个人的身体健康来说,偶尔发烧或许并不值得大惊小怪,因为那只是人体定期清除侵袭病菌的免疫反应而已。相反,如果一个人在相当长时间内都一直没有发烧过的话,那可能就更要小心了,因为那些得不到有效清除的病菌的累积,或许就意味着将会大病一场。人生所经历的大多数危机,其实都和这些侵袭人体的病菌一样,只是生命中经历的一个个转折点而已。遭遇危机并不一定就是坏事。一个人的绝大多数成长机会,都是在一次次的危机经历中获得的。

压迫理论(the Oppression Theory)的主要奠基者之一、美国心理疾病学教授托马斯·萨次(Thomas Szasz)博士在其专著《意识形态与疯狂》中指出,许多人都倾向于用自己的权力意志来对待外部世界,基于偏执的观点制定扭曲的危机预案,在面对危机时做出一些虽然表面上看来很合理事实上却是极度不合理的偏激行为。这是诱发个人危机的重要根源之一,即权力傲慢综合征。这种症状其实并非只会发生在通常意义的管理者身上,因为每个人都有着或大或小的支配权力,也都会遭遇这种危机管理困境。

人生的每一个阶段,你都可能会因为盲目和错误的比较而遭遇各种各样的成长危机困境:青少年时期,你会担心学习成绩不如别人;中年时期,你会担心事业成就不如别人;老年时期,你会担心身体健康不如别人。尽管人们常常会彼此祝愿一帆风顺,但是,没有哪个人的一生是能够做到真正的一帆风顺的。

面对形形色色的潜在的人生危机,很多人的心中都会有着巨大的压力,包括成长、家庭、工作、财务、健康和自信心等方面:你是不是会觉得生活或工作品质不如别人而故意躲避同事或同学聚会? 你是不是很久都没有和家人在一起轻松聊天了? 你是不是觉得上班很烦,不想与组织里面的大多数人见面? 你是不是一想到要花钱的事儿就会心浮气躁呢? 你是不是常常觉得体力不支和心情烦闷? 把镜子中的自己当成别人时,你是不是都不愿意和他亲近?

其实,每个人在个人情感、家庭生活、工作压力、人际关系等任何一个方面都可能会不顺,甚至彼此之间也会出现冲突。在财务方面,你所在的企业可能会倒闭,你的投资可能会失败,你的基本生活依存收入可能会变得不稳定。在健康和自信方面,几乎没有哪个人会愿意看到和接受一个病恹恹的、情绪暴躁、反应迟钝、衣衫不整、满面风霜和愁苦的自己。

企业潜在危机信号地图

企业潜在危机的诱发因素可以分为外部环境因素和内部环境因素。一般而言,外部环境因素主要包括自然因素以及技术变革、政策与经济、市场竞争、利益相关者关系等方面,内部环境因素主要包括生产、财务、营销、人力资源、信息、企业文化和组织学习与成长等方面。

1. 外部环境因素

企业对自然灾害有足够的关注吗? 地震、旱灾、水灾、风灾、海啸和火山爆发等自然灾害都是一些常见的间接诱发危机的自然因素,尽管这些因素极难为人力所左右,谁也说不清会在什么时候、什么地方以什么方式出现。以地震预报为例,迄今依然是一个世纪大难题。但是,任何对可能间接诱发危机的自然因素不够敏感的企业,无论其竞争地位有多高,实力有多么雄厚,都只是一只随时可能被危机灭绝的恐龙而已。当这些自然灾害出现时,企业很可能会因救灾不力或面对灾害的态度和行为不当而遭遇灾难性的信任和品牌声誉危机,基业尽毁。

企业的业务处在一个技术发展日新月异的领域吗? 对于任何一个企业来

说,高质量可持续发展的唯一源泉就是创新和学习能力,可以确定的唯一竞争优势就是比对手学习得更快的能力,可能有效的危机预防和应对策略就是拥有比竞争对手更强的创新能力和变革适应能力。

企业处在一个政策朝令夕改的政治环境中吗? 政策的朝令夕改极易导致经济发展的不稳定并形成恶性循环。无论是政策的不稳定,还是经济的不稳定,对于企业的高质量可持续发展都将是一场噩梦。

相较于去年同期,企业核心产品和服务的市场份额下降了吗? 市场份额的下降,往往意味着新的竞争对手正在出现,意味着竞争对手正在变得越来越强大,意味着顾客正在离你而去,意味着你的产品和服务正在被消费者所抛弃。更为可怕的是,这种变化往往不是匀速而是加速的。换言之,企业的潜在危机正在加速到来。

企业正在遭遇诉讼或抗议? 对于任何一个企业而言,信用都是其赖以立身和高质量可持续发展的根本,是获取利益相关者信任的前提。企业的所有行为,都需要在法律框架下进行,要符合伦理规范。违法会遭遇诉讼,违背伦理会遭遇抗议。无论是遭遇诉讼,还是抗议,都会严重损害利益相关者的信任,都意味着失道寡助,都有可能诱发极端危机。

企业运营活动对员工健康和环境存在潜在的伤害吗? 任何以对员工健康和环境的伤害为代价的企业运营活动,都会遭到大多数利益相关者的抵制,成为企业高质量可持续发展无法逾越的障碍。

2. 内部环境因素

来自某个产品、渠道或客户的利润超过了企业总利润的50%吗? 谁都知道,鸡蛋是不能放在一个篮子里的。或许某个现金牛产品所产生的利润足以甩出其他产品几条街,或许某个渠道或客户的业务量足以支撑着整个企业的半边天,但是,就未来而言,这种以单一产品、单一渠道或单一客户为主体的运营架构是非常危险的。对单一产品、渠道或客户丰厚利润的过度依赖,不但会使企业的未来被绑架,渐渐失去创新动力,而且极易被殃及。渠道或客户打个喷嚏,你就会感冒。一旦所依赖的产品出现闪失,整个企业都将会因此而深陷万劫不复的危机之中。

企业主营业务依赖于少数供应商吗? 基于对精益生产的推崇,很多企业都会从成本和效益的角度出发,将供应商数量进行尽可能的削减,甚至出现了很多唯一供应商的情形。殊不知,凡事都有两面性,如果企业主营业务高度依赖这些供应商,那无异于主动将未来交托于对方,谁知道这些供应商自身正面临着哪些危机呢?

相较于去年同期,企业的利润和流动资金存量在下滑吗? 任何时候,任何没来由的利润下滑,都往往是潜在危机临近的征兆。一旦流动资金存量不足,企业就犹如一个身患贫血症的病人,必然会导致运营过程中的一系列不确定性障碍:或者因工资不能按时足额发放而失信于员工,或者因不能按约兑付而失信于合作供应商……所有这些,都会诱发一连串更难以应对的利益相关者信任危机。

企业的信息管理系统易被攻击吗? 置身于信息化社会,对于任何企业来说,一个安全稳定的信息管理系统都是极其重要的。信息系统一旦被攻击而瘫痪,不但会使得企业的持续运营难以维系,而且会因为技术、市场和客户信息的泄露而使企业遭遇诸多不确定性危机,例如,竞争者快速崛起、顾客的起诉等等。

企业有核心人才的储备和培养规划吗? 核心人才是企业未来可持续发展的基础和依托,企业不但要关注核心人才的储备,建立和不断完善核心人才库,还要着力于对核心人才的培育,引导和帮助他们不断进行学习和知识更新。

企业氛围中弥漫着争强好胜、傲慢或者冒险的情绪吗? 无论是傲慢、争强好胜,还是冒险,都意味着对潜在危机相关信息和信号的忽视。在这种情绪下,企业及其中的每个员工,都很难静心审察和发现潜在的危机信号。

企业为某个或某几个家族所控制吗? 如果企业被家族关系网络所控制,企业的治理结构常常就会出现系统性危机。一方面,企业在运营决策过程中,会时时处处受到来自错综复杂的家族关系纽带的牵制和干扰;另一方面,也很难期望那些叼着金钥匙长大的公子哥儿,会与其祖辈一样有着运营企业的兴趣和能力。

员工与管理者之间关系紧张吗? 管理者与下属员工之间,本该是一种教学相长、唇齿相依、共存共荣、彼此互补的积极关系。如果企业对员工的行为管控刚性有余而柔性不足,辱虐管理行为盛行,员工与管理者之间彼此钩心斗角相互拆台,这种紧张的消极关系氛围必将预示着一场人才逆向淘汰危机,即难以吸引和留住真正对企业发展有用的人才。

企业正在经历快速成长吗? 任何企业的成长都是有一定规律的。如果成长过快,就意味着支撑成长的根基不够稳定。一旦不能及时扎实根基,盲目乐观,那么,危机和失败也就会来得很快。那些成长速度较快的新创企业,犹如蹒跚学步的婴儿,摔倒而遭遇危机的可能性是最高的。

企业正在进行管理流程的变革或组织架构的重组吗? 变革是一把双刃剑。成功可能会加速企业的发展,而失败则会诱发危机而加速企业的灭亡。无论是管理流程的变革,还是管理架构的重组,对企业中的现有资源均有着是否能够匹配的挑战。利益相关者之间的利益关系格局,也必然需要因应变革而经历适应期和调整期。在这个过程中,各方力量和资源博弈一旦失衡,就会使企业深陷内耗,面临一系列不确定性危机。

企业正在开发新产品以进入或拓展新的市场区域吗? 每一个新市场都有其个性化的特征,每一个新的消费者都有其不同的行为和心理,每一个新产品都有被消费者认知、适应和接受的独特过程。对于企业而言,这些新的市场、新的消费者和新的产品都不可避免地会伴生着一定程度的不确定性,机会与危机并存。要在一个新市场中获得成功,必须基于准确的消费者需求把握,开发合适的技术和产品,在正确的时间,通过正确的渠道,面向正确的顾客。任何一丝失误都可能诱发危机,导致失败。

抽丝剥茧的潜在危机信号解析

对于个人而言,关于成长、家庭、工作、财务、健康和自信心等方面的一系列问题,如果你的答案是确定的,那么,你就需要对相应方面的潜在危机给予足够的关注了。相应地,对于企业运营环境中 17 个问题的思考和回答,你就可以对企业当前的潜在危机状况进行一个初步的判断:

> 如果回答中"是的"多于 12 个,那么就意味着企业的潜在危机已经是迫在眉睫了。从这些方面去寻找到潜在危机的相关信息并非难事,需要担心的并不是难以搜索潜在危机信号,而是应该如何去处置层出不穷遍地都是的潜在危机信号。

> 如果介于 8～12 个,那么就意味着企业有麻烦了。许多潜在危机应该已经初现端倪,既需要立即着手于眼前危机的应对,又需要预防业已临近的潜在危机。

> 如果介于 3～7 个,那么就意味着企业快要有麻烦了。潜在危机的警钟正在敲响,需要立即搜索、甄别和清点所有的潜在危机信号,分清轻重缓急以有条不紊地拟定各种危机应对预案。

> 如果回答中"是的"少于或等于 2 个。你确定你是基于一个企业而进行评价的吗?如果是,恭喜你!因为这意味着企业与潜在危机之间尚有一定的距离,你会有相对宽裕的时间和空间来对潜在危机信号进行搜索和甄别,拟定危机管理预防和进行相应的危机管理准备。

第 5 章　规避潜在危机

潜在危机并不是排着队一个接着一个出现的。只要稍微留意一下,你就会发现目之所及的各个领域都是危机重重,遍布各种潜在危机的影子。每一个人,每一个企业,每天都在做着与规避潜在危机相关的事情:不是在决策和指挥规避潜在危机的行动,就是在思考着如何规避潜在危机,如何发现和抓住潜在危机中新的发展机会。

潜在危机本身并不可怕。真正可怕的,是对潜在危机的漠视和茫然无知。作为一个危机管理者,需要基于未来情境分析法构建危机规避系统,对各种潜在危机预期损失结果的评估,动态配置危机预防资源,全力打造危机预防的企业文化氛围,组建危机管理团队以制定、执行和不断完善各种危机管理预案,在预防潜在危机的同时发现和抓住其中蕴藏着的新的发展机遇。

21 世纪,没有危机感是最大的危机。

——理查德·帕斯卡尔①

---

① Richard Tanner Pascale,哈佛大学商学院教授,牛津大学协同院士,圣塔菲研究中心(Santa Fe Institute)的访问学者,全球 50 位管理大师之一,影响世界进程的 100 位思想领袖之一。

5.1　潜在危机情境评析

《山海经》《淮南子》《列子》和《史记》等多个史料中均记载有一则广为流传的
"杞人忧天"的故事。其大意是说,在战国初期,有个杞国人担心天会塌下来,并
因此而忧虑得吃不下饭和睡不着觉。或许很多现代人会对这位古人的略显夸张
的对潜在危机的忧虑感到好笑和不可思议。那么,应该如何看待和评价潜在危
机呢?对于你和你所在的企业而言,会有哪些潜在危机正在迫近?这些潜在危
机会在什么时间发生,负面影响的范围和损害的强度如何,其中又有着什么样的
新的发展机遇呢?

没有哪个企业的危机管理资源是无穷无尽的,也没有哪个人的精力是无限
的。因此,面对浩瀚的、层出不穷的潜在危机信号和相关信息,每一个危机主体
都需要对潜在危机进行恰当的评估,以将其有限的资源和精力应用于对最严重
和最紧急的潜在危机情境的管控,基于效果最大化的原则进行相应的危机管理。
遗憾的是,大多数人似乎都不善于此道,只是基于简单的生物本能,头疼医头脚
疼医脚,进行着想当然的危机管理。

有的人因为担心被雷电击中而在阴雨天干脆就躲在家里不敢出门,有的人
因为害怕遭到鲨鱼的袭击而取消海滩度假计划,但是,他们中的很多人,却会大
大咧咧地闯红灯,横穿车水马龙的街道。殊不知,一个人被雷电击中的可能性非
常小,全球每年被雷电击中的只有约 3 000 人。同样,在海滩度假过程中遭遇鲨
鱼袭击的可能性更是微乎其微,全球每年大约只有 50 人而已。但是,作为导致
意外死亡人数最多的原因,全球每年多达约 270 000 人丧生于交通事故。毫无
疑问,相较于被雷电击中和被鲨鱼袭击,一个人遭遇交通事故的可能性要大得
多。那种为了躲避雷电而不敢出门、为了免遭鲨鱼袭击而取消海滩度假的危机
预防意识固然无可厚非,但是,相比较而言,闯红灯过马路的危机预防意识就真
的是太差了。

因此,对于危机主体,为了能够集中有限的资源和精力,有效应对真正迫在
眉睫攸关存亡的重大危机,一种可行的方法就是对各种潜在危机的无形的负面
影响值和有形的损害值进行加权计算以得到预期损失指数。将此一潜在危机预
期损失指数乘以该危机可能发生的概率估计,就可以基于计算结果比较和确定
效果最大化的危机管理预案。

潜在危机预期损失指数的计算和比较,可以帮助危机主体合理分配对多个

潜在危机信号的注意力,科学配置危机管理资源,以达成危机管理效果的最大化。以一个 EMBA 学生在课上所描述的企业危机困境为例,作为公司 CEO,2018年年底,他几乎是在同时接收到了来自采购部经理、市场部经理、销售部经理和人力资源部经理的 4 个潜在危机信息报告:采购部经理的报告显示,公司主要原材料的市场价格在 2019 年可能会上涨 10%;市场部经理的报告认为,主要产品 2019 年的市场价格可能会下跌 10%;销售部经理的报告预测,2019 年很可能会失去关键客户 XD 公司的订单;人力资源部经理在报告中说 2019 年的人力资源成本可能会上升 20%。面对如此错综复杂的潜在危机情境,他无疑需要权衡利弊以做出危机管理决策,将有限的公司资源调配运用于对这些潜在危机的预防和应对。

首先,他组织了对这些潜在危机情境比较熟悉的 5 名资深员工和 5 名有着卓越的危机管理经验的专家,针对每一个潜在危机情境,就无形的负面影响值和有形的损害值在 0~1 的区间内进行评估。以 2019 年可能会失去 XD 客户这一潜在危机情境为例,如表 5-1 所示,10 名评估者首先基于自身对这一潜在危机情境的认知,就该危机可能会给企业带来的负面影响值和损害值进行背靠背评估。然后,对两者进行加权求和后得到每一个评估者对该潜在危机情境评估的综合损失指数,对多个评估者的综合损失指数评价结果进行加权平均之后,得到该潜在危机情境下企业的预期损失指数为 0.767 6。

表 5-1　"失去 XD 客户"危机情境的预期损失指数评估

评估者编号	负面影响值 (1)	损害值 (2)	综合损失指数 (3)=(1)*0.4 +(2)*0.6	评估者权重 (4)	预期损失指数 (5)= $\sum$(3)*(4)
1	0.6	0.9	0.78	0.15	
2	0.4	0.8	0.64	0.14	
3	0.7	1	0.88	0.13	
4	0.7	0.8	0.76	0.12	
5	0.8	0.9	0.86	0.1	
6	0.6	0.7	0.66	0.09	**0.767 6**
7	0.5	1	0.75	0.08	
8	0.8	0.8	0.8	0.07	
9	0.6	0.9	0.78	0.06	
10	0.3	1	0.72	0.06	

其次,同样由这 10 位评估者对 4 种潜在危机情境可能发生的概率进行估计,加权平均后的结果是:原材料价格上涨 10% 的发生概率为 10%,产品价格下跌 10% 的发生概率为 20%,失去 XD 公司这一关键客户的发生概率为 80%,人力资源成本上升 10% 的发生概率为 50%。

最后,以潜在危机预期损失指数乘以该危机可能发生的概率,即可以基于所得到的 4 种潜在危机情境的预期损失结果进行排序。如表 5-2 所示。基于潜在危机预期损失结果的比较可见,4 种潜在危机情境的预期损失结果彼此之间差距较大,其中,失去 XD 关键客户的预期损失结果最大,成为在当下需要集聚资源来优先进行预防的首要潜在危机。因为这一潜在危机一旦爆发,不但意味着公司将丢失一半多的市场[①],而且会导致公司难以满足首次公开募股(Initial Public Offerings, IPO)前三年连续盈利的要求,使得上市战略目标受挫,造成公司未来在更大范围的直接和间接损失。

表 5-2　潜在危机预期损失评估

潜在危机	预期损失指数	发生概率	预期损失结果
原材料价格上涨 10%	0.553 0	10%	0.055 3
产品价格下跌 10%	0.965 5	20%	0.193 1
失去 XD 客户	0.767 6	80%	0.614 1
人力资源成本上升 10%	0.501 8	50%	0.250 9

当然,基于预期损失结果对多个潜在危机情境的预防进行优先选择的做法并不绝对。其一,这种方法并不适用于攸关存亡的极端危机情境。有些危机情境虽然发生的概率较小,但是,危机一旦发生,就会给企业带来灾难性的难以承受的后果。例如,航班失事的可能性虽然很小,但是,一旦发生空难,机上的乘客很可能会因此而丧生,航空公司本身也很可能会因此而遭遇灾难性的品牌信任危机。其二,有些危机情境的预防和应对相较于另外一些危机更为容易,尽管其预期损失结果较小,但危机管理成本也相对较小。其三,危机预期损失结果的评估一般都是以评估者对潜在危机演变和发展情境的主观判断为基础,但是,没有哪个人能够真正洞察潜在危机情境的演变和发展过程,也不可能穷尽对所有可能的影响因素的分析。基于此,除了需要定量计算危机预期损失结果以对潜在危机预防工作进行排序,危机主体还需要使用定性的方法对危机预防工作的难

---

①　这也是因为该公司的业务长期以来过度依赖于 XD 这个单一大客户。

易程度进行评估,如此综合考虑之后,才能最终确定潜在危机管理决策的轻重缓急,才能合理调配和运用资源以达成危机管理效果的最大化。

5.2 构建危机规避系统

对于任何一个人和任何一个企业而言,各种潜在危机犹如涌动的暗流,随时随地都有可能破堤而出,给危机主体及核心利益相关者带来巨大的负面影响和损害。基于对潜在危机信号的识别和对潜在危机损失结果的评价,危机主体可以构建危机规避系统:将危机管理融入日常工作,运用未来情境分析法,尽可能模拟危机管理过程,选择具有适度野心的伙伴打造危机管理梦之队,持续优化危机管理过程,在最大限度上实现对动态复杂性潜在危机情境的规避。

让危机远离的日常工作

每一个人每天所做的每一项工作,每一个企业所实施的每一项策略和行动,其实都是与危机管理相关的。换言之,这些工作和行动,不是在进行危机预防,就是在进行危机应对。我曾经近距离旁观和记录了一位全球供应链管理公司CEO某工作日上午紧张而忙碌的几个片段。

◇ 9 点至 9 点 30 分,在公司会议室主持部门负责人周例会。各部门依序简报工作中遇到的问题及拟解决方案。针对销售部经理提出的新近中东某国政治动荡问题,决定由风险控制部门着手对公司在该地区的贸易风险重新进行评估。

◇ 9 点 30 分至 9 点 50 分,就技术总监提交辞职书一事,在公司咖啡间约谈人力资源部负责人。讨论内容包括技术总监突然提出辞职的真正原因是什么,谁是可以接替的最佳人选,现有的各个候选人与这一职位的匹配问题。决定建立公司内部人才库及相应的员工能力动态评价体系。

◇ 9 点 50 分至 10 点 30 分,在办公室约谈业务总监及业务管理系统设计外包公司的技术总监。公司业务管理新系统中的"bug"多得让操作员工苦不堪言,其工作效率甚至有时会低于手工操作。决定加快系统设计外包公司对操作系统进行完善的进程,并增派熟悉业务的专业技术人员与之进行合作。

◇ 10 点 30 分至 11 点 20 分,在接待室会见某个贷款银行的高管,因为他预见到几个月之后公司很可能会出现资金短缺的状况。为此,昨天他已经指令财务部和业务部全力合作催收所有应收款项,严格控制各项费用开支。在今天的会见中,又以极为优惠的条件获得了一笔限额为 2 000 万人民币的授信贷款。这样,即使公司内部挖潜措施对于已迫在眉睫的资金短缺问题无效的话,这一授信贷款应该完全可以帮助公司解决燃眉之急了。

从这位企业高层管理者的工作片段素描来看,无疑是忙碌而又充实的。但是,如果你稍微留意,或许就能发现,这位 CEO 的所有工作,似乎都是在竭力采取一切可能的措施,以规避或减轻各种潜在危机的威胁,让公司远离错综复杂的各种潜在危机情境。有些是用症状解来延缓危机爆发的缓冲时间,如以银行贷款缓解资金短缺的潜在危机;有些是用根本解来消除潜在危机情境爆发的诱因,如建立员工能力的动态评价体系和公司人才库,以应对各种可能的员工离职危机。

就潜在危机规避系统的构建和运作而言,看似基于直觉的企业管理日常工作,却往往需要凭借系统思考才能找到并高效实施危机管理根本解,在最大限度减轻潜在危机情境的负面影响和损害的同时,降低特定时空范围内潜在危机爆发的可能性。

潜在危机的未来情境分析

在潜在危机规避系统构建过程中,企业首先需要汇聚核心利益相关者之力,借助于未来情境分析法,通过头脑风暴,尽可能列出某一潜在危机情境的所有可能诱发因素。然后,针对潜在危机情境、相关诱发因素以及这些诱发因素的影响因素进行系统思考和分析,群策群力,整合资源,按轻重缓急的顺序,拟定危机管理预案,以最大限度减弱或消除潜在危机的诱发因素,从而达成危机管理的效果最大化目的,即在特定时空范围内让潜在危机不发生,或者将确保危机情境不发生的时空尽可能延展。

在一次"危机管理"课间,一位 MBA 学员在接到公司人力资源部经理的汇报电话后发出了一声无奈的叹息:"因为解聘员工,公司又一次因劳资关系问题被处罚。……这已经是新的劳动合同法实施后公司收到的第八张罚单了!"

同样的危机,为什么会一而再再而三地重复出现于同一家企业呢?这是一家坐落于珠三角地区从事 OEM(Original Equipment Manufacture,俗称代工生产)加工业务的企业,员工人数约 1 590 人,年营业收入约 18 亿元人民币。因为所在行业的技术发展日新月异,公司对员工的技能要求也是不断水涨船高。工作技能需求的变化以及所处地区的人力资源高流动性特征,使得公司人力资源部每年都需要大量进行新员工的招聘和不合格员工的辞退。然而,随着新劳动合同法的实施,员工运用法律保护自身利益的理念不断增强,公司的劳动合同纠纷案件也日渐增多。"每年因为辞退员工而出现的劳资关系纠纷约 20 起,平均每起纠纷的直接经济损失约 10 万元。"公司人力资源部经理对近年来辞退员工而诱发的危机数量及代价进行了估算,"但是,企业要发展,辞退这些跟不上公司发展节奏的员工,我们也实在是迫不得已。"

其实,当这位人力资源部经理纠结于"迫不得已"的时候,说明他和他所在的公司正深陷于一个系统性的人力资源管理危机而不自知。那么,因违规解聘员工而连续接到 8 张罚单的这位同学及其所领导的公司,究竟应该如何做,才能避免收到第九张罚单呢? 公司应该如何做才能规避因为辞退员工而陷入一次又一次的危机魔咒呢?

公司人力资源管理相关员工基于解决此一问题而进行的头脑风暴,最后列出了三种可能的途径:其一,加大对员工技能的培训,以帮助员工尽快满足新工作技能的要求;其二,对人力资源管理部门员工进行新劳动合同法培训,以确保公司中所有员工劳动合同签订和执行的规范性;其三,聘请劳动合同法专家对企业中员工招聘和辞退程序进行核查,对相关的人力资源管理实践进行跟踪指导。

"我们知道这些途径都非常有价值,"人力资源部经理说,"但是,我们必须认识到,有的途径很容易,但短期难以见效;有的途径能够很快见效,却既困难又代价高昂。"随后,人力资源部经理对每一种途径的代价及其可取得的危机管理效果进行了估算,如表 5-3 所示。就员工能力培训策略而言,每年公司需要投入250 万元,预计会减少 70% 的纠纷,产生潜在收益 140 万元,则潜在预期成本约为 110 万元;就劳动合同法培训和专家核查指导而言,每年公司分别需要投入150 万元和 120 万元,预计会减少 30% 和 20% 的纠纷,产生潜在收益 60 万元和40 万元,潜在预期成本约为 90 万元和 80 万元。

表 5-3　规避员工辞退危机的预期收益与成本评估

规避途径	每年投入	减少纠纷	潜在收益	潜在预期成本
员工能力培训	250 万	70%	140 万	110 万
劳动合同法培训	150 万	30%	60 万	90 万
专家核查指导	120 万	20%	40 万	80 万

对于劳资关系纠纷的潜在危机情境预防来说,这三种规避途径显然都是有效的。基于此一评估结果,该公司建立起了一个能够有效规避员工辞退纠纷及潜在危机的系统,使得决策者可以一目了然地进行针对性的资源配置决策,以最大限度有效规避潜在的员工辞退危机。从最佳的投入产出效果来看,该公司应该立即着手进行常规化员工技能提升培训,辅之以对公司人力资源部门员工进行劳动合同法培训,以及聘请劳动合同法专家对公司人力资源管理程序进行核查。如此,才可以大幅度规避公司频频遭遇员工辞退危机,有效延缓接到第九张罚单的时间。

当然,由于危机的发生是必然的,没有哪一次未来情境分析可以穷尽所有可能发生的潜在危机,也没有哪一种策略行动可以完全消除诱发潜在危机的所有因素。即便是为员工技能提升和新劳动合同法实施进行定制化培训,由对新劳动合同法极为熟悉的专家坐镇人力资源部,该企业也不可能完全消除员工辞退危机。

选择具有适度野心的伙伴

美剧《纸牌屋》(House of Cards)中那一对野心勃勃的政客夫妻,让人们充分领略了组织政治的龙争虎斗和成王败寇。一群野心勃勃的成员所组成的危机管理团队,往往很难有稳定的价值观,很难有对危机管理过程的由衷的贡献欲,也很难在危机管理过程中获得高质量可持续发展的成功。如果你不想把你的危机管理团队打造成美国参议院的缩微版,唯一有效的策略就是离野心家远点儿。

每个人天生都有一定的野心,但未必每个人都是天生的权谋者。一个人的野心是否适度是很难识别的,那么,何谓具有适度野心的危机管理伙伴呢?英特尔公司前 CEO 安迪·格罗夫(Andy Grove)先生认为,只有那种以企业和团队的发展为依托来实现个人发展的野心,才是适度的。团队成员个人的成就,应该是企业和团队危机管理成就的伴生物。那些只关注个人的成功而将企业和团队的利益弃之不顾的成员的野心,无疑是不恰当的。如果危机管理团队中到处都是这样的野心家,如果团队中的合作伙伴少有全局意识而总是不自觉地将个人利益置于企业和团队利益之上,总是喜欢添油加醋滔滔不绝地夸耀自己过去的危机管理经验,这样的成员越多,能力越强,由这些家伙占据关键岗位的团队本身的潜在危机隐患就会越大。

一个能将个人的理想和抱负控制在合理范围内的合作伙伴,无疑比那些张牙舞爪野心勃勃的家伙更有价值。员工只有真正把企业和团队的危机管理成就放在个人成就之上,从企业和团队的全局角度而非个人角度来考虑危机管理问题时,才有可能在以公开、公平和公正为核心基础的危机管理氛围中,形成同时有益于企业、团队和个人发展的正向增强循环。换言之,在潜在危机情境之下,企业原先的光环很可能会变得黯淡,不但难以给员工个人的履历表添彩,不能持续给付让人引以为傲的收入,甚至可能会因此而负债和破产。此时此刻,要想让员工等核心利益相关者与企业一起共渡危机,其唯一理由只能是发自内心的对企业的认同和对所从事工作的喜爱;要想激发团队成员的危机管理积极性,其最有效的策略就是能够让每一个成员在危机管理过程中都怀揣使命感,让每一个成员都能够感受到危机管理使命与自己个人抱负实现之间的紧密关联,让每一个成员都由衷地视危机管理工作机会本身为最好的最有价值的报酬。

持续优化危机管理过程

鉴于危机演变过程所固有的动态复杂性特征,危机情境会随着危机主体及利益相关者们的危机预防和应对行动而不断发生变化。对于企业危机管理过程而言,需要持续进行优化和完善的问题主要集中于两个方面,即危机管理绩效评估和奖惩制度体系,以及危机管理组织架构设计、岗位配置和授权制度体系。

1. 危机管理绩效评估与奖惩制度体系的优化

在以"情—理—法"为特征的中国社会,危机管理绩效评估与奖惩失当是一个困扰绝大多数企业危机管理者的难题,也是导致企业危机管理失控的重灾区。

所有制度体系的建设,都有一个从无到有、从不完善到完善的过程,危机管理制度体系也概莫能外。在危机管理过程中,无论是危机管理绩效评估体系,还是基于绩效评估的结果而设定的奖惩体系,没有哪个企业能够面面俱到而尽善尽美。但是,尽管危机管理绩效评估与奖惩制度体系本身可能存在缺陷,只要这些制度一经出台,在未正式宣布废止和修正之前,都应该得到包括危机管理者在内的每一个员工和利益相关者的足够的尊重。遗憾的是,对危机管理绩效评估和奖惩制度体系最致命的破坏者,往往正是当初创建这些制度,并极力倡导制度面前人人平等的危机管理者。当员工看到管理者自己有意或无意地一再违背绩效评估和奖惩制度,那么,这些制度的神圣光环就会渐渐地褪去:既然董事长可以对制度随意践踏,总经理可以对制度打擦边球,那么,部门经理和员工自然也可以明目张胆地视之为无物了。恶性循环之下,绩效评估与奖惩制度体系不但不能为企业的危机管理过程保驾护航,其本身也可能会成为更深层次的新的潜在危机之源。

相反,如果管理者能够始终给予危机管理绩效评估和奖惩制度体系以尊重,处处时时以身作则,就能够在执行的过程中发现制度体系本身的缺陷和漏洞,并在公开、透明的基础上对其进行持续优化和修正,就能够在企业中形成基于绩效评估和奖惩制度体系的危机管理良性循环,就能够将各种潜在危机消灭在萌芽状态。

2. 危机管理组织架构设计、岗位配置及授权制度体系的优化

还记得前文提及的那个因人才欲望无限膨胀而在危机管理之债中挣扎的民营企业吗? 不到 2 000 名员工的传统制造业企业,却设置了 37 个重重叠叠的职能部门,仅部门副经理以上的中高层管理者就有 120 多位。这些管理者不但都是一些野心勃勃的家伙,而且无一例外地自我感觉良好,认为自己是董事长重金聘请而来的人才。很显然,那位董事长的好心却办了坏事,他用友善的微笑、亲切的拍肩、慷慨的赞誉、大方的薪酬以及不辞辛劳的招才引智,亲手织就了企业越来越严重的危机管理组织架构和岗位配置制度体系危机。

当财务总监觊觎常务副总的位置时,当市场总监在销售部指手画脚时,当生产总监指责设计部的作品"简直就是狗屎"时,作为企业管理授权制度体系的责任者,身兼董事长和 CEO 的那位民营企业家该如何表态呢? 爱憎分明的形象或许会一时地感觉良好,却往往会诱发更深层次的危机管理授权制度体系的危机。

对于高层管理者,切忌下车伊始就拍脑袋进行危机干预,而是需要多问自己几个"为什么",需要随时考察企业的危机管理组织架构设计、岗位配置和授权制度体系状况,搜集和系统分析危机管理决策所需的相关信息。在洞察企业危机管理组织架构、岗位配置及授权设计的缺陷之后,基于系统思考而果断做出优化决策。决策既定,就必须立即付诸执行,绝不能给任何小道消息和流言蜚语留一丁点儿的机会。

5.3　制定和优化危机管理预案

如果危机预防得当,不但可以在最大程度上延迟潜在危机的爆发,使之真正变为一件遥远的事情,甚至可能转危为机,使潜在危机在演变过程中出现逆转,成为对企业发展极为有利的一次新的发展机遇。相反,如果危机预防失误,潜在危机的爆发不但可能迫在眉睫,而且可能在演变过程中发生质变,恶化成为更难以应对的,后果也更为严重的,甚至攸关生死存亡的危机。

危机预防的得当与失误,常常取决于危机主体是否能基于潜在危机信号的

发现和甄别而制定和高效实施危机管理预案。在危机演变过程中,任何一个未曾预见的关联要素的变化,都可能影响危机演变的速度,甚至改变危机演变的方向。换言之,几乎没有哪个危机是完全按照危机主体在危机管理预案中设定的路线演变的。但是,这并不意味着危机管理预案可有可无。在危机爆发之前,尽可能基于各种预期的潜在危机情境做好危机管理预案,不仅能够帮助危机主体理性调配危机管理资源,为危机管理行动决策提供参考,而且能够帮助危机主体形成强大的心理以做到临危不乱。

为了制定有效的危机管理预案,危机主体需要组织一个专门的危机管理预案制定团队,对潜在危机的演变过程和后果进行预测,拟定危机管理预案并进行模拟试测,根据试测的结果和外界环境的变化对危机管理预案及时进行必要的调整和优化。

危机管理预案制定团队

危机管理预案的制定,将极大地增加危机管理成功的可能性。组建一个恰当的危机管理预案制定团队,则是成功制定危机管理预案的前提和基础。那么,对于一个高效的危机管理预案制定团队而言,其成员应该具备什么样的素质,分别在团队中担负什么样的角色呢?

企业危机管理预案制定团队的成员,除了需要具有迎难而上、不屈不挠的勇气和临危不乱的危机管理心理素质之外,还需要具有较为丰富的危机沟通和应对经验,了解企业运营的相关细节,熟悉危机管理的各种工具,以及通盘考察潜在危机信号和系统把握危机演变过程的能力。一般而言,危机管理预案制定团队中的角色包括危机管理专家、企业高层管理者、相关职能部门管理者及企业关键岗位的员工代表。

危机管理专家是危机管理预案制定团队的指南针。危机的演变和发展过程中充满了动态复杂性变化,熟悉各种危机管理理论及相关工具、具有丰富危机管理经验的专家成员,可以帮助危机管理预案制定团队沿着正确的方向制定柔性化的、兼具理论性与可操作性的危机管理预案。

企业高层管理者是成功进行危机管理预案制定的前提。在危机管理预案制定过程中,需要针对各种可能的潜在危机情境,协调和整合企业内外部资源,规划、比较和确定一系列危机预防策略方案。毫无疑问,只有高层管理者,才对企业的危机管理决策体系最为了解,才能够调动所有可能的资源并运用于危机管理预案的制定。

相关职能部门管理者是成功制定危机管理预案的保证。一个潜在危机情境的直接影响，或许只是波及企业内的部分核心利益相关者，但是，其间接影响不但会波及企业内部包括所有部门和员工在内的核心利益相关者，甚至会使企业外部的许多利益相关者遭殃。因此，凡是可能被潜在危机殃及，或者在危机沟通和应对过程中可能涉及的相关支持部门的管理者，都需要被纳入危机管理预案制定团队之中。

关键岗位员工代表是危机管理预案制定团队取得成功的基础。能够敏锐感觉和观察到潜在危机信号的，往往都是亲历企业运营细节的一线岗位员工。基于关键岗位员工对潜在危机情境的感知和描述，危机管理预案团队才有可能把握潜在危机的真相，甄别潜在危机信号，了解潜在危机的相关诱发因素，才有可能切中肯綮，理清危机演变和发展过程中的相关影响因素及其作用机理，制定出有针对性的、可行的危机管理预案。

精心打造危机管理预案

所有潜在危机的演变过程和结果，对于当下的危机管理预案制定者而言，都属于不确定的将来时。如果危机管理预案制定和实施得当，在特定时空范围内的潜在危机情境的威胁就可能会被消弭于无形，甚至会转危为机，戏剧性地演变成对危机主体有益的情境。相反，如果危机管理预案制定和实施失败，则可能会使潜在危机威胁在演变和发展过程中不断恶化。即使可能出现短暂的好转，也很快会再次变得更为糟糕。

随着潜在危机情境演变和发展过程中干扰要素的增加，未来可能出现的不同危机情境数量将呈几何级数增多。相应地，没有哪个企业能够在危机管理预案制定时穷尽所有的潜在危机情境。任何危机管理预案，也都不可能做到对各种可能的潜在危机情境的完全覆盖。

因此，危机管理预案制定团队的首要工作，就是甄别潜在危机信号，预测潜在危机情境及其可能出现的负面影响和损害，以及这些影响和损害可能会波及的范围和程度。只有如此，才能够在危机预防过程中做到有的放矢，整合和运用企业危机预防资源，制订有针对性的危机管理预案及相应的危机管理策略行动计划。

为了尽可能准确预测和把握各种可能的危机情境，危机管理预案制定团队需要汇聚企业核心利益相关者之力，充分发挥各自的想象力以进行头脑风暴，将各自能够想象得到的所有潜在危机及其可能的影响结果和诱因都记录下来，然后由危机管理预案制定团队进行汇总和系统解析,合并雷同者,归类彼此相关或相近者。

在列出潜在危机影响结果和诱因之后,危机管理预案制定团队还需要在企业中或更大范围内与潜在危机情境的利益相关者进行研讨,广泛征求意见。在这个过程中,团队成员需要与利益相关者们一起完成自我超越,改善个人、团队和组织的心智模式,基于系统思考完成对潜在危机的各种可能的影响结果的预测和诱因的解析。只有这样,一些对于危机管理预案制定团队成员来说的潜在危机盲点,才有可能会浮现出来并得到有效的规避。

好事不出门,坏事传千里。危机一旦发生,相关的负面信息自然会不胫而走。为了有效抑制危机管理过程中可能出现的各种谣言,每一个危机管理预案都应该包括周密完善的与核心利益相关者进行沟通和合作的详细方案,以确保核心利益相关者能够与危机主体一起共同面对危机。对于危机管理预案中沟通环节的设计而言,必须搞清楚谁是核心沟通对象,以及如何将这些核心沟通对象置于与危机主体接近甚至是相同的危机管理信息界面,以共同面对危机。如果危机主体想优先说服那些数量众多的边缘利益相关者,或者试图改变利益关系不一致的核心利益相关者的立场,无疑都将是事倍功半,甚至会导致整个危机管理行动的失败。

危机沟通过程中,可以考虑让一位高管,最好是企业的董事长、总经理或高管团队中指定的新闻发言人,在适当的场合和时间就整个危机情境进行通报,当然也可以考虑让相关部门的负责人参与并负责对相关细节的必要的通报。对潜在危机情境相关信息的了解越多和越具体,危机主体与利益相关者的沟通过程就会越从容、可信和可靠。无论是企业高管,还是部门负责人,在进行危机沟通时都要警惕和避免"是别人搞砸了"的思维模式,不要想当然地责备包括合作伙伴和竞争对手在内的任何利益相关者,更不能耍小聪明,让沟通对象感觉危机主体有淡化危机负面影响或掩盖危机真相的企图。

危机管理预案测试与更新

即便危机管理预案已然成型,危机主体也千万不可以高枕无忧,天真地认为这个写在纸上或者存放于电脑文件夹中的危机管理预案在危机乍现时就一定会奏效。很多情况下,这份费时费力精心打造的危机管理预案,如果能在危机应对过程中提供一些有用的参考,就应该值得庆幸了。

那么,如何才能将危机管理预案的效果发挥到极致呢? 这在很大程度上取决于潜在危机情境的预设与危机演变和发展过程之间的差异程度,以及危机利益相关者对危机管理预案的了解和认同程度。要想让危机管理预案尽可能贴近危机演变和发展的现实,在危机管理过程中发挥指导和参考价值,就需要不断地进行危机管理预案模拟测试,使每一个核心利益相关者都对自己在危机管理预案中的角色和责任了然于胸,随时保持对各种潜在危机信号的高度警惕,将危机管理预案深深植根于危机主体和核心利益相关者的潜意识之中,使他们在危机爆发的一瞬间就能够找准自己在危机管理行动中的角色定位,展开有效的危机应对行动,也更有可能和更容易发现并抓住危机中蕴藏着的新的发展机遇。

在模拟测试过程中一旦发现危机管理预案存在问题,此时的危机主体和核心利益相关者应该感到庆幸,因为这个时候应该还有相对充裕的时间和丰富的资源来对危机管理预案进行更新和完善。通过模拟测试,危机主体和核心利益相关者就能够发现危机管理预案中可能遗漏掉的细节和问题,以及危机沟通和应对预案中可能存在的缺点,使这些问题和缺点在危机爆发之前就得到修正,使危机管理预案得到持续的更新和优化。

如果有一份在测试中表现良好的危机管理预案在手,在该危机情境出现之前,危机主体和核心利益相关者就可以有足够的时间和空间,按照危机管理预案的要求不断丰富和提升自己在危机管理过程中所需要的能力;在危机临近时,危机主体和核心利益相关者就会有足够的自信。这种自信,其本身就是危机管理过程中最佳的、最有力的武器。在危机爆发时,危机主体和核心利益相关者就可以基于对危机情境变化的系统思考和判断,借鉴和参考危机管理预案中的各种行动计划,快速准确地进行危机管理决策,高效实施危机应对行动。

第三部分
危机应对

只要是危机，就一定会爆发。梦想与现实在危机中的每一次冲突，坚持与放弃在危机中的每一次挣扎，谎言与真相在危机中的每一次交锋，对危机主体和核心利益相关者而言，都是一种冰与火的考验。

在动态复杂性危机应对过程中，唯一的法则就是没有定法。置身于危机情境之中，既没有永恒的朋友，也没有永恒的敌人，只有永恒的利益相关者。如果危机应对得当，敌人也会成为同盟。如果危机应对失败，朋友也可能会成为障碍。唯有基于系统思考，才能做到有的放矢的危机沟通，才能做到胸有成竹的危机应对，才能最终取得危机管理的成功，也才有可能在危机的洗礼和见证下发现并抓住新的发展机遇。

盖世必有非常之人，然后有非常之事；有非常之事，然后有非常之功。

——司马迁①

---

① 生于公元前 145 年，卒年不可考。西汉史学家、散文家，中国历史上最伟大的史学家，开创纪传体史学。

第6章　危机应对没有定法

　　企业内外部极为庞杂的影响因素的作用，决定了彼此交织的各种危机情境的演变速度、方向和过程的动态性复杂特征，也决定了危机应对的唯一法则就是没有定法。源于不同的诱因，孕育于不同的环境，面对不同的利益相关者，没有哪两个人或哪两个企业所遇到的危机是完全一样的。如果你试图从纷繁复杂的各种所谓危机应对法则中找到一根救命稻草，结果很可能会大失所望，因为根本就不存在既定的放之四海而皆准的危机应对法则。

　　当你在危机情境之中挣扎，绞尽脑汁寻求危机应对捷径时，常常会忽略最根本的危机应对之道，即诚实地面对危机真相。任何形式的谎言，都是危机应对的毒药，永远不要在危机应对过程中去欺骗任何利益相关者。唯有实话实说，才能帮你吸引和留住更多的同盟者，才能帮你渡过危机，让你在危机中实现从平庸到优秀再到卓越的升华。

　　无论你多么努力，危机都是不可能被遏制的。危机之中不存在秘密，每个利益相关者最终都会知道危机的真相。

——杰克·韦尔奇[①]

---

　　① 　Jack Welch，通用电气（GE）前董事长兼 CEO（首席执行官），被誉为"最受尊敬的CEO""全球第一 CEO"及"美国当代最成功最伟大的企业家"。

6.1 危机情境中的挣扎

每一个人,每一个企业,几乎都无一例外地怀揣着成功的梦想,希望聚集志同道合的利益相关者,努力让自己和这个世界都变得更为美好。然而,梦想是丰满的,现实却很是骨感。没有哪一个人,也没有哪一个企业的发展之路是一帆风顺的。

丰满的梦想与骨感的现实

几乎在每一次危机管理课程之中和之后,我都能听到许多让人扼腕唏嘘不已的失败的危机管理故事。所有故事的主角,无论是个人还是企业,都曾在危机之中努力过,也挣扎过。

为了让梦想照进现实,即使面对危机,你或许也会一如既往无怨无悔地继续奋斗。然而,你很快就会发现,梦想与现实的差距正不知不觉地被各种各样层出不穷的危机拉开:企业的产品和服务正在出现越来越多的瑕疵,股东对企业发展的现状正变得越来越不满,员工和利益相关者对企业未来的信心正变得越来越不足,甚至有些非常优秀的员工正在打算离职;资金正变得日益捉襟见肘,甚至很多时候不得不忍痛割爱,放弃一些前景看似很好的项目;客户正变得越来越挑剔,甚至有些忠诚客户也被竞争对手所吸引,正在离你而去。

当第一位员工辞职时,当第一位客户离开时,你或许会想,地球离了谁都能照常运转;当第一件产品被投诉,第一次遇到资金周转不灵时,你或许会想,这点困难只是偶然的和暂时的,根本算不了什么。但是,当这些危机的负面影响和损害逐渐累积和叠加时,当这些危机情境变得越来越频繁时,你所承受的压力就会呈指数上升,很快就会变得越来越大,你甚至会因此而怀疑当初的人生和创业梦想:究竟是在哪里出了什么问题呢?为什么企业没有能够按照预期的轨迹成长和发展呢?或许,只有到此时,你才会发现,自己原来一直都只是在无数个危机旋涡之中挣扎:夜不成寐,食而无味,一身冷汗,五内俱焚。危机情境中,你周围明明簇拥着一大群人,但你依然会感到很孤独。看着别人的嘴巴在一张一合,你却总也难以听清他们说的是什么。

无论是在当下正被奉为行业典范的成功者,还是业已化身尘埃和记忆的失败者,都无一不在危机中挣扎着和挣扎过。那些在危机中的挣扎,对于身为危机主体的企业家以及他们所领导的企业而言,就犹如一幕幕舞台秀。遗憾的是,并非每个企业家每个企业在危机中的挣扎,都能够获得成功的回报。在危机管理舞台上,少有的是有惊无险柳暗花明的喜剧,更多的是惊涛骇浪曲终人散的悲剧。

或许,凭借着成本、规模或技术优势,可以让企业得以在市场上畅快淋漓地攻城略地,然而,所有这些优势都是相对的和暂时的。如果不能基于系统思考,针对初露端倪的各种潜在危机信号进行卓有成效的危机预防,这些优势便会在各种潜在危机的演变和发展过程中受到侵蚀;如果不能在动态复杂性危机情境中进行适当的危机沟通和应对,这些优势随时都可能会随着各种危机的爆发而减弱甚至消失。显而易见,如果不能警觉于危机表象下隐藏着的系统性危机根源,如果不能基于系统思考对危机的演变和发展过程进行解析,如果不能从动态复杂性危机演变过程中找到正确的挣扎和努力方向,那么,尽管你在危机之中的挣扎也很努力,但结果往往是徒劳的,下一次类似的危机必然还会重演。

危机洗礼过程中,危机主体和核心利益相关者既不能盲目悲观、自暴自弃,更不能被非理性情绪所裹挟,怨天尤人,而应该持续激发和坚定自强不息的危机管理信心。只有脚踏实地、谋定而动,才能痛定思痛和再踏征程,在正确的危机管理方向上走得更远。唯此,才是正确的危机管理之道,才能使危机主体和核心利益相关者在危机管理过程中收获更多更为丰满的梦想。

危机挣扎之道

虽然在危机中的挣扎之苦无法可解,甚至在很多时候都无人能懂,但是,如何才能让危机中的挣扎变得更为有效呢? 首先,在危机挣扎过程中必须群策群力,坦诚面对危机责任,既不要推脱和逃避,也不要试图独立承担;其次,基于系统思考而正确评估危机管理决策和行动,并从中吸取教训;最后,在危机管理过程中要不忘初心,永远抱持梦想。

1. 群策群力面对危机责任

企业中的每个员工,每一个核心利益相关者,都应该是危机管理过程中的一分子。在危机感知、危机预防、危机应对到危中找机的整个危机管理过程中,既没有哪个人可以推脱和逃避,也没有哪个人能够包揽和独立扛下所有的危机管理责任,即使是企业的 CEO。

多年前,我曾经遇到过一个偏执型人格的创业者。为了不让别人分担企业创业期的潜在危机责任,他一直拒绝对企业的股权进行分拆。结果整个企业中除了他以外,几乎没有哪个员工会主动把企业未来可能发生的任何潜在危机信号当回事,也没有哪个员工能够对他面对各种潜在危机情境的压力和责任感同身受。后来,当企业资金链断裂危机爆发时,绝大多数员工,甚至包括很多高管,并不是努力想办法帮助企业走出困境,而是大难临头各自飞,开始四处投递简历,忙于寻找新的工作机会。

危机之中,当你试图独力扛下所有的危机管理责任时,其实是对企业、对团队、对员工和对所有利益相关者的最大的不负责任,因为仅靠你自己,根本就无法包揽和承担所有的危机管理责任。当然,总是将危机责任归咎于他人的行为和做法,也是绝对不可取的。唯有群策群力,坦诚面对危机责任,才是正确的危机挣扎之道,才有可能渡过危机,并在危机管理过程中发现和抓住潜在的发展机遇。

2. 系统思考和学习

每个人和每个企业的发展,其实都是在大大小小的危机历练中前行的,没有哪个人是永远正确的超级英雄。既然每个人都会犯错,每个企业也都会遭遇危机,你就实在没有必要在危机面前苛求自己。

无论是危机之前、危机之中还是危机之后,苛责自己都是于事无补的。你需要做的是知错和改错,基于系统思考而正确评估危机演变过程中的每一个决策和行动,汲取和学习其中的经验教训,制定和不断完善危机管理预案,让同样的危机悲剧不再上演,让下一次危机来得更慢一点。

3. 不忘初心和梦想

沉舟侧畔千帆过,病树前头万木春。置身于危机情境之中,你或许会感觉一切都很难,似乎曾经的所有感觉都是错的,所有的危机应对行动都是徒劳的,天空是灰暗的,心情是郁闷的,你仿佛掉进了一个万劫不复的危机深渊。但是,作为危机主体,你时刻都必须不忘初心而永远抱持梦想,坚信天无绝人之路,只要坚持下去,就会有拨云见日的转机。

天将降大任于斯人也,必先苦其心志,劳其筋骨。如果你想成就一番事业,眼下的危机也许只是成功之路上的一个绊脚石而已。当然,如果你无意于此,那你根本就不该拥有危机管理成功的梦想。

6.2　危机中的谎言

当你或你所在的企业深陷危机时,危机的真相往往会成为利益相关者的众矢之的。为了尽快从危机情境中脱身,你或许会下意识地绞尽脑汁编造一些貌似天衣无缝的谎言,以逃避那些令人尴尬的危机真相。殊不知,危机的负面影响和伤害常常是由心智模式缺陷下的谎言所造成。如果缺乏对动态复杂性危机情境的理解,善意的谎言也能造成和恶意谎言同样大的危害。危机中的每一句谎言,伤害的都是你那在危机中已然满目疮痍捉襟见肘的信用,都是你那最不愿意失去的来自利益相关者的信任。

耳熟能详的危机谎言

随着个人的成长和企业的发展,危机管理自然会成为常态,甚至同样的危机会一而再再而三地重复出现。在危机情境下第一次撒谎的时候,很多人都会感到不自在。但是,随着日子的推移和"熟能生巧",很多人和很多企业会变得越来越游刃有余。到最后,那张"面具"甚至撕不下来了,因为它早已融入心智模式,成了危机管理过程中难以逾越的障碍。

1. 因为天气原因,你乘坐的航班返航了

2008 年 3 月底的一天,春寒料峭的昆明机场发生了一件怪事儿,从昆明飞往全国各地的某航空公司的 18 个航班,在飞到目的地上空后,又全部返飞降落在了昆明机场。面对来自乘客和媒体等利益相关者关于返航原因的质询,该航空公司坚称是因为这些航班目的地上空的天气条件不适合降落,是为了保证乘客的安全才不得不决定返回昆明的。

该公司所发布的旨在进行危机沟通和应对的这一系列声明,无疑是对利益相关者智商进行公然侮辱的谎言:那一天,除了昆明之外,散布于全国各地的十多个机场的天气都恶劣到不适合飞机降落的程度吗? 在这些"恶劣"的天气状况下,为什么其他航空公司的航班都能够正常起降呢? 时隔一周之后,该公司才不得不在利益相关者们越来越聚焦的关注和压力之下承认存在人为因素,而利益相关者的信任和公司的声誉已然是一地鸡毛。

2. "这是一起突发性自然地质灾害事故"

2008 年 11 月 15 日,杭州萧山区风情大道地铁施工工地发生大面积地面塌陷事故,多名民工被困在施工作业面上生死未卜,身兼院士、教授等多个学术身份的某权威专家来到事故现场之后,下车伊始便当众做出了断言,"这是一起突发性自然地质灾害事故"。然而,随着事故责任追查压力的不断加大,施工方和业主方对于事故责任的界定各执一词互不相让。这位专家在双方论争中选边站队于施工方,最终使自己深陷于一场"口水仗"危机之中。

事后,感到很委屈的他对记者大倒苦水,为自己的"好心没好报"鸣冤叫屈,说自己本想出于好心"大事化小",哪曾想到业主方"不领情"。于是,他也只能"你不仁我不义",把"谁都跑不了"的大实话对记者一吐为快。或许,这位专家至今也没有想到,他的这一看似"顾全大局"的谎言,已使他在危机面前不辨大是大非的错误价值观暴露无遗。

3. "那个人是没有正式编制的临时工!"

尽管"临时工"概念已随着时代的发展渐行渐远,但在现实社会中,"干得多,拿得少,甘当替罪羊"的这一类人正越来越多地被很多危机主体所青睐,成为危机应对过程中掩盖自身过错的挡箭牌。于是,非法侵吞客户资金的银行职员,粗暴踩踏商户的城管,捐赠劣质自行车的公益组织办公室主任,伪造颁奖文件的协会工作人员都不约而同地有了一个共同的身份,即临时工。

如果要评选当下最危险和最憋屈的职业,那应该非"临时工"莫属了。临时工俨然已成为当下很多企业进行危机应对的万金油,哪里有危机,哪里就有临时工的影子。遗憾的是,这种妄想在危机的聚光灯下放几个临时工以金蝉脱壳的谎言,从来都是掩耳盗铃而绝不会真正奏效的。

危机谎言之源

只要是谎言,就会有被利益相关者戳穿而水落石出的时候,这是一个颠扑不破的真理。既然谎言早晚会被揭露,那么,为什么还会有那么多的危机主体撒谎呢? 危机情境之中,谎言滋生的原因到底是什么呢? 这是一个值得所有人深思的问题,其答案也并不复杂:所有危机谎言,均源自人们有待改善的心智模式,以及在这些心智模式之下隐藏着的危机管理思维障碍。

置身于危机情境之中,每一个危机主体在潜意识中无不都是希望听到好消息的。所有谎言的真正目的,或许并不是欺骗利益相关者,而只是欺骗和麻醉深陷危机之中的危机主体自己罢了。如果听说企业业绩在上个月增长了50%,作为企业管理者的你或许就会想:天哪,期待已久的需求高峰终于到来了,让我们放开手脚大干一场吧。于是,在你的要求下,人力资源部就跟捡萝卜一样通过各种手段招来了一大批对产品和业务一无所知的菜鸟员工,财务部不惜一切代价拆东墙补西墙地找来了一大笔成本高昂的资金,市场部则不计成本疯了一样地全方位进行铺天盖地的广告轰炸。如果你听说企业业绩在上个月减少了50%,你或许就会想:好吧,过去真的是太保守了,让我们放开手脚大干一场吧。于是,人力资源部、财务部、市场部的动作同样会在你的授意下变得更加疯狂。换言之,无论你听到的是什么,你那有待改善的心智模式,都会让你"大干一场"的决策出炉,使企业离各种各样的潜在危机变得越来越近。

想知道你的员工、你的供应商、你的渠道商、你的客户为什么都在对你撒谎吗? 他们或许并不是故意想欺骗你,而只是在其有待改善的心智模式之下欺骗自己而已。当然,如果你不加选择地相信他们,那你也是在欺骗自己了。

6.3 诚实面对危机真相

任何费尽心机的谎言和逃避,都不在危机应对的可选策略之列。相反,可以用一个简单却睿智的策略进行危机应对,那就是坦率面对、实话实说。

通常情况下,很多人并不认为实话实说是一个多么了不起的策略,但是,在动态复杂性危机演变和发展过程中,诚实地面对危机真相说实话,是渡过危机的态度前提,也是最根本和最有效的危机管理之道。至于能不能及时发现和抓住危机中的机遇,就取决于危机主体的危机管理价值观和行动了。

2013年10月1日,一辆 Tesla Model S 型豪华轿车在美国西雅图的公路上发生车祸并起火。该车前部着火,两侧轮胎部位的火势较大,甚至几次冒出了小型火球。事故当天,遭遇产品质量危机的特斯拉公司就紧急发布了一份措辞极为讲究得体的声明,实话实说,在解释了该车是在发生重大撞击之后才起火的原因事实之后,巧妙地转危为机,强调了特斯拉汽车独特的安全性能,即大火仅仅局限在车头部位,火焰并没有能够进入汽车内部驾驶舱和成员舱。正是在特斯拉独特的安全设计保护和警报系统的指引下,该车驾乘人员才得以顺利靠边停车并安全撤离。第三天,针对利益相关者对该声明中的疑点,如该车当时到底撞上了什么,汽车设计是否存在缺陷,救援有何失误,特斯拉的安全性如何,以及该车司机对此一事故的态度,等等,特斯拉公司 CEO 艾伦·马斯克(Elon Musk)亲自发表博文,诚实面对危机的真相,向公众就这起事故的前因后果以及相关疑问进行了一一解释。

作为一种区别于传统的以燃油为动力的新能源汽车,电动汽车用户起初的不满主要在于续航里程不够和充电不便等方面。随着近年来电动汽车电池能量密度和相关技术的提高,这些危机焦虑逐步得到了缓解,但起火安全又如达摩克利斯之剑一样,开始高悬于用户的内心。在特斯拉汽车起火危机之初的两天内,公司股票就暴跌 10％,市值被蒸发高达 24 亿美元之巨,包括投资者和消费者在内的利益相关者信心大跌。然而,正是因为特斯拉公司及其高管在危机面前的坦诚,及其一系列堪称典范的危机应对行动,成功地转危为机,危机利益相关者的信心得以迅速恢复,多家投资机构在事故一周之后就纷纷上调特斯拉股票评级和目标股价,彻底扭转了此前连续一周的颓势。

鼓励和打气的错觉

危机之中,见到最多的可能就是沮丧的表情,听到最多的可能就是坏消息。问题是,作为危机主体的你,能从容面对那些彷徨失措的沮丧的面孔和让人冷汗直冒的坏消息吗? 很多人都下意识地认为自己可以做到。事实上,很少有人能够真的做到。

在面对突如其来的危机坏消息时,很多管理者往往会表现得比其他员工都要紧张。诚然,这是他们一手创办和领导的企业,只有他们,才是真正和企业存亡最为息息相关的人。一旦企业在危机中遭遇不测,其他员工或许可以一走了之另寻高就,而这些管理者们则很难轻言放弃。

让人不可思议的是,尽管这些管理者常常心存比其他员工更甚的对危机的恐惧,他们在危机面前却总是想表现得若无其事,甚至试图用"善意的谎言"给其他员工打气:"我们的资金没问题,我们已经得到了贷款银行方面的支持!""我们的产品拥有一大批的忠实用户,他们会一如既往地支持我们!"

其实,那些在内心或许远比管理者要冷静得多的员工,对企业的危机情境早已经心知肚明:资金没有问题? 前三个月的工资咋还都没有发呢? 那一个个催账的电话、一封封讨债的传真是怎么回事呢? 产品和市场没有问题? 那越来越多的堆积如山的退货是怎么形成的呢? 客户脸上的笑容咋都不见了呢?

危机应对过程中,空洞的打气和鼓励不但难以收获良好的危机沟通和应对效果,甚至可能会使你因"善意的谎言"而失去员工和股东等核心利益相关者群体的信任。面对核心利益相关者,最为有效的危机沟通办法显然不是空洞的打气,更不是虚假连篇的鼓励。

使负面影响收敛最快的危机应对策略,只能是实话实说,是将支持和同情你的核心利益相关者置于同一个危机管理信息层面,有序地与他们随时保持危机演变过程信息的更新和共享,让他们去影响和说服那些对危机情境尚没有太多关注的绝大多数利益相关者,尽可能在最大程度上汇聚利益相关者群体之力以共同面对危机。

换言之,没有哪个危机主体可以独立承担危机中的所有责任,独立面对危机演变和发展过程中的所有问题。危机主体需要将危机应对责任赋予那些不仅有能力,而且有兴趣和动力的核心利益相关者去完成。特斯拉公司 CEO 马斯克向公众就特斯拉汽车起火事故的相关疑问进行解释的微博末尾,附上了驾驶员罗伯特·卡尔森(Robert Carlson)与特斯拉销售服务副总裁杰罗姆·吉伦(Jerome Guillen)之间的电子邮件。卡尔森在邮件中对特斯拉公司及其产品在此次事故中的表现很满意,认为特斯拉汽车在这种极端事故状况下表现良好,表示自己仍将是特斯拉的粉丝并还会考虑重新购买一辆特斯拉新车。同时,卡尔森还声称自己是特斯拉公司的一名投资者,并会继续支持电动汽车的未来。就汽车起火事故而言,他认为类似危机必然会发生,只是没想到会发生在自己身上而已。所幸的是,在这一灾难性事故中,即便在如此惨烈的大火之下,整个驾驶舱和汽车后部的状况都基本完好,特斯拉的设计和制造质量发挥了良好的对驾乘人员的保护作用。

作为特斯拉汽车起火危机的亲历者,作为特斯拉品牌的粉丝,作为特斯拉股票的购买者,卡尔森的邮件在此一危机沟通和应对过程中无疑是最具说服力的,也是最为可信的。

宽容和接纳危机负面信息

在接触和访谈了很多在危机中倒闭企业的员工之后,我发现很多员工其实早在企业倒闭之前就已经知道危机症结在哪里了。那么,既然他们早就知道了企业中存在着这样那样的致命危机问题,洞察了这些危机问题的诱因,甚至已经基于系统思考而对这些危机问题和诱因有了应对策略和方案,为什么又没有能付诸危机应对行动以挽大厦于既倒呢?原因居然是千篇一律地简单,那就是企业中不良危机管理文化的障碍。这些障碍不但阻隔了危机负面信息的传播,而且使得员工之间、各管理层级之间的危机管理信任遭到破坏,使潜在危机隐患和已近在眼前的危机真相始终处于隐匿状态之中。

在各种潜在危机威胁之下,一线员工往往会最先感知潜在危机的相关信息,甄别出潜在危机信号。当然,这些潜在危机信息和信号几乎无一例外都是负面的。一个企业组织的危机管理健康程度,正是以这种坏消息自下而上传递的速度来进行评价和测量的。

以利益相关者信任为基础的企业危机管理文化,会鼓励员工之间和跨层级之间公开讨论和自由传递与潜在危机相关的负面消息。对那些能够公开提出问题的员工,企业无疑应该抱持宽容和接纳的态度;对于那些能够提出问题并努力思考和寻找问题解决办法的员工,企业应进行肯定和奖励。

百年企业 A. O. Smith 公司就一直倡导和坚持着"持续改进(Continue Improvement,CI)"的企业文化,鼓励所有员工随时随地提出自己所发现和感知到的企业中存在着的任何问题。至于这些问题的解决之道,能提出更好,提不出也没有关系。这样的做法,或许与 MBA 课堂上所学的一些管理箴言相左,"作为管理者,你的责任应该是做选择题,而不是做问答题;作为员工和下属,你的责任就是解决问题!"如果一名普遍的流水线员工凭直觉认为企业中某个产品或某项服务的设计存在缺陷,但究竟是什么缺陷,以他的知识储备能力好像也很难说得清楚,更不用说提供切实可行的解决方案了,那么,你期望他怎么做呢?难道你真的想让他因为无法提出解决方案而将这一基于直觉获得的潜在危机信息一直埋在心里吗?

在危机应对过程中,如果不能汇聚利益相关者之力,不但是一种最大的浪费和损失,而且会直接攸关危机管理的成败。无论危机管理者自身是多么出色和能干,也无法了解和解决企业各个运营流程中涉及的所有细节性潜在危机问题。不可否认,对 Note 7 手机频频爆炸的个中缘由最先了解的,显然是那些负责一线采购、设计、生产、营销的员工,而绝非三星电子公司的高管。或许,这些工程师只是缺乏合适的渠道和氛围去实话实说,去表达和讨论那些对他们来说早已不是秘密的潜在危机隐患而已。

实话实说

在危机应对过程中,谎言,哪怕是善意的谎言,也会给核心利益相关者带来伤害,甚至可能会被别有用心的边缘利益相关者抓住把柄而落井下石,使危机情境迅速恶化,变得更为凶险和更难以应对。相反,实话实说,或许并不一定能够换来利益相关者群体的理解和帮助,却能赢得利益相关者的广泛信任,营造有利于危机应对的氛围和环境,真正做到群策群力共渡危机。

当然,一开始就竹筒倒豆子地向所有的利益相关者说出全部的危机真相,也未必就是一项最优的选择。在披露危机真相信息的过程中,危机主体往往是要付出相应的成本和代价的。如果这一代价已然超越了危机主体的承受能力,或者因为无形的心理压力过大而崩溃,或者因为负担不起有形的损害成本而破产,那么,危机主体就必须基于系统思考,仔细权衡和琢磨如何进行实话实说的策略:是尽快对所有利益相关者说明全部的危机真相,还是从对象、内容和节奏上有选择地发布危机真相信息?

在什么样的情况下,危机主体需要对所有利益相关者快速说出全部的危机真相呢?在打算毫无保留地坦率承认危机真相之前,危机主体不妨先考虑和评估这两个方面的问题:

其一,如果延缓部分危机真相的发布,是否会导致利益相关者更多的伤亡或损害?在这里,伤亡和损害的对象包括所有的利益相关者。例如,如果三鹿集团延缓发布三聚氰胺毒奶粉危机真相的部分信息,是否会导致更多消费者的健康受到更大程度的损害?是否会导致中国乳制品行业的声誉受到更严重的负面影响?如果强生公司延缓发布泰诺胶囊被投毒危机真相的部分信息,是否会导致更多消费者的生命受到威胁?

其二,如果因危机真相不明而滋生谣言,是否会比危机真相信息的披露更加有害?一旦危机主体选择掩匿危机真相信息,哪怕只是其中的一部分,都很可能会导致各种版本的小道消息和谣言滋生,使危机主体失去对危机真相相关信息发布的掌控力。在自媒体手段已然非常发达的今天,利益相关者们无法从危机主体处获得危机真相信息时,就会极尽捕风捉影之能事,在好奇心的驱使下去猜测真相。例如,在特斯拉电动汽车起火危机应对过程中,人们对危机真相的猜疑和传言,相比于及时如实披露危机真相,是否会对特斯拉公司的品牌形象和声誉更为有害?是否会在更大程度上导致利益相关者对特斯拉产品的信任受损?

在这两个方面问题的答案中只要有一个是肯定的,那么危机主体就需要义无反顾地实话实说,尽快通过所有可能的渠道,就自己所知的危机真相的全部信息向所有利益相关者进行完全透明的公开发布。三鹿集团与强生公司面对同样性质危机的不同选择所导致的不同结果,正是对第一个问题的明确诠释。相应地,在特斯拉汽车起火危机当天的声明中,特斯拉公司就危机真相进行了信息量相对有限的说明,即该事故的原因在于撞击而非自燃。这一声明,巧妙地遏制了"自燃"一说的相关谣言的产生和传播,保护了消费者之于特斯拉的信任和信心,也使得第二个问题的重要性得到了验证。

当然,如果对上述两个方面问题的答案都是否定的,那么,基于实话实说的原则,危机主体可以从对象、内容和节奏上掌控危机真相信息发布的主动权,策略性地优先与股东、客户和员工等核心利益相关者就部分危机真相进行沟通,以在最大程度上汇聚同盟力量共同面对危机。

第 7 章　危机沟通

　　危机管理成败的关键在于危机沟通,危机沟通成败的先决条件在于是否找准核心沟通对象。如果危机沟通对象选择错误,那么,危机沟通过程中所有的努力都将是事倍功半。相反,如果危机沟通对象选择正确,那么,危机主体在危机情境之中的尴尬、紧张、彷徨和恐惧,都将能够被理解和接受,危机沟通效果也将是事半功倍。

　　危机沟通之前,或许你不可能也并不一定需要知晓全部的危机真相,但是,你无疑必须做足功课,你掌握的危机相关信息至少要比沟通对象更为全面和权威。如此,你才能找准核心沟通对象,并通过恰当的沟通使之成为危机应对过程中坚定的同盟者;才能基于系统思考,在沟通过程中有序而充分地、有胆有识地发布危机真相信息,将危机负面信息的影响化解于无形;才能通过反思和探询,使危机主体能够快速影响和取信于更多的危机利益相关者,成为与利益关系并不一致的利益相关者之间化干戈为玉帛,牵手共渡危机的桥梁。

　　　世界上最无价的东西是人心,要赢得别人的心,只有拿自己的心去交换。

——张瑞敏[①]

---

　　①　海尔集团创始人,现任海尔集团党委书记、董事局主席、首席执行官。

7.1　危机利益相关者

常见的企业危机利益相关者有很多,包括顾客、员工、投资者、债权人、债务人、合作伙伴、竞争对手、政府、媒体和社会公众等。置身于危机情境之中,这些利益相关者群体都会从不同视角,在不同程度上关注危机的动态复杂性演变过程:从对危机情境的关注程度来看,利益相关者群体会有高与低之分;就与危机主体之间的利益关系而言,利益相关者群体一般是介于一致与对立之间。在危机利益相关者群体中,与危机主体之间在利益关系上完全一致或完全对立的都是少数,而既说不上一致也不至于对立的利益相关者群体则是绝大多数。

利益关系一致的利益相关者无疑是危机主体在危机管理过程中的坚强同盟,属于危机情境下可以为危机主体提供强有力支撑的利益相关者群体。值得注意的是,竞争对手之间的利益关系不一致常常会被误解为对立。其实,利益相关者之间的一致或对立关系在危机情境下都是相对的,都会随着危机的演变和发展而发生变化。即使是同行甚至同一市场区域的竞争对手,也极有可能会在危机演变和发展过程中被殃及,遭遇和危机主体一样的甚至更为糟糕的危机情境,如此,危机情境下的竞争对手也会在一定程度上成为危机管理的同盟,甚至从边缘利益相关者演变成为核心利益相关者。这一情形,现在的绝大多数中国乳制品企业,在经历过三聚氰胺毒奶粉危机之后,应该是感触颇深。

在危机利益相关者群体中,那些与危机主体之间利益关系相对松散的普通社会公众常常被称为“吃瓜群众”,构成了危机情境下数量极为庞大的边缘利益相关者的主体,这些边缘利益相关者对危机情境的关注程度一般是较低的。但是,如果因此而忽视针对这些边缘利益相关者的危机沟通,显然又是不合适的。相反,如果能够通过恰当的沟通策略和行动,让与危机主体利益关系倾向于一致的边缘利益相关者提升对危机的关注度,并在一定程度上获得和提升他们对危机主体的信任和认同,那么,危机沟通也就成功了一大半。更进一步,如果能借助于这些边缘利益相关者的力量,去提升与危机主体利益关系倾向于对立的边缘利益相关者对危机情境的关注度,去影响甚至使他们对危机主体产生一定程度的认同,危机沟通基本也就取得成功了。

谁是核心沟通对象

基于对危机情境的关注程度以及与危机主体之间利益关系的不同,可以将危机利益相关者群体分为四类,如图 7-1 所示。

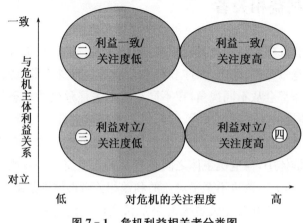

图 7-1　危机利益相关者分类图

　　第一类利益相关者群体,即对危机情境的关注程度较高且与危机主体利益关系一致的利益相关者。第一类利益相关者是与危机主体同处一个战壕的伙伴,一荣俱荣,一损俱损,属于在危机演变和发展过程中同呼吸共命运的核心利益相关者。人数一般较少,与危机主体的危机管理目标高度一致,彼此之间极易沟通。

　　第二类利益相关者群体,即对危机情境的关注程度较低但与危机主体利益关系倾向于一致的利益相关者。第二类利益相关者是人数众多的边缘利益相关者。因为与危机主体的利益关系倾向于一致,能够理解和接受危机主体的危机管理目标和行动,沟通起来相对比较容易。

　　第三类利益相关者群体,即对危机情境的关注程度较低且与危机主体利益关系倾向于对立的利益相关者。与第二类利益相关者一样,这类利益相关者也是人数较多的边缘利益相关者。因为与危机主体的利益关系倾向于对立,这些利益相关者较难理解和接受危机主体的危机管理目标和行动,沟通起来相对比较困难。

　　第四类利益相关者群体,即对危机事件的关注程度较高但与危机主体利益关系对立的利益相关者。因为与危机主体利益关系对立,这些边缘利益相关者尽管也会密切关注危机情境的演变和发展,却是危机主体最难以沟通和说服的对象。和第一类利益相关者一样,第四类利益相关者的人数一般也较少。

　　对危机主体而言,最为便捷和效率最高的危机沟通策略,就是投入所有资源,全力以赴地与第一类核心利益相关者进行危机沟通,及时向他们通报危机真相,沟通危机演变和发展过程的相关信息,使其与危机主体处于危机管理的同一个信息层面,以便于最大化发挥他们在危机沟通和应对中的作用,代表危机主体与第二类边缘利益相关者进行沟通。然后,汇聚第一类和第二类利益相关者群体的资源,与第三类利益相关者群体进行沟通。

在危机沟通过程中,第一类利益相关者群体起着关键性的信息中介和传导作用,影响着绝大多数的第二类和第三类利益相关者群体对危机主体的态度和对危机情境的判断。因此,只有面对核心沟通对象,即第一类利益相关者群体,及时充分地进行危机真相信息发布,才能够取得最大化的危机沟通和应对效果。换言之,永远不要在危机之初就试图费尽心力先去说服第二类和第三类利益相关者群体。当然,如果想先从最难以沟通的第四类利益相关者群体着手,则在沟通战略上就完全是本末倒置了。毕竟,危机主体在危机之初的沟通资源,尤其时间资源,是极为有限的。

在危机沟通过程中,能否找准核心沟通对象无疑是危机沟通成败的前提。无论是利益相关者群体与危机主体之间的利益关系倾向,还是利益相关者群体对危机的关注程度,在危机演变和发展过程中都会随着危机主体的沟通而呈现动态复杂性变化。危机主体必须找到和确定谁是核心沟通对象,然后才能有的放矢,确定并使用最合适的沟通方式打动核心沟通对象,达成最优的危机沟通效果。任何不确定核心沟通对象的危机沟通行动,不但难以修复和重建危机主体在危机中受损的信任和声誉,而且极有可能会使核心利益相关者大失所望,使得数量占绝对多数的边缘利益相关者群体对危机主体的沟通努力失去兴趣甚至心生反感,使那些别有用心或心怀敌意的利益相关者阵营不断扩大,导致危机沟通甚至整个危机管理的全盘失败。

打动核心沟通对象

不同的危机沟通对象,对危机真相信息的需求量和需求的迫切程度都是不同的。在进行危机沟通之前,危机主体需要明确以下三个问题的答案:谁是核心沟通对象? 核心沟通对象最想知道的是哪些危机真相信息? 核心沟通对象偏好于以什么方式接受危机相关信息? 换言之,危机主体需要搞清楚核心沟通对象对危机相关信息的真正需求,了解他们习惯和常用的接收信息方式,预测和分析他们对拟发布危机相关信息的可能反应。如此,危机主体才能够以最可靠的方式,在最合适的时间进行恰当的危机信息发布,使核心利益相关者群体尽可能简单、容易和方便地接触到所发布的危机相关信息,强化对危机主体的危机管理态度和价值观的认同感,从而在内心深处打动核心沟通对象。否则,整个危机沟通过程将很有可能是无的放矢,事倍功半且费力不讨好,甚至是事与愿违而导致更为严重的负面影响和更大的损害。

在危机沟通过程中,危机主体所要重点关注的核心沟通对象无疑是第一类利益相关者群体。正是这一群体不但将决定危机主体是否值得信任,而且会带动和影响数量众多的边缘利益相关者群体对危机主体态度和价值观的判断。2011年8月22日,直指海底捞青岛店骨汤勾兑问题的一系列新闻报道,让一度被认为"人类无法阻止"的海底捞品牌深陷信任和声誉危机。当天下午,海底捞通过官网及官方微博对危机真相进行了说明和通报,用极为诚恳的语气承认勾兑事实。次日,海底捞董事长通过微博继续就此一危机进行沟通,"责任在管理不在青岛店,……我已派心理辅导师到青岛以防该店员工压力太大。对饮料和白味汤底的合法性我给予充分保证,虽不敢承诺每一个单元的农产品都先检验再上桌,但责任一定该我承担"。随后,海底捞邀请媒体记者,全程记录骨汤勾兑过程,相关视频和照片瞬间传遍网络。这一系列负责任、有担当和人情味十足的危机沟通无疑起到了直击靶心的作用,让包括员工和消费者在内的核心利益相关者群体被深深打动,也让更多的边缘利益相关者选择了原谅,最终使海底捞得以渡过危机。

为了能够找准和打动核心沟通对象,在最大程度上掌控危机演变的方向和速度,危机主体不妨把自己暂时穿越到危机之后的未来时空,然后回首当下,探究这样一个问题:谁才是真正决定自己(危机主体)在这一危机中命运的人?这个问题的答案,或许就是危机主体在当下危机沟通过程中需要特别关注的核心沟通对象。一旦确定了核心沟通对象,危机主体就应该毫不犹豫地就其真正关注的问题,用其最常用、最能够接受的方式,进行及时而全面的沟通。很显然,海底捞骨汤和饮料勾兑危机的沟通之所以能够取得成功,就是因为其找准了员工和消费者这些核心沟通对象,恰当运用了微博这一极具时效性和广泛到达性的沟通手段,在沟通过程中紧扣消费者对此危机的关注点,由高管出面,态度鲜明地承担责任,通过直观的视频和照片,向消费者确保骨汤和饮料质量。正是这一系列看起来平常无奇却极为有效的危机沟通行动,使核心沟通对象成功被打动,使海底捞重获了核心沟通对象和利益相关者群体的信任,成功渡过骨汤饮料勾兑危机。很显然,如果在危机沟通中忽视了员工和消费者这些核心沟通对象,那么,海底捞所有的危机沟通努力都将会付诸东流。

在危机沟通中,能够直击核心沟通对象靶心的问题一般包括"发生了什么?"

"为何会发生?""如何确保此一危机不再发生?"等等。对于这些问题,危机主体虽然不一定需要做到知无不言言无不尽,但必须基于实事求是的态度,与核心利益相关者群体随时保持顺畅的沟通。对于危机主体自己在沟通时尚不清楚的那些危机真相,危机主体需要明确说明"一旦知晓,将随时发布",以在最大可能的范围内通过卓有成效的危机沟通来扩展危机管理同盟,尽可能避免由信息不对称和有限理性诱发群体性偏激情绪和羊群行为。6 年之后的 2017 年 8 月 25 日,海底捞北京店"老鼠在后厨地上乱窜,打扫卫生的簸箕和餐具同池混洗,用顾客使用的火锅漏勺掏下水道"等问题见诸报端,尽管以"深感愧疚、感谢监督、愿意承担责任和布置整改"为基调的海底捞致歉信很快通过微博再次出现在利益相关者面前,然而,一旦同样的危机再次发生,同样的危机沟通策略和行动的边际效果必然会递减而大打折扣,甚至会适得其反。在坦诚危机事实真相并承担责任的同时,海底捞试图再次让核心沟通对象相信,公司正在采取一切可能的措施,确保此类管理质量危机在未来不会重演。遗憾的是,相较于 2011 年的危机沟通,这次对核心沟通对象的打动效果显然已大不如前。甚至有利益相关者重提当年青岛店骨汤勾兑危机,对海底捞的危机管理能力、态度和价值观提出怀疑。

给沟通对象以足够的尊重

在危机沟通过程中,沟通对象不仅仅会在意危机主体所说的每一个字和每一句话,而且会关注危机主体的每一个下意识的微动作和每一个不经意间的微表情的变化。因此,沟通过程中危机主体的良好心态,是危机沟通成功的关键因素。

由于危机事件本身所带来的巨大感官和心理冲击,危机主体需要在危机沟通全过程中保持足够的冷静和镇定,坚守伦理原则和底线,基于稳定、平和、诚实的心态,以优雅、沉着和得体的态度,在危机相关信息发布时积极回应沟通对象的每一个问题,给沟通对象以足够的尊重。

彰显危机沟通态度的一个关键信号,就是企业高层管理者的参与。2011 年海底捞骨汤饮料勾兑危机沟通能取得成功,该公司董事长通过个人微博所表达的责任担当功不可没。这种由高层管理者主导或参与的危机沟通,能够让沟通对象感受到企业的诚意。一般情况下,企业高管与核心利益相关者之间或多或少都有着一些信任储备和声誉累积。如果核心沟通对象感受不到海底捞危机沟通的诚意,就很可能会对危机主体在危机沟通过程中做出的承诺产生怀疑,从而让危机主体在危机中陷得更深。

危机时刻中的核心利益相关者都希望能够直接听到来自企业高层管理者的声音,危机沟通过程中也极有可能需要企业高管现场表态,做出必要的承诺,甚至进行快速决策。如果危机沟通者只能代表自己个人,并没有做出任何承诺和进行任何决策的权力,事事都需要经过沟通后的请示才能确认,不但会减弱其对动态复杂性危机演变过程的沟通掌控能力,而且将很难通过危机沟通把握危机演变的方向和速度。危机情境中,危机主体与利益相关者之间的关系瞬息万变,潜在的新的发展机遇和机会也是稍纵即逝,由企业高层管理者在危机沟通过程中直接进行表态和决策就显得尤为重要。

如果企业高管在危机沟通过程中采取鸵鸟策略而始终隐身于幕后,只是由所谓的新闻发言人发出一个指东打西语焉不详的声明,那么,危机沟通的结果必然是第一类核心利益相关者群体的失望,是第二类和第三类利益相关者群体围绕危机事件真相的漫无边际的猜测,以及第四类利益相关者群体对危机真相的别有用心的歪曲。因此,必须由掌握危机真相的权威人士和企业高管一起,积极回应利益相关者的每一个问题,确保沟通对象得到足够的尊重。那些随心所欲,想怎么做就怎么做,想怎么说就怎么说,或者关机玩消失的危机沟通策略和行为,在现在和未来都不会有效。

对新闻从业者来说,与危机相关的新闻已然不再局限于危机主体的沟通内容,危机主体在沟通过程中的每一个动作、每一个声音甚至每一个表情,都可能构成鲜活的新闻要素。2011年和2017年两次海底捞危机均是来源于记者的暗访记录。对于受众来说,每个人都会基于自己的伦理原则和想象力,对记者笔下或镜头前的海底捞管理状况做出自己的评价。因此,危机主体必须本着积极的态度,对沟通对象所需要的危机真相信息进行及时有序和真实的发布。只有如此,危机主体才能通过高效的危机沟通来掌控危机演变的方向和速度,修复品牌声誉,重建与利益相关者之间的信任关系。

值得注意的是,尽管危机主体需要给沟通对象以亲近的感受,但并不等于要对他们曲意逢迎。建立在尊重和真诚基础上的良好沟通感受与曲意逢迎之间是有着本质区别的,对危机管理效果也有着完全相左的影响。如果为了摆脱危机责任而在危机沟通过程中一味曲意逢迎,无疑是在拿危机主体的声誉冒险。

危机的真相或许会迟到,但永远不会缺席。如果危机主体有失对利益相关者的尊重,那么,在危机沟通过程中,草率指向沟通对象的那根手指,最终一定会成为指向自己的枪,所有的谎言,最终也都会成为射向自己的子弹。

7.2　切忌火上浇油

众所周知,救火的时候要釜底抽薪而绝不能火上浇油。可是,在危机应对过程中,因危机主体的火上浇油而导致危机沟通失败,甚至导致整个危机管理失控的现象比比皆是。

置身于危机情境之中,危机主体需要严格遵守社会伦理规则,为危机沟通做好充足的准备,想好该说什么和不该说什么,什么是该做的,什么又是不该做的。如此,危机主体才能有效管理危机沟通进程,最大限度地避免危机之火的进一步损害。

媒体沟通之前的功课

美国哥伦比亚大学新闻学院创办人约瑟夫·普利策(Joseph Pulitzer)认为,"新闻记者就犹如一群站在船头的瞭望者,盯着远处的水平线,报告所发现的在海面上漂流着的遇难者以将其救起,对隐藏在浓浓雾气背后的风暴提出警告。他不会考虑自己和报社老板的利益,关注的只是那些信任他的人们的安全和福利"。在信息爆炸的今天,尽管偶尔会有一些无良的媒体和记者漠视基本的新闻伦理规则,但坚守普利策立场的新闻媒体与记者无疑是绝大多数。媒体和记者所考虑和关注的,除了新闻,还是新闻。因此,危机主体实在没有必要对媒体和记者抱有太多的成见或偏见。躲避媒体和记者或者将其置于对立面的做法,确是不可取的。

面对媒体,知之为知之,不知为不知,危机主体可以策略性地选择少讲,但是,绝不可以说谎,更不可以关门、拒接电话或者玩失踪。在危机沟通过程中,危机主体对媒体和记者所做的每一个不合适的举动,所发布的每一个不确定的信息和所说的每一句谎言,都将是负面影响更为深远的新的危机之源。紧闭的大门,无法接通的电话,遮挡镜头的粗暴举止,都会成为带给危机利益相关者无限想象空间的新闻内容。

在危机应对过程中,危机主体需要把握和利用电视、广播、报纸、杂志、互联网等多种媒体的特性,对各种可能的危机沟通和信息发布渠道进行整合,严守伦理规则和价值观底线。危机应对过程中的媒体沟通,不是谈判,更不是辩论。在面对媒体进行危机沟通之前,危机主体必须做足以下三个方面的功课。

1. 危机可能会对利益相关者产生什么影响

危机主体必须明确危机的性质，了解危机中有哪些利益相关者，谁是核心利益相关者，以及危机可能会对不同的利益相关者产生哪些不同的影响，弄清楚"危机真相是什么""哪些利益相关者在危机中受到了何种程度和类别的伤害"等一系列问题的准确答案，甚至需要熟悉已经或正在滋生的与危机相关的各种谣言和不实信息，以及这些谣言和不实信息出现的原因和可能的影响。只有知道了危机的性质，知道了谁是核心沟通对象，知道了不同利益相关者的危机沟通诉求，危机主体才能选择合适的沟通视角，拟定沟通策略，采取恰当的沟通方式，确保与媒体和记者进行危机沟通的效果。

2. 已经或正在采取哪些措施以降低潜在类似危机重现的可能性

这是所有危机沟通者都不可回避的、必须尽快与利益相关者进行沟通和说明的一个问题。只有相信危机主体已经知错了，利益相关者才可能接受危机主体的道歉和相关改正措施。在危机新闻发布会现场，绝大多数媒体和记者最为关注的，就是危机主体是否已经知晓了诱发危机的原因，并进行了相应的修正，以确保类似的危机不再发生。很显然，在没有弄清楚危机的诱因之前，是无法找到危机相关问题的症结并进行有效修正的，也就无法确保同样的危机在未来不会重现。换言之，如果在没有能够找到飞机坠毁、列车出轨、客轮倾覆等危机的确切诱因，没有能够采取有效修正措施以减少甚至杜绝潜在类似危机诱因的情况下，任何试图恢复运营的理由都是不可取的，都可能会导致利益相关者对相关决策的伦理价值观的质疑，甚至可能会诱发一系列新的更为严重的利益相关者信任危机。

3. 如何展示危机主体及危机应对方案的高度责任感

要想尽快实现对危机局势的有效掌控，危机主体必须让所有利益相关者群体深切感受到危机主体在危机应对策略和行动中的高度责任感。只有真切感受到这种责任感，核心沟通对象才有可能会被打动，绝大多数边缘利益相关者才会安心，危机的演变和发展过程也才有可能得到有效的控制。

在与媒体和记者进行危机沟通之前，以上三个方面的功课如果有一个方面做得不够，都将是极度危险的，都有可能导致危机沟通失败和危机情境失控。危机一旦发生，所有的利益相关者都期待着危机主体能够拿出切实有效的危机管理方案和行动。此时此刻，危机主体所面对的绝不只是站在面前的记者。在镜头背后的，是法律和道德伦理底线，是整个社会大众，是所有的危机利益相关者。

他们时刻关注着危机主体的一言一行,危机主体的危机管理态度,以及危机主体在危机管理过程中的价值观和立场。

因此,危机主体必须在媒体沟通过程中杜绝侥幸心理和傲慢心态,在任何时候提供给记者的资料都必须是足够专业、准确和可信的。换言之,企业高层管理者的基本胜任力体系中,必须包括以媒体沟通能力为主的危机管理能力。

有胆有识的认错

墨菲定律第一条:会出错的事,一定会出错。因为会出错,就一定会诱发危机。建成以来连续安全运行 7 年之久的德国高铁在 1998 年 6 月 3 日发生重大脱轨事件,导致 101 名乘员丧生。德国高铁直面危机现实,立即启动对全国高速列车系统安全性的全面检查,在未查明确切事故原因之际,全面停运了所有同型号列车,调降了全线高速列车的时速,实行了紧急列车时刻表,缩短或取消了多条线路。直至事故发生两周之后,德国联邦铁路局在听证会上公开发布了对事故的调查过程和初步结果,德国高铁才基本恢复正常运营。1999 年,基于对事故原因和过程的更为细致和科学的研究,德国高铁发布了一份全新的更为安全的铁路运行方案。正是这一系列有胆有识的认错和承担责任,使利益相关者的信任及德国高铁的品牌声誉得到了几近完美的重建和修复。

对于危机主体而言,或多或少、或大或小都需要对诱发危机的出错承担责任。有些错误是间接的,如危机管理理念上的错位、危机预防体系设计上的漏洞、危机管理预案中的细节性缺失等等。有些错误是直接的,如质量不符合标准的产品、有瑕疵的服务,以及在错误的时间或错误的地点的一句话、一个动作、一个微表情,甚至是一个不合时宜的穿戴装饰品,等等。危机主体直面这些错误的时候,无论是直接的错误,还是间接的错误,常常都会觉得非常尴尬。这种尴尬时刻也正是危机沟通过程中的决定性关键点:是拒绝对错误的指责而质疑客户的投诉? 是寻找替罪羊以掩盖危机真相? 还是直面危机现实而承认错误? 对危机主体而言,只有在危机沟通中拿出百分之百的诚意,实事求是地认错并积极承担责任,确保调查过程的严谨性、结果处置的科学性和对错误修正的合理性,才能获得利益相关者的认可,对危机情境的演变和发展起到釜底抽薪的效果。相反,如果在危机沟通过程中拒绝认错,或者故意模糊处理利益相关者所关注的焦点,甚至挖空心思地寻找替罪羊以转移利益相关者的注意力,试图逃避自己在危机中的错误和责任,其结果只能是使危机情境进一步恶化,最终演变成为更严重也更难以应对的信任和声誉危机。

　　面对危机,危机主体绝不可以逃避,不可以托词,不可以欺骗,更不可以歪曲事实。危机主体越是抵制和阻碍利益相关者对危机主体价值观的检验,在伦理底线徘徊的时间越久,承认错误的决策花费时间越长,对危机主体信任和声誉的伤害就会越大,当然,未来重建信任和修复声誉的时间也就会越长,难度也就会越高。坦诚面对核心沟通对象,承认危机中的错误并承担相应的责任,无疑是危机应对的最为有效的办法。

　　危机主体一旦确定自己有错,就需要尽快认错并承担相应的责任。面对已然或早晚将大白于天下的错误行为,危机主体的任何辩解和沉默都将是徒劳的,那种"死猪不怕开水烫"的侥幸心理和态度更是要不得的。危机沟通中的所有诡辩,只会火上浇油、激化矛盾和制造冲突,只会使得已深陷危机情境的危机主体雪上加霜,甚至会导致整个危机演变过程完全失控,进一步扩大危机波及的范围,给危机主体带来更多的负面影响和更大的损害。因此,危机主体必须了解自己认错和承担责任的底线是什么,避免因遮遮掩掩而让利益相关者觉得有敷衍了事的嫌疑,引发或加剧危机主体与利益相关者之间的信任危机。另外,认错和承担责任必须是在危机沟通之初,避免因拖延而滋生谣言。危机主体认错并表达歉意的时间越早,承担责任的覆盖面与利益相关者的心理预期就越接近,其危机管理效果就会越好。

　　及时认错和承担责任无疑是一种有胆有识的危机管理行为,可以为危机主体赢得危机应对的时间和空间。危机主体在沟通过程中选择强硬路线走捷径的时候,其实就是在挑逗数量极为庞大的边缘利益相关者来挑战危机主体的立场。要知道,危机主体所有的谎言和狡辩本身是根本站不住脚和不堪一击的,危机真相大白于天下只是时间的早晚而已。或许有人会说,通过谎言掩盖危机真相不是同样也能为危机应对赢得时间吗?或许是的,但是,对于危机主体而言,这两种时间的性质是完全不同的。及时认错和承担责任而赢得的时间,源自利益相关者对危机主体的信任和谅解。这种时间背后是极为广阔的危机应对空间,以及危机主体不断得到强化的对整个危机演变过程的掌控能力。相反,通过谎言掩盖危机真相而赢得的时间,源自利益相关者与危机主体之间暂时的信息不对称。这种时间的背后,是越来越狭窄的危机应对空间:一方面,危机主体在这段时间里,会承受着巨大的伦理和心理压力,很容易导致危机应对失措。每一句谎言都需要更多的谎言来掩盖,而谎言多了,被发现的机会也就会更多。另一方面,危机真相随时有可能会被第三方披露,而这无疑会使危机主体陷入极大的被动,导致整个危机情势急转直下。

在埃克森石油公司阿拉斯加湾泄油危机沟通过程中，公司总裁劳伦斯·罗尔(Lawrence G. Rawl)在回应人们对其迟迟不露面的质疑时呢喃道："技术方面我不太懂，如果去了现场，只会转移大家的注意力。在控制漏油方面，我帮不上忙，而且也没有办法把邮轮弄出来。"或许他说的是大实话，但真正的问题在于，他没有认错和承担责任。这一近乎无厘头的危机沟通，不但使他所代表的埃克森石油公司在声誉危机中难以自拔，而且也使他自己成了危机管理沟通领域的笑谈。

争取第三方同盟

在西方社会，有一则"不能攻击市政厅"的谚语广为流传。在危机沟通中，除及时认错并承担相应的责任之外，危机主体还需要积极寻找和扩大同盟，承诺会与有着良好社会公信力的第三方全力进行合作，对危机真相进行调查，对危机所造成的负面影响和损害进行评估。这种承诺，可以让利益相关者，特别是核心沟通对象知道，危机主体已经认识到了问题的存在，并将以严肃的态度去进行认真的调查，所有的问题和危机诱因都将会得到有效的纠正。

具有社会公信力的第三方，可以是具有专业知识的、得到社会价值观普遍认可的专家学者，也可以是得到授权的有着良好社会声誉的机构。一般情况下，他们会被视为危机中最广泛的利益相关者利益的代表。为了争取第三方同盟，危机主体与第三方同盟之间的最佳关系定位选择就是合作。借助于与第三方同盟之间的合作，危机主体可以展示其坦诚危机真相、保护利益相关者利益的负责任的危机管理态度，使核心沟通对象和大多数利益相关者坚信，危机主体是值得信任的。当然，一旦确定第三方同盟并做出合作的承诺，就需要不遗余力地去履行，否则就会给危机利益相关者质疑危机主体态度和价值观的机会和借口，使危机性质恶化。

当丰田汽车成功超越美国通用而荣登全球最大汽车制造商宝座的时候，2009 年 8 月的"刹车门"危机几乎是在一瞬间就将丰田拉下了神坛。危机之初，丰田在与美国国家公路交通安全管理局、美国政府以及媒体等第三方机构的沟通中，选择的便是一种不合作态度。正是丰田公司的这种态度，几乎把所有可能帮助其进行危机沟通的第三方同盟都一把推开，先是声称"没有缺陷"，后来又扭扭捏捏地解释说可能是"脚垫问题"，接着又被逼无奈地改口，把问题指向了油门踏板。短短几天之内，来自美国政府的谴责，以及全球各国传统媒体和网络媒体的声讨，使丰田公司的一个本来极为常见的产品质量危机，在极短的时间内就生生演变成了一场灾难性的声誉危机。①

相反，2015 年上半年刚刚超越丰田而成为全球第一的德国大众在遭遇"排放门"危机时，在受到指控的当天即发布了《关于美国环境保护局调查报告的声明》，声称环境保护和可持续发展一直是公司的战略目标之一，承诺大众汽车会认真对待并配合此次调查。这份声明被全球范围内的利益相关者普遍解读为大众公司是在表明其与第三方机构之间的合作态度。正是大众公司的及时认错并承担相应的责任，以及与第三方机构之间的合作态度，使大众公司在远比丰田"刹车门"要凶险得多的"排放门"危机中获得了更多的来自利益相关者的谅解，也为后续的危机沟通赢得了宝贵的时间和空间。

在避免火上浇油的危机沟通过程中，一种可资危机主体参考的简明而有效的说法就是，"我们已经意识到了……问题，正在和……全力协作。……是我们首先考虑的问题。一旦有更多的新情况，我们将及时发布"。

7.3 掌控危机真相信息的发布

法国作家安德烈·马尔罗（André Malraux）说过，"一个人的真正面目，首先是他隐藏起来的那一部分"。假以时日，任何危机之中的任何秘密都将会被揭开，危机相关的每一个信息和所有的细节都将会被利益相关者知晓。因此，关于危机真相的问题并不是会不会被公开，而是在什么时候、用什么方式以及由谁来公开。

如果危机真相的公开过程脱离了危机主体的掌控，那么，这种或者基于对立立场，或者是在一个错误时间或错误地点的危机真相信息发布，对危机主体而言，无疑都意味着将是一场更大的灾难和更难以应对的新的危机。

认识到危机真相早晚都必定会大白于天下，是有效进行危机沟通的基础。在危机沟通过程中，所有挖空心思试图隐匿危机真相的努力都将是徒劳的；相反，危机主体需要赶在危机情境进一步恶化之前，由合适的人，通过合适的渠道，以合适的方式，在合适的时间和地点，果断发布危机真相信息。如此，不但可以掌控危机真相相关信息的发布内容和节奏，把握整个危机情境的演变和发展过程，在最大程度上避免危机情境的恶化，而且可以有效提升危机主体的声誉，帮助危机主体重建在危机中受损的利益相关者信任并修复声誉。

---

① 新华网，《"刹车门"恐令丰田更受伤》，2010 年 2 月 6 日。

选择合适的危机新闻发言人

资深外交官钱其琛先生认为,"发言是轻声说重话"。从表面上看,危机新闻发言人的主要工作就是代表危机主体说话。但是,会说话并不意味着会发言,尤其是在危机情境之下主导新闻发布。危机新闻发言人的选择是否合适攸关危机沟通的成败。如果危机主体是个人,当事者无疑会成为媒体记者和利益相关者的追逐对象,也理所当然地就是最合适的危机新闻发言人。如果危机主体是一个企业,那么,就需要建立一个危机管理团队,在团队中设立专人担纲危机新闻发言人。否则,就很容易让利益相关者认为新闻发言人不能代表危机主体,不能当场进行必要的危机决策,甚至会因此而产生不尊重沟通对象和利益相关者的误解。

对于一个称职的危机新闻发言人而言,不但需要主动与核心利益相关者保持不间断的沟通和联系,清楚知道如何应对媒体记者的问题,能够对危机应对过程及可能的结果进行扼要说明,以满足利益相关者了解危机真相的迫切需求,确保危机真相信息能够迅速而又准确地得到发布和传播,确保从其口中所说出的每一句话和每一个信息都是真实的,是有理有据的,是对危机管理过程最为有利的,而且还需要接受来自包括媒体记者在内的所有危机利益相关者的质询,以平和、准确的语言来表达危机主体的立场和态度,充分展示危机主体的伦理价值观和社会责任感。

有效进行危机真相信息发布和恰当展现危机主体的态度,犹如对危机沟通效果的两次过滤性检验:只有使核心沟通对象与危机主体同处于一个信息层面,才会收获尽可能多的利益相关者的支持,找到更多的同盟者,奠定平安渡过危机和从危机中发现并抓住新的发展机遇的基础;只有满足了伦理价值和社会责任的要求,才有可能使危机利益相关者,尤其是直接受到伤害和负面影响的利益相关者的情绪恢复平静,为危机管理过程争取到宝贵的时间和空间资源。

1. 当机立断,以平和而又准确的语言发布危机相关信息

久拖不决,是危机应对过程中的大忌之一。危机主体关于危机态度和立场信息的发布,更是不容一丝一毫的迟疑。危机一旦发生,所有的核心沟通对象和绝大多数危机利益相关者都期待危机主体能够当机立断,进行符合社会责任的具有专业水准的危机应对行动。危机相关信息的发布可能只有极为短暂的时间,如果在短时间内不能说明重点,危机利益相关者的注意力就会被瞬息万变的危机演变和发展过程所分散,或者被一些与危机主体本意完全不同的甚至是失

实的解读所吸引,或者认为危机主体正在试图抵赖甚至想要隐藏危机真相中的关键信息。无论是哪一种情形,都会使危机情境变得更为凶险和扑朔迷离,使未来的危机应对变得更为艰难。

在危机沟通过程中,危机新闻发言人切忌拖泥带水,支支吾吾,顾左右而言他。如果新闻发言人能拿出令人信服的数据,善用图形,以平和的语气和准确的语言发布危机真相的相关信息,往往可以事半功倍,收获危机沟通的奇效。在2013年10月1日特斯拉汽车起火危机沟通过程中,公司CEO马斯克明确说明事故原因是该车在高速行驶中撞到了路中央的一个从其他车辆上脱落的金属物,该物对特斯拉汽车底部的电池保护装甲造成了高达25吨的巨大冲击力,形成了一个直径约8厘米的穿孔。此外,马斯克还巧妙引用了全美国的驾驶数据,就特斯拉汽车相对于传统燃油汽车的安全性问题给公众吃下了一颗定心丸:据统计,美国人每年驾车行驶约4.8万亿千米,每年的汽车着火事故约15万起。换言之,每约3 219万千米就可能会有一辆汽车起火,而特斯拉汽车迄今已累计行驶了约1.6亿千米,仅仅发生了1起起火事件。这就意味着驾驶传统汽油车遭遇起火事故的概率要5倍于特斯拉电动汽车。

正如事故车主卡尔森在给特斯拉销售服务副总裁的邮件中所说的,对于一个汽车制造商而言,汽车起火事故是必然的,只是没有人知道会在什么时间、什么地点和发生在哪个汽车品牌的哪位车主身上而已。

2. 严守社会责任与伦理价值观底线

源于有待于改善的心智模式的缺陷,很多危机主体认为所谓危机管理就是摆平事情而已,这种对危机管理的认知显然是错误的。也正是在这种错误的危机管理认知指引下,很多危机主体甚至会不惜一切代价地与一些无良的新闻媒体、记者或网站相勾结,试图通过阻拦危机相关信息的发布和传递来进行危机管理。殊不知,这种愚蠢的危机管理策略和行为,不但不能减轻丝毫的危机负面影响和损害,反而会让危机情境持续恶化,甚至诱发新的更难以应对的危机。

真正的危机管理高手,其信息发布时的立场和目标都会着眼于广泛的社会伦理价值观,不是大事化小小事化了,而是在合适的时间和地点,由合适的人以合适的方式适当发布危机真相相关信息,使大多数利益相关者与危机主体之间产生心灵上的共鸣。1986年1月,当"挑战者号"航天飞机爆炸之后,美国总统里根随即在白宫发布了一篇关于此一灾难的演说,"'挑战者号'乘员走完这一生的方式,让我们引以为荣。我们永远不会忘记他们,也不会忘记今晨最后一次见到他们的情景:他们整装待发,向我们挥手告别,挣脱了尘世的枷锁,去亲近上帝慈爱的面庞"。

当"挑战者号"航天飞机在亿万观众眼前凌空爆炸之后,少数对航天计划一直持反对意见的第四类利益相关者便蠢蠢欲动,为数众多的原先认同航天计划但对此并不太关注的第二类利益相关者,也在这一惨剧的影响下开始动摇其对航天计划的本来就不够坚定的支持。一旦这些利益相关者转变观念而成为第三类利益相关者,那将会从根本上动摇美国的航天事业,使之面临经费被削减甚至被勒令取缔的灾难性危机。正是里根总统在危机之后的精彩发言,寥寥数语便将航天飞机的任务提升为人类对未知世界的探索,赋予了这次国殇危机新的意义,成功地将危机中的悲惨画面扭转为一幅充满希望和英雄主义色彩的图景,不但使为数众多的第二类危机利益相关者化悲痛为力量,选择继续支持和贡献于伟大的航天事业,还使得同样为数众多的第三类利益相关者在不知不觉中改变了对航天事业的看法,开始支持和关注航天事业的发展。

危机相关信息的发布显然是一项极具挑战性的工作,不过,只要严守社会责任与伦理价值观底线,心中永远想着所有的利益相关者,那么,即使在言辞之间有一点不够恰当,结果也不至于太糟糕。在第二次世界大战诺曼底登陆期间,盟军最高统帅德怀特·戴维·艾森豪威尔(Dwight David Eisenhower)得知盟军伤亡远低于其预估的七成时,不由自主地大为欣慰而喜形于色。然而,在一番沾沾自喜之词后,他很快就觉察出不妥,毕竟在这一行动中也有数十万盟军官兵付出了生命的代价。于是,他随即又加上了一句,"哪怕是百分之一的伤亡,对家属而言,也都是百分之百"。很显然,任何时刻的危机新闻发言,都需要兼顾受众的感受,考虑所有利益相关者,甚至包括竞争对手的悲喜和伤痛。

避免挤牙膏式的危机信息发布陷阱

对于一个企业来说,建立良好的品牌声誉可能要花几十年,而要摧毁它可能只在一念之间。置身于信息化时代,超乎危机主体意料的梦魇般的危机情境随时随地都有可能出现。面对突如其来的危机和众多利益相关者对危机真相的探询,很多危机主体下意识的选择,都是在不得已的情况下才会像挤牙膏一样一点点地发布危机相关信息。2016 年 8 月 19 日,为了与美国苹果和中国华为在智能手机市场上一较高下,韩国三星电子在全球市场上发布了被其寄予厚望的重量级产品 Galaxy Note 7。然而,在不到一周的时间内,韩国知名手机论坛上就有网友上传了多张疑似 Note 7 爆炸后的照片,这一产品质量危机很快就引起了全球媒体的广泛关注,甚至有媒体戏称三星 Note 7 手机为"100 万韩元的炸弹"。

在随后的一系列危机沟通过程中,对于爆炸原因究竟是设计问题还是制造问题,是手机问题还是电池问题,三星电子公司一直语焉不详,召回决策和实施安排更是杂乱无章。从韩国全面召回到全球但不包括中国市场的召回,从中国市场上 Note 7 首炸导致"电池不同,国行版没问题"的谎言被揭穿到被中国国家质检总局约谈和不得不在中国开始召回,从被全球多家航空公司宣布为旅客禁止携带物品到全球停产、停用和停售,三星电子公司基于侥幸心理的挤牙膏式危机信息发布策略和行动,几乎使三星手机数十年的品牌声誉毁于一旦。

尽管在确定不会因为危机真相的缺位而给利益相关者带来更大的损害之后,危机主体可以考虑基于不同利益相关者的信息需求进行差别化的有序的危机真相信息发布,但是,这种差别化的信息发布节奏一旦失控,就会导致企业陷入挤牙膏式的危机信息发布陷阱。无论是对于信息发布者,还是对于信息接收者,挤牙膏式的危机信息发布本身都是一种心理上的折磨。在三星 Note 7 爆炸危机沟通过程中,包括媒体和消费者在内的利益相关者如果发现或感觉三星电子的危机真相信息牙膏还没有被挤完,这种对彼此双方的折磨就永远不会终止。更为恐怖的是,这种做法将使更多的利益相关者形成和放大对危机真相信息的期待,即使三星电子公司当时所掌握的危机相关信息牙膏事实上已经被挤完了,三星电子公司知道的所有危机真相信息也都已经发布完了,却还是难以换来利益相关者的信任、认同和合作,这无疑会使三星电子公司在极其被动和尴尬的挤牙膏式危机信息发布陷阱中越陷越深。

在挤牙膏式的危机信息发布陷阱中受损的利益相关者信任,对于三星电子公司来说无疑是一场灾难,在这一危机中受损的三星电子公司品牌声誉修复之路也必将是极其漫长的。究其原因,就在于三星电子公司在危机沟通过程中没有能够端正危机管理态度,直面危机真相,确保危机沟通过程的公正和透明,及时而充分地发布危机相关信息,使得一个本来司空见惯的产品质量危机最终演变和发展成了灾难性的品牌声誉和信任危机。

主导危机真相中负面信息的发布

没有哪个企业的产品设计是完美无缺的,也没有哪个产品的质量控制是不会出错的,即使是由乔布斯倾力打造的 Iphone 4 也不能例外。2010 年 6 月,苹果公司的新款手机 Iphone 4 发布之后,许多用户发现,当用不同的方式握住 Iphone 4 时,手机信号会出现不一样甚至中断的情况。这一状况迅速在全球各大苹果用户论坛中引发了一片吐槽声浪，苹果公司的售后服务几乎一度沦陷。

苹果公司总裁乔布斯就此一问题专门召开了一场发布会，他在发布会上不仅没有否认这个问题，同时也没有推卸这个产品缺陷的责任，而是坦言"我们不完美，手机也不完美。我们都知道这一点，但是我们想要让用户满意"。与此同时，他表示如果仍有消费者觉得不满意，可以选择退货或免费获得苹果公司提供的能够缓解这一问题的胶套。借助于这一卓有成效的危机沟通，乔布斯不但成功化解了危机，以勇于承认产品自身缺陷的态度主动发布了危机负面信息，而且巧妙地转危为机，让消费者深切感受到他的诚恳，成功赢得了利益相关者们的忠诚和信任。

无论是产品设计方面的缺陷，还是质量管控方面的问题，都可能成为诱发危机的罪魁祸首。这个世界上没有不透风的墙，危机一旦爆发，危机真相的相关信息早晚都是会被外泄的，尤其是那些不利于危机主体的负面信息。对危机主体而言，主动发布这些负面信息显然是一柄双刃剑，既可能给危机主体的形象和声誉带来一定程度的损害，也可能因此而树立危机主体勇于面对危机真相的诚实的正面形象，成为有利于危机主体声誉修复的加分项。因此，在危机沟通过程中，危机主体必须"擒贼先擒王"，基于系统思考而有效掌控包括负面信息在内的危机相关信息的发布节奏，把握危机相关信息的传递速度、方向和范围。

在发布危机真相中的负面消息之前，每一个危机主体都需要确认的是，一旦这些负面消息发布出来，危机情境到底会发生何种演变，究竟会糟糕到什么地步。如果危机主体不能够正视负面信息的发布，缺乏对负面信息发布所造成的损害进行控制的自信，就会患上危机信息发布的挤牙膏综合征，导致危机信息发布失控。当 2016 年 8 月 24 日上午"ppomppu"论坛上韩国网民刚刚上传 Note 7 手机爆炸照片时，三星电子公司就应该意识到这是一个潜在危害极大的产品品牌和声誉危机信号。倘若在发布第一次声明的时候，三星电子公司因没有足够的时间进行调查而导致危机真相信息发布不完全尚属情有可原，那么，三星电子公司在后续的一系列声明中依然没有发布更多有价值的危机真相信息，一味顾左右而言他，试图推卸责任于电池，甚至将手机爆炸归因于某种外部加热就不可原谅了。殊不知，消费者购买的是包括电池在内的手机产品，即便是电池质量出现问题，作为手机品牌商也不能置身事外，因为确保手机产品及其中每一个零部件的质量合格正是三星电子公司无法推诿的责任。

主导危机真相中负面信息的发布，无疑是一种减少危机负面影响和损害的最高明也是最有效的危机应对策略，不但可以帮助危机主体站在自己的立场上构建、解释和定义整个危机管理过程,而且也不会给别有用心的利益相关者,如竞争对手,有机会去歪曲危机真相。事实上,危机主体一旦不能主导危机负面信息的发布,时刻关注危机进展的利益相关者们就难免会进行猜测和主观臆断,使得比负面信息伤害往往更甚的谣言和虚假不实信息有了滋生的土壤,也使得危机主体与利益相关者之间在危机中本已变得岌岌可危的信任基础被一点点地啃噬。显然,如果三星电子公司能够及早公开透明地全面发布 Note 7 手机爆炸的危机真相信息,邀请真正具有公信力的第三方对其所发布的相关信息进行检核和背书,那么,三星电子公司不但可以主导和把握这一危机真相中负面信息的发布节奏、方向和范围,有效缩小谣言滋生的空间,挤占不实信息传播的渠道,有效减少负面信息对三星品牌声誉的负面影响和伤害,而且可以抓住这一危机中潜在的新的发展机遇,即通过在全球市场上负责任的产品召回,巩固和重塑三星电子公司的品牌形象和声誉,重构和进一步夯实与利益相关者之间的信任基础。

可惜的是,三星电子公司发布的一系列欲言又止的声明,以及与因 Note 7 手机爆炸而利益受损的中国用户之间旷日持久的诉讼,不但没有能够让利益相关者们以一个"平和的心态"去看待这一危机事件,反而在一定程度上加剧了对三星品牌和声誉的负面影响和损害。

和盘托出危机真相

在平时,或许可以说"没有消息就是好消息"。然而,对危机情境下的核心利益相关者而言,"没有消息"往往意味着没有一点好消息,意味着危机情境正在变得失控的坏消息。危机乍现之际,危机主体需要做的,或者说是唯一可以做的,就是及时有序地发布危机真相信息。当三星 Note 7 手机在全球市场接二连三的爆炸声中遭遇品牌信任危机时,仅仅是全球网友在微博上贴出的那一幅幅被烧得面目全非的手机照片,就注定了与这一危机相关的所有真相信息都将会成为利益相关者们关注的焦点。三星电子公司只是以几个语焉不详且缺乏说服力的声明对焦点问题进行简单的否认,不但难以摆脱危机负面影响和损害的困扰,反而激起了利益相关者们更大的好奇心:既然不是设计的问题,也不是电池的问题,那么三星 Note 7 手机爆炸的真相究竟是什么呢? 既然三星电子公司已经公开宣称中国市场上所有的国行手机都是安全的,那又该怎么解释在中国各地频频出现的一系列 Note 7 国行手机爆炸的事实呢?

危机一旦爆发,利益相关者们无疑都会利用各种可能的信息渠道去挖掘危机进展的最新消息,都希望能够尽快了解尽可能多的危机真相信息。因此,对核心利益相关者及时有序地和盘托出整个危机真相,无疑是危机应对的关键策略。对于危机真相信息的发布,显然是越早越全面越好。如此,危机主体对利益相关者的影响力就会越大,对危机演变和发展过程的掌控力也就会越强。

如果危机主体不主动发布危机真相信息,或者故意隐藏,或者只是选择性地发布一些不痛不痒的中性信息,那么,危机真相,尤其是其中的负面信息,就可能会从其他渠道被泄露出去,既可能会让别有用心的第四类利益相关者认为有可乘之机而大做文章,也可能会使得那些仅仅是充满好奇心的更多的边缘利益相关者或者是有心又或者是无意地扭曲事实真相。这两种信息传播方式,对危机主体的高质量可持续发展而言,无疑都是凶险无比。相反,如果危机主体通过合适的方式,由合适的人在合适的地点和时间将危机真相和盘托出,将核心利益相关者置于同一个危机真相信息界面,那么,危机主体不但可以精准有序地掌控危机相关信息的发布和传播时间节点,而且可以通过危机真相信息的发布来获得大多数利益相关者的认同,使之成为危机管理团队中的一分子。2003 年 10 月 13 日,当员工刘伟杰盗卖客户 SanDisk 公司委托存管资产危机爆发之后,理律律师事务所危机管理团队在当天就与内外部核心利益相关者通过合适的渠道进行了有序沟通,依序将所有危机真相信息和盘托出,将合伙人和员工等核心利益相关者置于同一个危机管理信息界面。

正是因为理律所在危机应对和沟通过程中将危机真相和盘托出,危机相关的负面信息传播得到了有效控制。利益相关者们不但没有因此而对理律所丧失信心和信任,反而对理律所勇于担当的危机管理态度和价值观大加赞赏,就连利益直接受损的 SanDisk 公司的高管也公开对理律所的危机应对态度赞誉有加。这也为后来被业界广为赞叹的赔偿协议方案的达成,为理律所平安渡过危机以及在危机之后的高质量可持续发展奠定了坚实的基础。

可以肯定的是,如果一旦有利益相关者发现哪个危机真相细节与理律所发布信息不符,那么,理律所数十年来精心培植的品牌声誉和信任就会在顷刻间灰飞烟灭,当然,这个迄今依然一枝独秀于东南亚法律服务界的理律律师事务所也应该会不复存在了。

危机真相信息发布效果的递减效应

声誉是危机主体与利益相关者之间的信任建立和维系之本,也是危机主体的立身之本。危机主体在危机管理过程中所发布的任何信息,都与信任重建和声誉修复直接相关。如果危机相关信息发布的内容充分,时间地点合适且渠道和方法得当,将成为危机主体承担责任、修复声誉和重建与利益相关者之间信任的基础;反之,如果危机主体在发布信息时犹豫不决,信息内容残缺不全,逻辑上相互矛盾,时间滞后,地点、渠道和方式选择失当,那么,危机主体对危机演变的管控能力和危中找机能力均会大打折扣。当然,后续修复危机中受损的声誉和重建利益相关者信任的过程都将会面临更大的挑战。2012年春节期间,镇江市的一些市民突然发现自来水中莫名其妙地有着一股刺鼻的农药味。虽然市政自来水公司通过电视、报纸和网络等多种媒介信誓旦旦地否认自来水水质出了问题,坚称各项指标的检测结果均为正常,但依然难以遏制市民们抢购和囤积纯净水的疯狂,甚至有市民因为本地的纯净水售罄而不得已长途驱车邻近县市抢购,从而引发了一场更大范围的纯净水抢购和囤积的恐慌。

在危机沟通过程中,及时充分地发布危机真相信息既是一支锋利的长矛,也是一面坚实的盾牌:一方面,可以帮助危机主体在危机应对中修复和重建声誉;另一方面,也可以有效避免危机真相中负面信息的一点点泄漏而不断侵蚀危机主体的声誉。为什么市民用鼻子和嘴巴都能感觉到"自来水出问题了",而拥有专业检测设备和人员的自来水公司的反应却是如此迟钝?危机沟通过程中,在经历一番从"氯气肯定没有超标"到"异味不会影响人的身体健康"的搪塞和掩盖之后时隔4天才发布通告,承认这是一起因外籍货轮违法排污而造成的偶发性水源污染事件。当面对媒体质询"当初为何掩盖"时,新闻发布人员居然做出了"因为担心船长知道后会拒绝海事部门的检查"的神回复。显然,这一回复的背后,是其在价值观上对民众健康的主观故意的无视,是不知不觉中碎了一地的利益相关者的信任。

众所周知,有付出才有收获。在危机沟通过程中及时充分地发布危机真相信息,就是危机主体为了"收获"声誉修复和重建效果的"付出"。与此同时,值得每一个危机主体注意的是,尽管危机主体在危机真相信息的发布方面有"付出"就会有信任和声誉的"收获",但是,随着时间的流逝,这种不够及时的"付出"所换来的边际"收获"效应无疑是递减的。换言之,或许危机主体能够以忏悔和道歉换来利益相关者在一定程度上的谅解,但是,如果危机主体先是矢口否认,直到人证物证俱在时才被迫承认、忏悔和道歉,或者在遭遇危机时尽管也会承认、忏悔和道歉,却总是缺乏有效的危机预防和应对而一再陷入同样的危机,那么,这些道歉所能换来的谅解必将越来越少,甚至会使信任和声誉危机进一步恶化。

危机主体在危机应对过程中所表现出的价值观和态度,将最终决定其是否能从危机所造成的信任和声誉损毁中回归。如果自来水公司能够真正以民众的健康和安全为本,在水污染危机中将核心利益相关者置于同一个信息平台,及时发布危机真相信息,努力采取一切可能的措施,与核心利益相关者携手共同应对危机,那么,他们就完全可以得到利益相关者的信任,在最大程度上保护甚至提升自己的声誉。可惜的是,在现在看来,这一切都只是"如果"而已。

警惕怀疑主义与犬儒主义

传统的危机沟通模式,正随着现代网络技术日新月异的进步而被悄然颠覆。过去,借助于广播、报纸和电视等沟通媒介,绝大多数利益相关者只能被动地接受危机相关信息,了解和接受来自权威媒体的评论或专家的看法,欣赏危机主体早就编排和设计好的危机沟通过程。现在,借助于移动互联网和智能终端,几乎所有的利益相关者都可以随时随地参与危机相关信息的分享和互动,讲述自己对危机事件的感受和看法,表达自己对危机演变和发展过程的观点。

在网络信息技术极为普及的今天,每个人都既是传统意义上危机相关信息的接受者和传播者,同时也是危机相关信息的发布者。如果危机主体不能及时有序地发布危机真相信息,那么,因为接受不到所关注危机的及时的真相信息,利益相关者们就很可能会从信息接收者和传播者,变身为基于自己猜测和臆想的危机相关信息发布者。

任何时候,你都可以从基于众包信息而构建的维基百科或百度百科中找到你想要了解的过去发生的某个危机情境的全貌,也可以通过手机上的腾讯新闻、百度新闻、新浪新闻或凤凰新闻等任意一个新闻信息终端知道现在身边正在发生哪些危机,以及置身于这些危机情境中的利益相关者的表现。今天,信息共享正在或已经超越人们传统的危机沟通思维的想象。对每一个危机主体而言,这种信息共享既是前所未有的危机管理机遇,也是福祸难测的危机管理挑战。

新闻的唯一根基在于实事求是。然而,所有危机相关信息的采集和编写都是由个人来完成的,所有危机相关信息的分享渠道都是由个人或由个人所组成的组织来控制的。换言之,所有新闻的实事求是都是相对的,没有哪个信息发布和分享渠道是绝对权威的。利益相关者们对基于信息分享渠道而得到的所有危机相关信息都会在直觉上表示怀疑。正是这种普遍存在的怀疑主义,动摇着利益相关者对危机主体驾驭和掌控危机能力的信心,使得危机主体与利益相关者之间的信任,以及基于信任而进行的危机沟通常常会陷入怀疑主义怪圈,甚至使得越来越多的利益相关者在危机情境中转向犬儒主义,认为所有的危机主体以及危机主体发布的所有信息都是不可信的。在南京彭宇案庭审过程中,法官认为"如果被告是做好事,更符合实际的做法应是抓住撞倒原告的人,而不仅仅是好心相扶;如果被告是做好事,根据社会情理,在原告家人到达后,其完全可以在言明事实经过并让原告的家人将原告送往医院,然后自行离开,但被告未作此等选择,其行为显然与情理相悖"。很显然,在这位法官的潜意识中,怀疑主义已变身为犬儒主义。

在危机管理过程中,既要关注怀疑主义对危机沟通效果的干扰和负面影响,更要警惕犬儒主义对危机管理过程的障碍。一旦怀疑主义变身为犬儒主义,所有危机相关信息以及发布和接受这些信息的渠道本身,都可能会因为被高度怀疑而难以收获应有的危机沟通效果。这种怀疑一切的恶性循环一旦开始,就会产生越来越多的基于危机主体与利益相关者之间不信任的消极反馈,使得一个常见的危机情境在恶性循环下被不断恶化,波及范围越来越广,负面影响越来越大,损害也越来越大。换言之,南京彭宇案本身极为普通,只是因为那一纸基于犬儒主义的无厘头的判决,才成为引爆社会信任危机的导火索。

运用左手栏进行危机沟通

无论是危机主体,还是所有的危机利益相关者,都会在不同程度上受到怀疑主义甚至是犬儒主义的影响,在危机沟通过程中对彼此产生粗浅而概括性的想法。正是这些想法,在一定程度上决定着危机主体和沟通对象在危机沟通过程中的态度和行动。遗憾的是,很多危机主体和沟通对象从来都不会想到有必要把这些想法提出来在彼此之间进行确认。2005 年,正在深圳出差的我接到了一个多年未见的老朋友的电话。经过十多年的创业和打拼,他已然是一个拥有一定规模的企业的总经理。电话中的他向我描述了一个棘手的危机情境:当年和他一起创业的两个能力非常优秀的股东,即企业中现任的生产部经理和销售部经理之间的矛盾在近期莫名其妙地越来越多,且已经开始愈演愈烈而渐呈水火不容之势。更为头疼的是,随着这两个部门经理个人之间矛盾的加深,这些冲突居然渐渐扩展成为两个部门之间越来越公开的撕扯。这种持久的内耗让作为公司总经理的他感到很是为难:开除他们,哪怕是开除其中之一,都是不合适的,因为他们可能会因此而撤资,而任何一个股东的撤资行为,都可能使正处于快速发展期的企业元气大伤,给企业的运营带来较大的负面影响。

表面上看来,这是一个极为常见的企业内部员工之间的冲突危机,不幸的只是这两个员工的岗位层级相对较高,都是对企业可持续发展来说举足轻重的股东。长期以来的消极的危机管理,使他们个人之间的矛盾陷入恶性循环,且渐渐升级成了部门之间的冲突和不合作，给企业的正常运营带来了较大的负面影响。但是，从内在原因来看，他们之间的这种冲突，只是源于彼此对对方渐渐形成和固化了的概括性想法，这种本来或许只是有点偏激的概括性想法，在多年来得不到有效纠正的情况下被不断放大，经过一系列的恶性循环，使冲突过程及后果变得越来越离谱。很显然，破解这一危机沟通障碍的唯一路径，就是通过左手栏法则引导他们去主动检视自己行为背后的、难以察觉的心智模式缺陷，内省自己潜意识中所存在的跳跃式的推论，以及那些心智模式缺陷和跳跃式推论是如何使他们之间的关系一步步陷入危机困境的。

在对两位经理分别进行深度访谈之后，我邀请二人平静地共同回忆了一场在他们彼此印象中都较为深刻的冲突过程，分别在一张纸的左半边写下了自己在冲突过程中所说的话，在纸的右半边写下自己说这些话的时候的内心真实所想。随后，让他们彼此交换阅读。意料之中，在看对方纸条的过程中，他们先是满脸惊诧，然后则是颇有愧色地相视一笑，最后很快恢复了多年前开始创业时两人彼此之间"兄弟"加"伙计"的昵称。一转眼，又是十多年过去了，曾经一度闹得水火不相容的他们，自那次左手栏沟通之后，一直到去年年底两人相继退休，他们以及各自所领导的部门之间再也没有出现过冲突和合作上的不愉快。

这就是常常在危机沟通中能够收获奇效的左手栏法则。以下是左手栏危机沟通双方在阅读对方所写小纸条后常见的对话，"嗨，你原来是这样想的啊，要早知道你这样想的话，我就不会那样说的了！""唉，你那样说原来是因为这个啊，我还以为你……早知道的话，我又何至于那么说呢？"危机沟通过程中，需要的或许只是一个改善沟通双方心智模式的方法。可以想象，如果下车伊始，我对激烈冲突中的两位经理宣称"你们这样想是不对的"，那一定会受到他们发自内心的质疑。所有苦口婆心的劝导，都可能会被他们发自内心的抗拒所屏蔽，即使他们或许会顾全大局而答应暂时停止纷争，但那也只是一种短暂有效的症状解。随后的任何一个微小刺激，都会让这种被外因压抑的情绪以前所未有的剧烈程度再次爆发。

任何时候，都不要介意沟通对象与危机主体之间的分歧有多大，重要的是，彼此双方都愿意毫无保留地把自己的想法摊开来。很显然，这种方式比任何外力胁迫下所达成的"和谐"更能够让沟通对象感觉到被尊重，更能够让沟通对象在危机演变过程中与危机主体同心协力。我们并不刻意追求，或者也根本不可能做到让所有利益相关者都能够认同危机主体的理念和价值观，都能够接受和配合危机主体的危机管理策略和行动。但是，如果能够警惕和恰当处理好跳跃式的危机认知,运用左手栏法则控制和消除辩护的消极影响,使危机沟通能够发挥预期效用,无疑可以使危机主体与沟通对象之间尽可能意见调和并趋向于达成共识。

1. 警惕跳跃式的危机认知

心理学家米勒(George Miller)指出,尽管人们的思维变化速度快若闪电,但是,人们能够同时关注的不同属性的变量数量是有限的,只有七个左右。换言之,每个人的理性心智都会倾向于将所闻、所见、所想的具体事项概念化,在面对危机情境时往往很快就会"跳跃"到概括性的结论,对纷繁复杂的危机细节予以主观筛选和忽视,以简单的概念进行替代,然后以这些概念来推论危机管理策略的可行性。

危机沟通过程中,如果危机主体不能察觉自己从具体危机现象到概括性概念和推论之间的跳跃性认知,甚至都从来不会想到要去检验它们,那么,这种危机认知能力反而会限制危机主体的危机管理能力,甚至会误导整个危机管理过程,导致危机沟通和应对的失败。在运用左手栏法则进行危机沟通之前的深度访谈过程中,那位生产部经理对营销部经理的描述是这样的,"他经常利用出差的机会公款旅游,不计销售成本,随意变动产品需求计划,严重干扰公司生产组织的有序性"。基于这些描述,他对营销经理的结论就是"一个自负的败家子!"同样,营销部经理对生产部经理的指责也是非常犀利,他认为生产部经理"不但不知道出差在外的辛劳,而且在工作上拒不配合,拒绝控制和改善产品质量,导致客户满意度持续下降","压根儿就是一个成天无事生非的蠢货!"

发生在两位经理身上的这些冲突,甚至由此而引发的两个部门之间的矛盾和不合作,其实都是源于他们彼此对对方在有待改善的心智模式中渐渐形成的一些跳跃式的推论。正是他们内心所存在的这些推论,导致他们眼里所见到的和耳中所听到的对方,都只是经过其潜意识过滤之后与这些推论相符的行为和声音,并且,在这些行为和声音的影响下,这些粗浅而概括性的跳跃式的推论会不断得到强化。潜意识中,他们都早已将这些推论视为事实,陷入了"疑邻盗斧"的认知危机怪圈之中。

危机沟通过程中之所以会出现这些跳跃式的推论,是因为人们已经习惯于未经检验就直接从所见所闻而直接形成概括性的认知。一旦那位生产部经理在潜意识中对营销部经理进行了认定,当营销部经理做了与其刻板印象不相符的事情时,常常会被生产部经理主观故意地忽视,而只要营销经理所做的事情中有任何可以将其与刻板印象相关的蛛丝马迹,都会被生产部经理关注并在潜意识中不断放大,强化自己原先形成的那些跳跃式的推论。同样,营销部经理对生产部经理的偏执认知也是这样被不断放大和强化的。

　　在这样的恶性循环之下,两位经理及其所领导的两个部门之间沟通危机的爆发就只是早晚的事了。那么,如何让危机主体与利益相关者之间的这种对危机沟通极度有害的跳跃性推论现形呢? 首先,彼此自问这些推论在形成过程中所依据的“原始资料”是什么。然后,再自问是否愿意再想想看,这个推论是否不够精确。当然,如果不愿意,接下来的任何努力都将是没有意义的了。值得庆幸的是,两位经理都表示愿意,否则我后面辅助他们所做的左手栏沟通也就无法进行,或者没有进行的必要了。

　　2. 警惕自我辩护的消极影响

　　危机沟通过程中,危机主体的自我辩护在很多时候都是下意识而为之的。但是,这种自我辩护的度是极难把握的,常常一不小心就会辩护过度,让利益相关者形成危机主体在主观上不愿意面对危机真相的错觉。或许很多危机主体对自己的辩论和辩护能力还比较得意,认为“真理”越辩越明,在危机沟通过程中像一只好胜的公鸡般斗志昂扬,摆出一副要把媒体、客户等核心沟通对象辩到哑口无言的架势。这样的危机沟通过程,除了危机主体自己的暂时性“胜利”快感之外,对危机沟通结果却是有百害而无一利,不但难以收获来自核心沟通对象的认同,而且会让更多的利益相关者心生反感。

　　那么,危机沟通过程中,如何才能有效预防和避免这种自我辩护的消极影响呢? 在每次辩护之前,危机主体都不妨自我反问:“是什么使我有这样的主张的?”“我真的掌握这些观点的原始资料吗?”诸如此类的一系列问题,将有助于危机主体对自己在危机沟通过程中的思考依据和思维过程进行反思,让危机主体在沟通过程中时刻保持警惕,远离自我辩护的消极影响。为了尽可能在危机沟通过程中创造良性的沟通氛围,我在协调两位经理的危机沟通时,引导他们尽量多使用“我的看法是这样……,你认为如何?”以及“我是这样产生这个看法的……,你认为如何?”之类的句式架构。很显然,危机沟通中切忌只是一味地探询对方看法背后的跳跃性认知,最好能够先陈述自己的看法并说明自己的假设和推论,以这种方式来邀请对方对彼此之间的思维模式进行进一步探询。

　　自我辩护过度而导致危机沟通失败的现象几乎每天都在发生。危机主体为自己进行自我辩护时,往往会倾向于选择性地使用原始资料,只提出能印证自己观点的原始资料,或者故意避开不利于自己的推论,只采取对自己较有利的推论来支撑自己的观点。如果危机主体在沟通过程中总是一味地进行自我辩护,很容易给沟通对象留下试图通过狡辩以逃避责任的跳跃性消极认知。这种刻板印象一旦形成,无疑将会毒化危机沟通的氛围,使危机主体与沟通对象之间的信任基础受损。

此时此刻,危机主体所引用的资料即使都是经过验证而确凿无疑的,也很难让沟通对象和利益相关者信服。因此,危机主体需要兼顾辩护与探询,开放地面对全部的原始资料,摊出自己心中的假设和推论,与核心沟通对象一起来寻找其中可能存在的瑕疵。只有这样,危机主体才能让核心沟通对象在平和的心态下于不知不觉中摊开其自己心中的推论,找出其中存在的瑕疵,与危机主体之间达成内心的共鸣,最终收获危机沟通的成功。

第8章 危机管控

置身于危机情境之中,危机主体需要秉持正确的态度和价值观,在逆境中始终保持高昂的姿态,坦诚面对危机相关信息缺失的尴尬,基于动态复杂性系统思维对危机负面信息进行全流程管控,不卑不亢地与利益相关者进行坦诚沟通,主动打破危机演变中的恶性循环,揭露恶意攻击者的险恶动机并进行精准有效的反击。

所有的成功,与征服自我的胜利相比,都是不值一提的;所有的失败,与失去自我的凄惨相比,都是微不足道的。基于系统思维对动态复杂性危机进行有效管控,是每一个人和每一个企业都必须掌握的基本生存能力。

顺境中,朋友认识我们;逆境中,我们认识朋友。

In prosperity our friends know us; in adversity we know our friends.

——约翰·丘顿·柯林斯①

---

① John Churton Collins,英国文学批评家。

8.1　危机管控中的动态复杂性系统思维

不知道是在什么时候,池塘的角落出现了一片荷叶,这种荷叶的生长速度是每天加快一倍。第 30 天的时候,人们似乎是在突然间被眼前的一幕惊呆了,整个池塘居然都已经布满了荷叶！遗憾的是,在前 28 天,几乎都没有人会去关注池塘中荷叶的变化,总认为稀稀拉拉的几片荷叶根本就是无所谓的。一直到第 29 天,也只有少数几个人注意到有半个池塘仿佛是在一瞬间就长满了荷叶,但是,此时此刻他们对近在咫尺的危机的焦虑似乎已是徒劳,只能眼睁睁看着最坏的危机情形在次日出现。

这是法国童谣中描述的一个生活趣事,惟妙惟肖地描述了危机的动态复杂性演变过程及其对危机主体和利益相关者的震撼。千里之堤,溃于蚁穴,每一个牵涉面极广、影响时间极为长远的危机,都是源于一个个看似微不足道的诱因,都有着无数个极易被无视的潜在危机信号。

"黑天鹅"和"灰犀牛"

近年来,从《人民日报》等权威媒体到党和国家多个领导人都一再提醒人们要关注社会生活中的"黑天鹅"和"灰犀牛"现象,使得这两个热词所代表的动态复杂性危机情境很快为利益相关者所熟知。"黑天鹅"是指那些极其罕见而出人意料的危机情境,而"灰犀牛"则是指那些因侥幸心理而被忽视的危机情境。无论是"黑天鹅"还是"灰犀牛",这两种危机情境都源自人们对潜在危机相关信息和信号的认知缺陷。

人类的感官能力是有限的,没有哪个人和哪个企业的危机管理预案能够穷尽所有可能的潜在危机情境,能够考虑到所有可能会影响危机管理进程的相关因素。换言之,每个危机主体的危机管理逻辑思维和决策的基础,都源自自己心中所感知的危机情境,而非真实的危机情境。"黑天鹅"危机情境的产生,正是源自人们对潜在危机相关信息的认知能力不足。在过去的相当长一段时间内,股票质押都被银行业普遍认为是一种风险相对可控的业务,各家银行竞相追逐、不断加码、大干快上,导致今天的 A 股几乎成了一个"无股不押"的市场,超过 97% 的上市公司都不同程度地存在股票质押现象。截至 2018 年 9 月,在 3 466 家质押公司中,质押比例超过 30% 的公司有 764 家,超过 50% 的公司约 150 家,部分公司质押比例甚至达到 70%～80%,而大股东质押比率超过 90% 以上的公司超过 470 家。在这种骑虎难下的认知缺陷危机情境下,从资本市场飞出的任何一只"黑天鹅",都会让相关银行的高管人员寝食难安。

与"黑天鹅"不同的是,"灰犀牛"的产生则是因为人们对潜在危机信号的系统性偏见和态度缺陷。当那头笨拙的"灰犀牛"向你走来时,你本来有足够的时间和空间进行闪避,但遗憾的是,很少有人会为了明天的奖励而放弃今天的所得,更不愿为了未来的惩罚而放弃当下的舒适:当考试临近时,才会临时抱佛脚去图书馆挑灯夜战;当 HR 将裁员通知丢到面前时,才想起技不压身,应该多学点东西;等到下雨时,才想起来要去修屋顶;当环境污染危及生存时,才想起来要经济转型和进行环境整治;当那一声爆炸夺走数十上百条生命时,才想起来要举一反三,切实关注生产安全。

危机管理理论界和实践界长期以来一直被诟病的,就是过度聚焦于所谓的危机管理原则和方法。相比较而言,对危机诱因和潜在危机信号的识别、危机预案的制定,以及在动态复杂性危机情境下如何对危机演变过程进行管控,都被有意或无意地忽视了。换言之,在真实的危机情境中,源自认知能力不足的"黑天鹅"危机情境固然不少,而系统性偏见和态度缺陷所导致的"灰犀牛"危机情境却是更多的。2008 年的三聚氰胺毒奶粉危机,敲响了三鹿集团的丧钟,敲响了整个中国奶制品行业的警钟,也铸成了中国企业危机管理的一座警示碑。谁该为在三聚氰胺毒奶粉事件中健康受损甚至失去生命的那些孩子负责呢? 谁又该为中国奶制品行业的声誉灾难负责呢? 是行业管理部门的不作为,是三鹿集团高管漠视产品质量的伦理价值观缺失,是中国奶制品企业之间日趋激烈的市场竞争,是不法奶农向牛奶中兑水、掺尿素和三聚氰胺时的良知泯灭,还是广告代言人、广告媒体和销售渠道的唯利是图? ……乍看起来,这些危机利益相关者或许都难辞其咎。

当行业管理者在主观上选择性忽视三鹿奶粉质量问题的投诉,甚至连例行的检查都懒得进行而干脆将其列入质量免检产品时,这一种看似源自认知不足的"黑天鹅"潜在危机信息,其实是一种极其强烈的源自主观系统偏见的"灰犀牛"潜在危机信号。既然关于质量问题的投诉不会被受理,既然自此以后都不用担心谁会对公司产品的质量说三道四,那么,对三鹿集团奶粉质量的控制就只剩下最后一道了,即企业和员工的伦理和良知防线。遗憾的是,这恰恰是当下最为常见的"灰犀牛"现象。

当某个奶农发现,往原料奶中兑水、掺尿素和三聚氰胺可以更为顺利地通过蛋白质质检并有暴利可图时;当某个企业发现,在偷工减料的劣质产品中有着暴利空间时；当某个媒体、品牌代言人或广告渠道发现，唯利是图地推波助澜助纣为虐并不需要承担责任时；当某个上市公司高管发现，信息披露违规所获得的利益和受到的惩罚完全不相称时，那些有违商业伦理和跌破道德底线的行为就在所难免了。他们或许可能暂时会成为市场竞争中的宠儿，甚至可能会被某些同行视为经营有方而成为竞相效仿的榜样。然而，一旦这些劣质产品和生产劣质产品的企业及其利益链形成气候，则会劣币驱逐良币，导致优质产品和生产优质产品的企业成为"傻瓜"的代名词，使得遵循信息披露规则的上市公司的生存和发展空间被持续挤压，恶性循环之下，就会为整个行业甚至是整个社会埋下灾难性系统危机的隐患。毫无疑问，当那头喘着粗气的"灰犀牛"已近在眼前时，所有的危机管理挣扎都将是事倍而功半的，甚至是徒劳的。

基于系统思考，在这种恶性循环的形成过程中，当那头"灰犀牛"向你直冲过来时，一定会有着越来越多的且越来越强烈的潜在危机信号出现。例如，消费者投诉频率越来越高，从网络媒体到传统媒体的相关负面报道越来越多，等等。当这些潜在危机信号一而再再而三地被主观忽视的时候，"灰犀牛"的破坏性就会迅速增强，危机的性质也就会快速演变。

一个在"灰犀牛"面前装睡的人，是很难被唤醒的。当危机的破坏性一旦波及危机主体的存续时，这样的恶性循环也就会以危机主体的消亡而被自然终结。随着三鹿公司的覆灭，公司高管和不法奶农的铛锒入狱，相关责任人被问责，助纣为虐的相关媒体、广告代言人和销售渠道被谴责，三聚氰胺毒奶粉危机敲响了整个奶制品行业，甚至整个中国企业界的危机管理警钟。遗憾的是，源于非系统性危机管理思考，这一被很多人认为是"黑天鹅"而其实是"灰犀牛"的悲剧，似乎并没有能引起利益相关者们的足够重视。三鹿危机的病菌，似乎并未随着三鹿集团的覆灭而绝迹，含有三聚氰胺的奶制品，迄今仍时有见诸报端。在不久的未来，将在三鹿危机阴影中殉葬的，又会是哪一家或哪些正在装睡的企业呢？

"黑天鹅"和"灰犀牛"之间的差异在于危机感知能力，而将"黑天鹅"混同于"灰犀牛"的危机管理态度，其本身就是一个值得企业危机管理理论界和实践界进行反思的系统性危机信号：如何有效进行危机管控？如何枕戈待旦、扎紧篱笆以防危机一再重演？

全流程管控危机负面信息

俗话说，好事不出门，坏事传千里。在危机管理过程中，危机主体常常会被不知道从哪里冒出来的一个接着一个的负面信息所包围。如果危机主体不够敏感,不能正确对待这些负面信息,那么,这些负面信息的泛滥就可能改变危机演变的方向、速度和性质,使危机主体的沟通和应对努力付诸东流。反之,如果危机主体能够秉持正确的价值观,对负面信息的产生、传播和演变进行全流程管控,基于系统思考及时恰当地回应这些负面信息,那么,就能够在一定程度上减轻其伤害,甚至可能在对这些危机负面信息的管控中发现和抓住新的发展机遇。

在危机演变和发展过程中,无论是好消息,还是坏消息,其传递都是需要一定的渠道资源的。每一个利益相关者所能拥有的信息接受和发布渠道资源都是有限的。如果利益相关者的信息传播渠道大多被好消息挤占了,那么,对危机应对的结果会有什么影响呢? 在许多危机管理悲剧中,之所以会出现好消息连门都出不了的尴尬,不正是因为人们对负面信息的好奇心,使得好消息的大量传播渠道资源被负面信息所占据吗? 很显然,针对危机中的负面信息,一个可行的应对策略就是借助于好消息的发布来挤占负面信息的渠道资源,以达成自然遏制负面信息传播的效果。

在危机沟通和应对过程中,危机主体需要充分挖掘对危机结果可能产生正面影响的好消息,并利用一切可能的渠道,将这些好消息适时进行发布和传递。如果很难马上找到可以发布的明显有利于危机管控的好消息,那么,也可以考虑就危机主体对于危机情境的态度和价值观等方面的中性消息进行发布,毕竟这些不好不坏的消息的传播,也是需要占据渠道资源的。这样不但可以有效抢占和堵塞危机负面信息传播的渠道资源,而且可以有效遏制对危机主体声誉损害可能更大的谣言的滋生和传播,帮助危机主体管控危机演变的方向和速度。值得注意的是,危机主体为了挤占负面信息的传播渠道资源而发布的好消息或者中性消息,其本身都必须是准确的和真实的,是经得起危机利益相关者推敲的,也是经得起长时间考验的。

当三鹿奶粉质量问题的投诉在网上出现时,三鹿集团的高管们几乎毫无准备,不知道该如何有效管控这些负面信息的传播。或许,作为一家大型国有企业,他们已经习惯了通过电视、报纸等传统的权威媒体信息渠道去影响和控制危机。三鹿集团 2008 年的三聚氰胺危机,与 2004 年 4 月发生在安徽阜阳的大头娃娃事件相比,在信息传播渠道上显然是不同的。互联网和通信技术的发展,让 2008 年的几乎每一个利益相关者,都可以借助于智能手机终端而成为一个自由媒体人。

无论是删帖,还是封闭账号和论坛,显然都是愚蠢的和于事无补的! 危机乍现之际,三鹿集团一方面需要立即与相关第三方权威机构进行合作,对问题产品的批次进行检验和确认;另一方面,需要及时发布通报,做出对利益相关者的损害承担责任的承诺,甚至普及如何辨识含有三聚氰胺的不合格奶粉的技巧。对于置身危机旋涡之中的三鹿集团来说,这些消息可能算不上是好消息,但最起码是能够影响核心利益相关者判断三鹿集团危机管理态度和价值观的中性消息。遗憾的是,三鹿集团长时间的沉默,使其渐渐失去了对这一"灰犀牛"危机情境的演变过程进行掌控的机会。在长时间沉默之后的撒谎,更使得三鹿集团连最后一线可能的生机也被彻底葬送了。

相比较之下,同样遭遇类似危机的美国杜邦公司的危机应对行动,则是比较成功和值得借鉴的。2004 年 7 月 8 日,美国环境保护局发布公告称杜邦公司违反了美联邦的毒物管制法,因其从未就对人体可能有害的特氟龙制造过程中的主要成分全氟辛酸铵(Perfluorooctanoic Acid,PFOA)进行通报。关于特氟龙危机的负面消息迅速传遍全球,在多家媒体的集中报道之下,杜邦公司"特氟龙"涂层有毒的负面消息在中国市场也开始发酵。尽管杜邦公司中国网站在 7 月 12 日贴出声明,声称特氟龙无毒,但是,杜邦不粘锅等产品的中国市场销量却已然出现急剧下滑,甚至有许多网民声称不再信赖和使用杜邦公司产品。

针对这一"黑天鹅"危机情境,杜邦公司随即展开了一系列井然有序、层层递进的危机真相信息发布和传播的管控行动。一方面,杜邦中国的常务副总经理做客新浪聊天室,利用传播范围最广、速度最快的网络媒体,迅速传递出了杜邦公司针对各种负面信息和谣言的反驳声音;另一方面,给多家媒体以传真形式发出声明,在多个中心城市组织媒体见面会。通过这些高效的信息发布方式,杜邦公司以极为强势的姿态不断发出尽可能多的好消息或中性消息,力证杜邦公司的"清白",并使得负面信息和谣言的传播渠道被大量挤占。

杜邦公司自 7 月 8 日遭遇"黑天鹅"式指控的当天起,在美国紧紧抓住负面信息的死结不放,连续五天发布声明否认该指控,一边反驳"负面信息"本身毫无法律依据,一边极力宣称好消息,即杜邦产品"无毒"的证据;在中国通过各种可能的信息发布渠道向政府、媒体和消费者等利益相关者进行不间断的"好消息"轰炸,声称杜邦产品绝对安全,涂有特氟龙不粘涂层的炊具不含全氟辛酸铵。

杜邦公司主动给每一个报道过该事件的记者及其所代表的媒体传真了杜邦公司的相关产品资料,表明杜邦公司对此危机的态度,以在最大程度上阻止负面信息的蔓延和谣言的滋生,预防危机情境的进一步恶化。当许多媒体被吸引和争相跟进报道时,杜邦公司选择并充分利用了最快捷的网络媒体力量和最具权威的传统媒体力量,通过对"好消息"的密集发布,成功掌控了危机演变和发展的方向。

　　除了对危机信息发布方式和内容的精心设计,在"特氟龙"危机应对过程中,杜邦公司危机信息发布者的出场阵容安排也可谓庞大且豪华:从杜邦中国北京分公司公共事务部经理和产品部技术经理,到杜邦中国常务副总和中国区总裁;从杜邦公司总部新闻发言人和首席律师,到杜邦总部氟产品技术专家和杜邦全球总裁。很显然,危机信息发布者的层级越高,话语权威性也就越大。这一系列的危机信息发布,充分展示了杜邦公司勇于面对危机中的负面信息和澄清危机真相的态度。

　　从危机信息发布的精妙设计来看,杜邦公司在"特氟龙"危机沟通和应对过程中所显示出的卓越能力,显然不是依靠公司的某个或某几个高管危机管理能力的临时发挥,而是在危机之前就已然准备了基于系统思考的危机管理预案的结果。

细节影响成败

　　在危机演变和发展过程中,几乎所有的利益相关者都会变得非常敏感。任何一个哪怕是最细小的偏差,即使这个偏差看上去对当下危机情境并没有多大的影响,也可能会在危机演变和发展的某个时刻被某些利益相关者有意或无意地无限放大和利用,可能会给危机主体的声誉带来灾难性负面影响。

　　对危机主体而言,无疑要枕戈待旦,时刻准备好在危机沟通和应对过程中面对各种难堪的提问。危机主体不仅要能够及时充分地发布危机真相信息和回答问题,而且还要尽可能对与问题相关的所有细节了如指掌。危机管控成败往往只是危机管控行动中关于某个细节的一念之差。当三鹿公司的高层管理者面临那些来自各个信息渠道的越来越多的投诉时,他们显然没有能够理解,也不知道如何把握各种危机诱因和潜在危机信号之间的动态复杂性关系,如何通过合适的方式和渠道,由恰当的人对危机相关信息进行适当的回应。

　　何以至此呢?或许是由于三鹿公司在以往类似危机经历中的侥幸,或许是基于其行业大佬地位的傲慢,也或许是别的什么迄今尚不为人知的原因,三鹿公司在三聚氰胺危机面前几乎彻底丧失了预防和应对能力,不仅没有能够有效管控和影响三聚氰胺危机演变的方向,而且激发了利益相关者穷追猛打的劲头,连尘封数年的阜阳大头娃娃事件也被旧事重提。其苍白的矢口否认和一味推卸责任的做法,与当年几乎是如出一辙,只是这一次已不再有效了而已。这不仅导致了三鹿公司在三聚氰胺危机预防和应对过程中无所不在的漏洞,在危机管控行动上的错误百出,也直接导致了三鹿公司最终在三聚氰胺危机中折戟沉沙。

在着手发布危机相关信息之前,无论是针对股东、员工、客户,还是针对媒体和社会公众,危机主体都需要进行认真的准备,以确保所发布的每一条信息,信息中的每一个字词,都必须是准确的和适当的。如果遇到超出能力范围的不确定性问题,危机主体必须以合理可信的理由,说明为什么现在还不能进行明确的详细回应。当然,与此同时,还必须就未来的沟通做出进一步承诺,并对所有做出的承诺进行不折不扣的兑现,以确保不会因为这个暂时没有能够解决的问题,或者有承诺无兑现而导致危机管控失败。

危机管理过程中对细节性问题及其可能的影响进行系统思考,常常会影响甚至直接决定最后的危机管控结果。因此,在准备发布危机信息时,危机主体首先需要站在沟通对象和利益相关者的视角,尽可能列出信息发布过程中可能遇到的问题及答案,准备好为这些答案提供支撑的相关细节性数据,以及经得起任何利益相关者严苛核查的佐证;其次,危机主体需要就可能的信息发布情境进行模拟,以简洁的语言就利益相关者最关注的信息进行模拟回应;最后,危机主体需要完整收集和熟悉已发布危机相关信息的记录,确保所有信息发布与之前的口径和内容完全一致,一旦遇到不一致的状况,务必主动进行可信的解释。

除了需要基于拟发布的危机相关信息进行充足的准备,危机主体还需要精心设计和把握正确的信息发布节奏。在尴尬的危机情境下,危机信息发布并不等同于忏悔,发布人可以深吸一口气,仔细斟酌自己的肢体动作和表情是否合适,努力克制冲动情绪,将那些容易激发利益相关者好奇心和斗志的词汇从脑海和拟发布信息的方案中剔除,如"绝对""从未""毋庸置疑""我敢保证"等等。

翻开吴晓波先生所著的《大败局》,一个个鲜活无比的"创业英雄"危机悲剧触目惊心。如果不能从曾经击溃这些"前辈"们的危机管控行动中有所启发,不能基于系统性思考对动态复杂性危机细节做好预案,那么,诸如三鹿集团和中国奶制品行业所遭遇的三聚氰胺危机之类的悲剧,必将无可遏制地蔓延,甚至会使整个社会深陷一场更大范围的灾难性的信任危机之中。

8.2 危机尴尬中保持高昂的姿态

面对危机情境中的负面信息,任何一个三观正常的危机主体都自然会觉得很尴尬。此时,危机主体必须保持高昂的姿态,直面危机中的尴尬,主动承担危机中的相关责任,基于系统思考积极应对危机中的相关问题。如此,不但会收获来自与危机主体利益一致的第一类和第二类利益相关者的信任,而且甚至会获得利益与危机主体并不一致的第三类和第四类利益相关者的尊敬。

遗憾的是,这种尴尬常常更多地成为危机主体在内心和行动上躲避危机责任的借口。面对危机,很多人和企业会抱持侥幸心理,觉得自己的运气不至于那么坏,主观上选择性无视和忽略相关危机诱因和潜在危机信号,不愿意去关注危机预防,更不会主动投入人力、物力和财力资源以制定危机管理预案。

一旦遭遇危机,这些人和企业往往会怨天尤人,会下意识地掩耳盗铃,把自己龟缩起来,找一个替罪羊或临时工胡乱抵挡一阵,其结果只能是危机性质在动态复杂性演变过程中持续恶化,最终导致整个危机应对的彻底失败。2015 年 6 月初,一则某银行高管卷款 30 亿元潜逃的帖子惊现网络,声称该高管利用所掌握的银行客户信息,通过高额回报承诺,诱使 2 000 多名大客户受骗。为了澄清网传事件以管控危机负面信息的传播,该银行在网站上以公告的方式对此进行了回应,说明涉嫌个人非法集资的员工并非高管,且已于 2015 年 3 月主动辞职并获准,是已经与银行解除了劳动合同关系的前员工。然而,多位受骗客户向媒体证实,该员工向他们提供了借款人的身份证和已经得到银行批准的借款续贷审批单,且签订借款合同的地点都是在该银行。对于这些指证,该银行此后再无任何回复。

众所周知,中国是全球居民储蓄率最高的国家。长期以来,对中国 4.3 亿户家庭中的绝大多数而言,银行存款一直被认为是最为安全可靠的资产托管途径。近年来,"储户存款失踪"的新闻频频见诸报端和网络,失踪存款额度少则数万元,多则数十亿元,罪案发生地也跨越多个省区。那么,究竟谁应该为这些一而再再而三地出现的"存款失踪"危机承担责任呢?不同银行和不同地区接连发生的存款失踪危机显然已不是偶然的个案,其背后可能是日渐猖獗的金融诈骗犯罪,可能是行业监管和银行运营管理制度体系的设计和实施环节上长期存在的漏洞,也可能是面对此类危机时缺乏系统思考的态度、价值观和行动。无论是何种原因使然,都已经构成了一种系统性危机情境,足以引起金融监管部门和整个银行业的重视。

有的利益相关者认为,存款确实是存在银行的,存款业务的办理确实也是在银行场所进行的,那么,存款出了问题自然也就该由银行负全责。这种危机认知显然是片面的,忽略了银行和储户在储蓄合同中的平等主体关系。如果储户自己为了谋求高额利息回报,将银行卡、密码等交于资金掮客,最终导致存款被骗走,那么,储户自己就应该承担责任。相应地,如果储户本人并未泄露账户和密码等信息,而是犯罪嫌疑人与银行内部人员勾结,通过非法手段将储户存款直接划走,那么,银行就应承担责任。

置身于金融欺诈、盗劫以及渎职危机情境之中,储户很难单方面证明银行在存款"失踪"过程中所存在的具体过错,在"谁主张谁举证"的司法原则下,大部分储户都会遭遇维权困局。至少,目前尚没有看到完整的、有说服力的调查结论,更没有看到系统的、可资借鉴和参照的危机应对之策。面对此类危机,大多数银行都选择了逃避和退缩的危机应对策略,将危机责任归结于已然离职甚至潜逃的"前员工"的个人行为,试图通过这种掩耳盗铃的危机应对策略侥幸渡过危机。

殊不知,真正导致银行在此类危机中声誉受损的,恰恰正是这些意在推脱责任和躲避尴尬情境的危机管理态度,是这些闪烁其词的危机信息发布。这不但使得许多利益相关者对银行改进运营管理制度体系以保护储户利益的能力失去了信任,使得越来越多的储户开始担心自己可能就是接下来的那一个倒霉蛋,而且也使得本来可以轻松管控的运营管理制度缺陷危机,最终演变成某个银行甚至整个银行业的灾难性声誉和信任危机。

如何发布令人尴尬的负面信息

对危机主体而言,危机中的尴尬情境好比一座山,而整个危机应对过程就犹如愚公移山。置身于尴尬的危机情境之中,危机主体需要当机立断,在事态恶化之前率先发布危机真相信息,即使这些信息可能会暴露危机主体内在的某些缺陷或不足。对遭遇存款失踪危机的银行而言,首先要做的绝不是与涉嫌犯罪的员工划清界限,而是要自检和修复银行内部运营管理制度体系上可能存在的漏洞,并积极甄别和承担相应的责任。换言之,危机主体需要做的应该是勇敢面对危机中的尴尬,而绝不可以不择手段地躲避。

情急之下,危机主体所采取的那些避免尴尬的策略和行动,如"前员工"或"临时工"策略,就如同在炮制一场与利益相关者之间的"猫抓老鼠"游戏,这无异于在拿危机主体自身的声誉资产进行一场必输无疑的冒险,其结果不但不能减少丝毫的危机负面影响,反而会在危机中越陷越深,在危机性质持续恶化的恶性循环中遭受到更大的伤害。

危机应对过程中的任何一个细节性失误,哪怕只是一句不合时宜的话、一个不合理的动作、一个不合适的表情,都有可能会导致危机情境的迅速恶化,导致愚公移山的前功尽弃,使得本来可以轻松移除的小土丘演变成巍峨的泰山。至于在危机应对过程中的策略性选择错误,例如"前员工"和"临时工"策略,那就无异于使这个不起眼的小山包在一瞬间变成了珠穆朗玛峰。

　　要以高昂的姿态发布令人尴尬的危机负面信息,在面子文化盛行的中国社会,无疑是巨大的挑战。在发布危机负面信息时,绝不能让利益相关者怀疑和感觉到危机主体有任何欺骗或掩藏负面信息的企图。因此,危机主体必须在确保信息发布的方式恰当、内容准确和渠道合适的前提下,尽可能缩小负面信息扩散的范围,减少负面信息所吸引的眼球和注意力,缩短负面信息持续传播的时间。

　　在合法合规的前提下,危机主体无疑是可以运用一些技巧对危机真相中令人尴尬的负面信息进行发布和控制的:就负面信息发布的时间点而言,可以考虑选择在某一天下班后、某一周周末或某个小长假的开始,给利益相关者留下足够的理性评估危机真相中负面信息的时间;就负面信息发布的渠道而言,可以考虑选择发行量较小的地方报纸的某个不那么引人注意的板块,收视率或收听率较低的地方频道,最好能够同时伴有别的爆炸性新闻的发布;就负面信息发布的方式而言,可以考虑以口头或简洁的书面方式发布。如果能以口头方式发布,就不要选择书面方式。如果一定要以书面方式,则要字斟句酌、简洁明了。

　　当然,不论以何种方式,在什么时间和什么地点发布令人尴尬的危机信息,危机主体都必须对发布的所有信息内容了然于胸。每个人都有一个独特的遗忘曲线,但是,每个利益相关者关于同一危机信息的遗忘曲线特征是大同小异的。随着时间的推移,绝大多数对危机的关注度本来就不高的第二类和第三类利益相关者的记忆都会变得越来越模糊。如果不是持续刺激,那么这种模糊最终将会导致利益相关者对危机负面信息的忘记。因此,危机主体在主动发布危机相关负面信息之后,在未来的任何情境下都要尽量避免重提这些信息。如果实在是迫不得已需要重提,必须确保与过去所发布信息的绝对一致性和连贯性。能够保证一致性和连贯性的前提,就是之前所发布的所有危机相关信息都必须是真实而准确的,都必须是经得起利益相关者的检核和时间的考验的。

　　或许有人会说,每个人都有言不由衷的时候,偶尔撒谎一次,可以被理解为无伤大雅的善意的谎言。但是,撒谎绝不是危机主体的救命神器,也绝非任何危机情境下可以考虑的选择项。哪怕是一个善意的谎言,在危机应对过程中也是绝对不可以的。一旦伤口结痂,没有哪个人会愿意去揭开它,但是,只要是谎言,就总会有被揭穿的时候。如果危机主体之前所发布的危机信息被揭穿和证实为谎言,那么,这种鲜血淋漓的比当初还要痛苦和尴尬百倍的危机情境必将是一场噩梦,危机主体也将会因此而不得不面临更为尴尬和难以应对的信任和声誉危机情境。

与利益相关者共患难

每当忆起危机中的尴尬和痛苦时,许多危机主体都会对那些曾誓言共患难的利益相关者们在危机过程中的背信弃义抱怨不已。其实,让利益相关者在危机中纷纷躲避和远离的,往往并非来势汹汹的危机情境,而是危机主体自身的危机应对策略和行为失当。在危机沟通和应对过程中,先是矢口否认,然后在证据确凿时再不得不承认,对于很多危机主体来说都是一种自然的却绝非正确的危机沟通策略。如果危机主体试图通过否认的撒谎来掩盖危机真相,尽管这些谎言或许能够给危机主体和核心利益相关者带来短暂的解脱,获得片刻的喘息之机,但是,随着危机的演变和发展,每一句谎言都需要更多的谎言来掩盖,而这些谎言被拆穿的可能性也将呈几何级数激增。毫无疑问,只有坦诚面对危机真相,才能让利益相关者们在危机情境下与危机主体共患难。

中国有句古语:龙生九子,各不相同。任何一个企业,都是由形形色色的各种员工组成的,与没有哪一个企业可以保证自己的产品百分之百地合格一样,也没有哪一个企业可以保证所有员工的行为都能够与企业的伦理价值观绝对保持一致。那么,因为少数员工个人的非伦理行为而将企业陷于危机之中,对于任何一个企业都是有可能的。对于此类危机的应对,其关键就在于作为危机主体的企业本身是否有勇气面对危机现实,尽快甄别核心沟通对象,与利益相关者进行正确有序的沟通,及时发布危机真相中的负面信息,取得核心利益相关者的理解、认可和配合以携手渡过危机。

危机管理过程中,在恰当的时间和地点,由合适的人以合适的方式,及时发布危机真相信息,可以帮助危机主体牢牢掌控危机管理和沟通的主动权。即使是那些看似令人不悦和难以接受的、尴尬的危机负面信息发布,也不但不会有损危机主体与利益相关者之间的信任,反而会赢得大多数利益相关者的尊敬,提升危机主体在利益相关者心目中的美誉度。不可否认,或许有些利益相关者在短时间内难以接受危机现实,但是,对危机真相中负面信息的及时发布,无疑可以清晰表达危机主体的诚实态度,彰显危机主体在危机应对过程中至关重要的价值观,进而为这些利益相关者接受危机主体的解释和承诺提供足够的理由、时间和空间。

面对客户遭遇诈骗而利益受损危机时,银行如果只是强调诈骗者是已然离职的前员工,不但难以如愿以偿地撇清自己与该危机事件之间的关系,而且会让大多数利益相关者质疑该银行的危机管理态度和价值观:该员工已申请并获准离职,其离职原因是否和卷款潜逃事件有关? 该员工骗取客户资金的行为究竟是何时发生的? 如果该员工真的仅仅是一个普通员工,何以能在如此短暂的时间内诱使如此多的客户上当受骗而不被发觉呢? 该银行从总行到分行的风险控制系统中的漏洞究竟该有多大呢? 如此一味逃避危机责任的银行,真的有意愿和有能力从根本上检核和堵住漏洞,以杜绝同样的危机悲剧重演吗? ……换言之,正是这种错误的危机应对策略,把大多数核心利益相关者都推向了危机沟通和应对的对立面。

很显然,只有及时主动地披露危机真相信息,危机主体才能获得对危机进行有效管控的机会。如果该银行能够在向公安机关报案的同时,及时主动地与核心利益相关者依序进行沟通,披露该员工涉嫌诈骗客户的危机真相,表明该银行对于此一危机的立场和态度,承诺会承担相应的责任,说明该银行已经或正在修正风控管理制度体系,以确保此类危机将不会再发生,该银行才有可能获得核心利益相关者较为积极的回应,才能真正实现对危机中尴尬局面的有效管控。当然,这里的"核心利益相关者"绝不仅仅是指上级机构和监管部门,而且包括在危机中利益直接受损的客户,以及对该危机事件感兴趣的、正在关注着该危机演变过程的现有客户、潜在客户、媒体和社会公众。

为了有效掌控动态复杂性危机演变的过程,危机主体可以考虑与权威媒体进行合作,发布综合性的危机真相信息,确保那些关注危机演变进程的核心利益相关者能够及时得到最新的危机真相信息,打消他们对危机主体可能会隐瞒危机真相信息的猜疑。

如果危机主体能在危机尴尬中保持高昂的姿态,敢于直面挑战,必然有助于危机主体修复与利益相关者之间受损的信任,开启危机主体重建声誉的旅程。如果通过危机相关信息的发布能够让核心利益相关者与危机主体之间产生共鸣,产生对危机主体的理解和同情,进而能够与危机主体一起面对危机,为危机主体的管控行动出谋划策,则是危机主体最希望看到的最佳沟通效果了。

8.3　坦诚面对危机相关信息的缺失

尽管危机主体通常会比利益相关者接触和了解到更多的危机真相信息,但是,即使是危机主体,也绝无可能通晓危机前因后果的所有细节及其间的所有关系。换言之,如果危机主体真的能够做到这些,危机或许就不会发生了。毕竟,危机情境对于危机主体的影响绝大多数情况下都是负面的,也没有哪个危机主体真的能够做到对危机诱因和潜在危机信号的完全无视。

在同一危机情境中，危机主体及每一个利益相关者的所见、所闻和所感都是不一样的。每个人都是基于自己的心智模式，见其所想见，闻其所想闻，感其所想感，犹如盲人摸象一样，几乎没有人能够说清楚危机真相究竟是什么。既然危机主体和所有的利益相关者对于危机真相的了解都是不够全面的和支离破碎的，那么，危机主体与各利益相关者之间在沟通过程中就存在着天然的信息不对称。在发布危机信息之前，危机主体需要明确自己知道什么和不知道什么。一旦在危机信息发布过程中涉及自己并不知道的问题，就需要坦诚面对信息缺失，明确表示自己现在尚不知情。但与此同时，危机主体需要说明自己将如何去了解这些缺失的信息，并承诺在知道之后会立即通过合适的渠道进行发布。

在危机信息发布过程中，危机主体其实并不需要做那个无所不在的最聪明的人，也并不需要给予每一个危机管控细节问题以完美的答案。危机主体只要对那些自己知道的和有把握的危机真相信息进行准确说明就足够了。但是，这绝不是说危机主体可以因为信息不对称而肆意隐匿危机真相信息，甚至在危机信息发布过程中肆无忌惮地撒谎。

当航班延误时，很多航空公司都会下意识地将责任转嫁给具有不可抗力的第三方，诸如"天气原因"或"流量控制"等等，这似乎已经成了航班异常危机沟通时屡试不爽的标配回应。正是因为有了这些貌似万能的基于航空公司与乘客之间信息不对称的挡箭牌，许多航空公司提升航班准点率的动力严重不足，航空公司与乘客之间关于航班起降时刻的合约条款在恶性循环之下渐渐失去了约束意义而仅供参考。当 2008 年 3 月某航空公司的多个航班在飞抵目的地上空之后均原路折返时，面对旅客和媒体的质询，该航空公司几乎是条件反射一样地将其解释为"天气原因"。然而，这一次的"天气原因"说遭到了来自乘客和媒体等利益相关者的史无前例的抨击：广泛分布于各地的多个机场的天气同时都不满足降落要求？为什么同一天飞往上述地区的其他航空公司的航班都可以正常降落？很显然，这次的"天气原因"说只是拍脑袋发布的一个低智商谎言。

置身于危机情境之中，危机主体需要遵循最基本的伦理价值观准则，在危机应对过程中坦诚面对危机信息的缺失。在面对旅客和媒体的质询时，或许该航空公司当时在未经调查的情况下并不一定知道导致航班集体返航的确切原因，但是，其下意识地发布旨在推卸责任的"天气原因"说无疑是错误的和不可取的。也正是这一草率的危机信息发布，将利益相关者的注意力快速转移到了对该公司危机管理态度和价值观的质疑。而这恰恰是危机主体需要极力避免的对品牌和声誉有着潜在重大损害的极端危机情境。

在当今这个信息化时代,任何涉及公众利益的危机相关信息的发布和传播,都很难以危机主体的主观意志为转移。试想,如果该公司在返航事件发生之后就诚恳、及时地向行程受影响的乘客和社会公众致歉,全力协助旅客的行程和食宿安排,在承诺承担相应责任的同时说明公司已成立专门团队收集、分析和确认相关机场及涉事航班的数据以对原因进行彻查,积极采取措施以确保类似的问题不会再次出现,则不失为一次有效的危机沟通和管控。遗憾的是,直到返航事件过去一周之后,在各方利益相关者的质询压力之下,在中央气象台专家的直言驳斥之下,该公司才不得不承认"不正常"航班存在"明显的人为因素",并向旅客致歉。

危机乍现之际,如果危机主体不能坦诚面对危机信息缺失,及时发布危机真相的相关信息,那么,几乎所有的危机利益相关者都会犹如一群饥饿的野兽,不但会通过所有可能的工具和渠道搜寻和获取信息,甚至可能会不进行任何分辨地对所有获得的危机相关信息都信以为真,这对于危机沟通和管控而言无疑是一场灾难。当危机真相信息缺失,危机主体还没有能力和信心提供经得起考验的危机真相信息的时候,究竟应该如何满足这些对危机真相信息极度饥饿的利益相关者呢?

危机的演变和发展是一个动态复杂性过程。在这个过程中,对于危机主体及所有利益相关者而言,很多问题在特定的时间点确实是不可能有确切答案的。因此,危机沟通过程中,一旦遇到利益相关者对此类问题的质询,危机主体可以通过对危机情境分析过程中确凿的原始资料信息的发布进行间接回应,或者设法转移利益相关者对危机事件的关注点。即使利益相关者似乎是慌不择食,危机主体也绝不可以贸然发布主观臆测的不确定信息,更不能为了逃避尴尬情境而编织谎言或发布不实信息。任何谎言或者不实信息的发布,显然经不起时间检验,更经不起任何一个逻辑思维正常的人的推敲,无异于饮鸩止渴,使危机情境迅速恶化,导致危机沟通和应对的失败。

知之为知之,不知为不知

无休止的沉默在危机沟通中显然是不可取的,但是,回答问题最积极、危机信息披露得最快和最多的,也并不一定就能在危机沟通和应对大考中及格,反而是那些"知之为知之、不知为不知"的、只就自己知道的答案进行回答的危机主体,才最有可能渡过危机,也才能够有足够的时间和空间抓住和发展危机中新的发展机遇。

面对核心沟通对象,无论是媒体、顾客、股东、员工还是社会公众,危机主体都需要谨言慎行,而不是急于证明自己的聪明或者强势。对于危机真相,危机主体必须明确自己知道什么和不知道什么。在危机沟通过程中,危机主体只能就自己知道并经过确认的危机真相信息进行发布,千万不可以在沟通过程中主观臆断,不可以附和或跟着某些利益相关者的猜测。当然,也绝不可以去删除网贴、买断刊载危机相关信息的报纸、要求甚至威胁利益相关者保持沉默,这些危机应对行动无疑都是掩耳盗铃的下下策。

与其让利益相关者对危机真相进行徒劳的毫无意义的猜测,危机主体不如主动及时地将所知道的一切危机真相都进行有序的发布,哪怕这些信息很少,哪怕这些信息并不能完全满足利益相关者们的信息需求,哪怕只能告诉利益相关者关于相关问题的阶段性信息。但是,危机主体的沟通态度必须是明确的:知之为知之,不知为不知,只要说出来的,都是真实准确的,都是经得起利益相关者的推敲和时间验证的。在返航危机沟通过程中,航空公司从一开始就草率地抛出了明显站不住脚的"天气原因"说,并在后来一再错误地坚持。该航空公司的这种危机沟通态度和方式,很容易让利益相关者形成一种判断,即该公司并不了解这一危机事件的严峻性,不仅不会主动积极地解决问题,甚至都不认为这是一个迫切需要解决的危机问题。这种对已然爆发的危机事件的主观无视,不但是对所有利益相关者智商的侮辱,而且彻底暴露了公司高管危机意识的淡薄,以及在动态复杂性危机管理能力方面的不足。

危机应对过程中,所有的核心利益相关者都会随时关注危机主体解决潜在危机问题的行动和所取得的成效。因此,一旦确定危机诱因问题的存在,危机主体就需要明确解决这些问题的步骤。当然,对危机沟通而言,最为忌讳的就是只有承诺而没有兑现。一旦危机主体被利益相关者打上"言而无信"的标签,直接受损的将是利益相关者对危机主体的信任,是危机主体赖以存续和发展的声誉,这无疑是众多可能的危机负面影响中最难以修复的两个方面。

如果遇到确实不能够即时提供答案的问题,危机主体必须给出一个可信的能够获取该问题答案的框架性承诺。一般而言,核心沟通对象都是能够理解危机主体获取危机真相信息的难度的,但是,危机主体还是需要告诉他们,会通过哪些步骤去获取他们所需要的信息,给核心利益相关者吃一个定心丸。2007年2月5日清晨6点左右,南京汉中路正在施工的南京地铁二号线出现渗水塌陷事故,导致天然气管道断裂爆炸,路面被炸出一个深约五米、宽约十米的大坑。[①]
当人们还在那一声震耳欲聋的爆炸声中惊魂未定之际,南京本地多个电视频道
的流动字幕便开始了对爆炸事故现场状况的连续跟踪报道。围绕整个抢险过
程,南京电视台的记者团队自始至终都在现场进行直播:

◇ 南京地铁工程指挥部负责人现场介绍事故发生的确切地点,承诺将召开
  专家会就事故是否对已建成地铁隧道产生影响进行评估。

◇ 南京交警部门紧急实施全警动员,在交通信号灯因爆炸而受损瘫痪的区
  域指挥和疏导交通。

◇ 南京市政公用局负责人现场及时发布水电气影响的状况,宣称正组织人
  员全力抢修,预计在下午 4 点左右恢复。

◇ 南京市环境监测中心站派出环境监测设备车和工作人员在现场进行空
  气环境污染监测,随时发布监测结果。

◇ 南京房产局专家赶到现场对受损最严重的金鹏大厦进行检测,确定房屋
  整体安全之后建议停止使用第一层和第二层,等待进一步检测。

◇ 南京市鼓楼区政府负责人现场确定并宣布受灾居民安置方案,在灾民安
  置点配置了专业医生,公安、消防、街道等部门联手与住户就财产损失情
  况进行逐一登记和核对。

今天,类似于南京地铁二号线爆炸的安全事故并不鲜见,但如此高效的危机
沟通和管控行动并不多见。电视台在直播人员还没有能够赶到现场进行直播之
前,通过流动字幕及时报道事故最新消息,有效地将众多心系事故现场的利益相
关者置于同一个信息平台。地铁施工方、交通指挥、市政公用、环境监测等多个
部门在现场各司其职,既有可信的承诺,也有可靠的行动,所有信息发布方都严
守"知之为知之"和"不知为不知"的原则,有条不紊地进行危机沟通。地铁施工
方负责人在当天便出现在了记者的镜头前面,与对事故及其可能的影响极为关
心的核心沟通对象进行沟通,明确说明知道什么(事故发生的地点和状况),不知
道什么(事故会不会对已建成隧道产生影响),以及将如何解决潜在的相关问题
(召开专家会对事故影响进行评估)。这位施工方负责人在危机沟通过程中所展
现出来的智慧,显然已远超过那位顶着教授和院士光环在杭州地铁塌陷事故危
机沟通过程中一心只顾息事宁人、和稀泥的专家了。表面上看来,他似乎并不够
聪明,连事故会不会对已建成隧道产生影响都不确定,但其实他是最聪明的。正

---

① 南京晨报,《地铁汉中路段突发天然气爆炸》,2007 年 2 月 6 日。

是他的谨慎而恰当的"不知道",使得他的解释变得非常得体、合理和可信。

十多年之后的今天,南京地铁二号线爆炸事故危机给人们留下的回忆,只是一些略带调侃味道的"那天我上班迟到了""安置点宾馆的条件还可以"……没有质疑,没有谣言,更没有谴责。

不卑不亢面对媒体

在危机沟通过程中,无论是面对传统媒体,还是面对网络新媒体,危机主体都需要不卑不亢,既不可跟着记者瞎猜,也不要和媒体作对。

1. 不要跟着记者瞎猜

19世纪70年代,美国《纽约太阳报》编辑约翰·博加特对何为新闻做了一个极为形象的解释,即"狗咬人不是新闻,人咬狗才是新闻"。对媒体记者而言,寻找和发布具有轰动效应的新闻信息是其职业所需。与人咬狗的现象类似,几乎所有的危机事件都天然地有着强烈的轰动效应属性。

只要是危机爆发的地方,就可能会出现记者的身影。为了探究采访对象的态度,媒体记者最常使用的一个策略就是设问,即"假如……,是不是会……?"这种提问方式,是许多媒体记者屡试不爽的危机真相和危机主体态度信息挖掘利器,但是,对于危机主体而言,却很可能就是一个不折不扣的危机沟通陷阱!2005年6月,某制药公司违反有关药品生产管理规定,在既没有对供货方进行实地考察,也未按要求对供货方提供的原、辅料样品进行检验的情况下,购进了一批假冒"丙二醇"的"二甘醇"药品原料,并在未对药品进行检测的情况下直接出具了合格的化验单,该批药品投入市场后直接导致了13名患者死亡。作为生产厂家,该公司随即陷入了一场由管理控制问题而诱发的假药危机,全国各地的记者蜂拥而来。因为生产劣质药品的该公司并非小作坊,而是通过国家GMP①认证的大型正规药企,其销售的也并非偷偷摸摸上市的三无产品,而是通过合法渠道光明正大流通的"国药准字"号药品。

在中央电视台《焦点访谈》节目中,记者在对公司负责人进行采访时问道:"如果下次哪一个采购员再在里头,不管是徇私也好,还是玩忽职守也好,再把假冒的丙二醇进到厂里,你们仍然要生产出致人死命的药?"这个问题就是危机沟通过程中的一个典型的设问式陷阱:通过"如果"的假设,将问题中"生产出致人

---

① GMP的意思是"良好作业规范",是一种特别注重制造过程中产品质量与卫生安全的管理制度。

死命的药"的时间点延展到了未来。因为时间点落在了现在尚不能确定的未来，一时没有反应过来的厂家负责人居然下意识地回应道，"基本可以这样讲"。

"犹豫不决，不如实话实说。"在危机沟通过程中，危机主体切忌跟随记者天马行空的想象去猜测，不但要对自己所知的危机真相信息实话实说，而且要在极为尴尬的危机情境下，有勇气面对和说出自己当下的不知道。

2. 不要和媒体对立

除非可以证明媒体的报道内容是在恶意歪曲危机事实，否则都不要试图和媒体对立。置身于网络化信息社会，危机主体不可与之对立的媒体，已然不仅仅是广播、电视和报纸等传统的媒体和记者，而且还包括通过网络平台和数字媒体关注危机的每一个利益相关者。

如果危机主体选择直接挑战对危机进行报道的媒体，无异于在危机主体与迫切希望了解危机真相的核心利益相关者之间竖起了一个隐形的屏障。因为危机主体发布的所有危机相关信息，几乎都要经过各种媒体渠道才会被刊载和发布出来。如果媒体不配合，危机主体将难以清晰地向利益相关者准确传递和表达自己的危机管理价值观和态度，告诉利益相关者自己知道什么和不知道什么。

危机主体与媒体之间的对立，其实就是危机主体与媒体之间围绕彼此信誉的直接博弈。对于大多数利益相关者而言，他们往往基于直觉而更愿意相信媒体的声誉要好于作为危机主体的某个自然人或企业。在危机应对过程之中，与媒体对立的策略选择，无论是传统媒体，还是现代网络媒体，危机主体都是在拿自己的声誉冒险，并且是在自己的声誉最容易受到攻击的、最脆弱的时候。危机主体与媒体之间的开撕，就好比将原先只是流了几滴血且已渐渐愈合的危机小伤口，再度划开成为一个鲜血喷涌的灾难性大伤口，让一旁围观的本已开始显得索然无味正准备散去的、数量极为庞大的利益相关者们，立即就和闻到血腥味的鲨鱼一样再度兴奋起来，必然会极大地延长危机情境被关注的时间。而这，也正是危机主体最需要极力避免的问题。

危机管理过程中，危机主体应该如何做，才能避免和媒体对立呢？首先，应该尽早回拨记者的电话。当记者来电采访的时候，危机主体或许情绪不佳，或许真的没有时间或不方便，也或许还没有从危机中理清头绪而不想或者没有接电话。但是，一旦整理好了情绪，有了足够的时间，理清了关于危机事件的立场和态度，危机主体就需要尽快回拨记者的电话，哪怕是在可能会打扰对方休息的一个不太合适的时间点。要知道，危机主体的"及时"回复，既可能让对方感受到诚意，也可能使那些已经或正在被扭曲的危机相关信息得到及时纠正。千万不要以为不接电话,或者将记者挡在门外就可以万事大吉。要知道,在记者的笔下或镜头前,危机主体的"拒接电话"和"紧闭的大门",都会成为一个个非常有效的、能够让利益相关者产生很多联想的新闻内容要素。其次,应该保持冷静和镇定,形象得体。面对媒体的镜头和话筒,危机主体的每一个动作和表情,每一句话和语调都会被关注,都会被受众用来解读危机主体不想说或没有说出来的危机真相信息。

彰显正确的危机管理态度与价值观

在不同的危机情境下,能够彰显正确的危机管理态度和价值观的方式也是不同的,可以是一个诚意十足的道歉,可以是一个言之凿凿的承诺,可以是一个与正在过去的错误行为划清界限的态度声明,也可以是对经得起时间考验、经得起利益相关者推敲和检验的危机真相信息的及时发布。当然,与危机管理态度和价值观一起呈现的,必须是危机主体承担责任,以及将来会改正错误和做得更好的保证。1987年,有媒体在接到消费者爆料并进行调查后报道,克莱斯勒公司有些员工以待售新车作为自己的日常交通工具,过着一种"日日开新车,夜夜做新郎"的幸福生活。这些待售新车被他们使用数千公里之后,里程表将被归零并作为新车出售。换言之,对于一个克莱斯勒汽车用户来说,很可能付出的是新车的价格,买到的却是一台不折不扣的二手车!

这一源于企业中个别员工的行为不检点的丑闻,让克莱斯勒公司立即被卷入了一场品牌声誉危机之中。事发当天,克莱斯勒公司时任总裁李·艾柯卡(Lee Lacocca)随即召开新闻发布会进行危机沟通,他的话虽然不多,却非常有效:"此事确实发生,但是这种事情实在不该发生。我们已采取措施,确保这种事情绝对不会再发生!"一场来势汹汹的声誉危机,就这样在这位正忙于拯救克莱斯勒公司的传奇总裁的寥寥数语中,悄然化于无形。

很显然,面对危机,危机主体必须严守价值观底线,通过各种可能的渠道和手段,及时而准确地向利益相关者发布危机真相信息,明确自己的危机管理态度和立场。那种"一切都好""一切都在控制之中""受害者的情绪尚稳定""第一时间到达现场"式的空话套话,只会给利益相关者留下胡思乱想的空间,感觉危机主体在闪烁其词,在刻意逃避危机真相,不敢直面真正的危机问题。基于克莱斯勒总裁发布的极其简明扼要的危机信息,所有的利益相关者都可以感受到其中蕴含着的三点极为明确的危机管理态度与价值观信息:其一,"此事确实发生"。在如此尴尬的危机情境下,说出这句话无疑是需要一定的勇气的。但是,艾柯卡在危机沟通中首先直面这一问题,明确承认克莱斯勒公司确实犯错。正是这一坦诚的危机管理态度,帮助克莱斯勒公司重新赢得了利益相关者的信任。其二,"这种事情实在不该发生"。这句话准确表明了克莱斯勒公司在这次危机应对中的伦理价值观。其三,"我们已采取措施,确保这种事情绝对不会再发生"。这句话将克莱斯勒公司某些员工过去所犯的错误和未来的企业行为进行了明确的切割,郑重承诺这种有违克莱斯勒公司伦理价值观的错误行为绝不会再次发生。

危机应对过程中,危机主体不仅可以通过明确的危机管理态度和价值观底线与利益相关者进行沟通,而且还可以以这一底线为基础,管控危机演变的方向,发现和抓住危机中潜在的新的发展机遇。在返航事件造成数千名旅客行程受到影响之后,航空公司的危机管理态度和价值观底线本该是在诚挚地道歉之后,及时拿出一整套能够帮助所有滞留旅客尽快恢复行程的方案及补偿预案,以在最大程度上获得行程受到影响的旅客和所有核心利益相关者的谅解。当然,如果能够借此机会展示和确立公司在航班延误危机中新的应对规范,无疑可以收获更多的利益相关者的点赞,重建和修复在危机中受损的利益相关者信任和品牌声誉。

危机主体的危机管理态度和价值观信息,在危机沟通过程中被不同的利益相关者重复表达的次数越多,其可信度就会越高。因此,危机主体需要汇聚所有可能的同盟者,万众一心,聚焦于危机沟通过程,通过各种可能的渠道发布和传递危机管理态度和价值观信息。值得注意的是,不论是核心利益相关者,还是边缘利益相关者,都应该得到同样的危机主体的态度和价值观信息。如果利益相关者在不同的场合、时间和渠道得到了危机主体不同的甚至是完全相左的态度和价值观信息,必然会感到茫然和困惑,对危机主体所发布的危机相关信息的准确性产生怀疑,进而使危机管理失控。从短期来看,危机主体需要在每一个可能的地点,利用每一个可能的机会,向每一个利益相关者发布和强化确定的危机信息。从长远来看,危机主体需要调动和高效利用所有可能的资源,确保危机沟通过程中做出的所有承诺都得到兑现。

尽快从危机中脱身

置身于危机之中,没有哪个危机主体会对这种尴尬的情境和巨大的心理压力乐在其中,所有的危机主体都会想尽办法尽快从危机中脱身。然而,如果危机管控不慎,这些危机不但会像影子一样难以摆脱,而且会向危机主体最不愿意看到的方向演变和发展,让危机主体如临深渊,如坠噩梦。

创始于 20 世纪 70 年代的微软公司,其业务在 90 年代初四面开花,从操作系统开始,扩展到了 office 企业办公软件、浏览器、社交软件、邮箱、多媒体播放器等多个领域,靠着与 Intel 的联盟,一口气抢下了 IBM、Oracle、Cisco 的核心业务。然而,欲戴其冠,必受其重,这一时期的飞速发展,使正值壮年的比尔·盖茨成为闪耀这个星球的成功之星的同时,也种下了微软公司反垄断危机的祸根。基于对微软垄断操作系统的指控,美国司法部要求微软将 Windows 业务与软件业务拆分为两家独立公司。虽然在随后的数轮诉讼中侥幸过关,但微软公司阳奉阴违的危机管理态度和行动激起了许多核心利益相关者的愤怒,使得微软公司近 20 年来一直在全球各个国家和地区此起彼伏的反垄断危机之中挣扎:从美国到欧洲,从日本到韩国,几乎整个世界的各国司法部门都在跟微软作对,开出的巨额罚款也是屡创新高。仅在欧洲,欧盟委员会认定微软在个人电脑操作系统领域滥用优势地位,就在 2004 年 6 月开出了 4.97 亿欧元的罚单。在随后的诉讼过程中,又因微软拒不改正的持续垄断而分别于 2006 年和 2008 年开出了 2.8 亿欧元和 8.99 亿欧元的追加罚单;2013 年,因未能遵守 2009 年有关网页浏览器选择的承诺,微软又被欧盟开出了 5.61 亿欧元的罚单。这一系列巨额罚单,甚至使微软公司法务部一度被戏称为欧盟的提款机。

无论是在美国、欧洲,还是在日本、韩国或中国,微软公司之所以会屡屡遭遇反垄断危机,无非是因为其对垄断市场格局下相对竞争优势的追求。殊不知,这种相对竞争优势本身就是暂时性的,在给微软公司带来超额利润诱惑的同时,也极大地消磨了微软公司基于技术创新的可持续发展动力。恶性循环之下,渐渐使微软公司在危机中迷失,成为微软公司未来发展过程中更具威胁性的新的潜在危机之源。

"微软离破产永远只有 18 个月。"这句传说中比尔·盖茨用于激励微软员工在危机压力下不断进取的经典名言,或许很快会一语成谶。在互联网浪潮的冲刷之下,留给一直未能从反垄断危机中脱身的业已年届不惑的微软公司的机会毕竟是有限的。如果不能从反垄断危机中尽快脱身,比尔·盖茨的这句危机警言分分钟可能会演变成为微软公司的危机现实。

主动打破恶性循环

如果利益相关者们不能从危机主体那里获得危机真相信息,那么,他们就会想方设法地去进行信息挖掘,甚至穷极一切想象去猜测,从而使各种谣言和不实信息有了肥沃的滋生土壤、丰富的传播渠道和广阔的存续时空,就会给危机主体的声誉带来严重的负面影响和损害。相应地,危机主体的声誉一旦受损,很可能就会失去利益相关者的信任,导致危机主体随后所发布的任何危机真相信息都变得越来越难以被利益相关者所接受。这就是在危机沟通和应对过程中常见的恶性循环现象。

这种恶性循环一旦形成,危机的性质就会迅速恶化,而危机管控也将会变得越来越困难。危机主体的每一个动作、表情,每一个细节都会被放大和进行各种基于有过失推论的解读,其中一旦出现误解,又极有可能会进一步强化已然变得很糟糕的恶性循环。对于在垄断红利中浸淫了数十年的微软公司来说,要想打破恶性循环,从反垄断危机中脱身是非常困难的。无论是在美国,还是在欧盟,微软每一次借助于罚款从反垄断危机中暂时脱身,都是一次对恶性循环的强化,也都是一次对这种有待改善的不良心智模式的放纵。

要想打破危机沟通过程中的恶性循环,危机主体的唯一策略,就是及时主动地面对危机利益相关者并实话实说。克莱斯勒公司总裁李·艾柯卡针对部分员工不良行为的实话实说,不但使得谣言和不实信息传播的恶性循环被主动打破,使克莱斯勒公司在危机之初即成功脱身,而且抓住了危机中潜在的发展机遇,与利益相关者进行了一次卓有成效的价值观沟通。相反,微软公司则在垄断市场超额利润的诱惑之下,在全球市场上屡屡深陷反垄断危机,尽管暂时侥幸脱身,但是,在这种恶性循环之下,好运气是不可能一直青睐和相伴于微软的。

把危机新闻变成旧闻

任何人、任何企业所遭遇的危机,在危机演变和发展过程中所感知的荣辱成败,放在历史长河中都只是弹指一挥间。置身于信息化时代,人们每天都在承受着海量的各种信息的狂轰滥炸。正是因为信息的超饱和过载,人们对于漫天飞舞的各种危机相关信息已然渐渐习惯而变得不再敏感,甚至变得越来越健忘。

危机应对过程中,危机主体无疑需要通过恰当的危机应对策略和行动,对危机负面信息的传播和扩散进行控制,小心谨慎,不再制造新的危机,远离任何内容相近或相关的危机,以让当下的危机情境加速成为历史,把危机新闻快速变为旧闻。

那么,如何才能把危机新闻快速变成旧闻呢?危机乍现之际,危机主体自然会受到众多利益相关者的关注,甚至会被许多网络讨论版置顶,会出现在各种新闻媒体和新闻终端的头版头条。但是,一旦危机管控成功,新的危机新闻素材不再出现,那么,对此一危机的后续追踪报道就可能会成为无源之水和无本之木,就会被其他更为新鲜的新的危机相关信息所淹没。最后,就会像过气的明星一样,淡出利益相关者关注的焦点,甚至被彻底忘却。

当然,对新的危机素材出现进行控制,并非消极回避与危机利益相关者的沟通,不是拙劣地买断报纸和删帖,更不能作为漠视危机沟通中所做承诺的理由。置身于危机情境之中,无疑是危机主体最为脆弱的时刻。能够活下来并东山再起的关键,就是保护和重建危机主体与利益相关者之间的信任。这就意味着危机主体需要格外小心谨慎,避免任何可能危及品牌和声誉的言行。尽管某些消极的危机应对策略或许能让危机新闻暂时成为旧闻,但是,一旦有类似的新闻出现,该危机就总是会被人们重新提起,甚至会因为危机主体的错误应对而成为反面教材。

即使是危机主体,很多时候也难以洞察危机演变和发展过程的全貌。并非所有的危机真相都是能很快被揭开的。为了让危机新闻尽快成为旧闻,为了尽快从危机中脱身,危机主体需要对危机情境进行恰当的评估,知道自己应该在何时放弃谁该为危机结果负责的争辩,以退为进,主动承担危机中相应的责任,向利益相关者诚挚地道歉并获得谅解。在强生公司遭遇泰诺胶囊投毒危机时,如果抓不到凶手,任何辩解似乎都是徒劳的。同样,在理律律师事务所客户委托存管股票被盗卖之后,如果抓不到危机的始作俑者刘伟杰,所有的辩解也都是苍白无力的。在这种情况下,强生公司董事会当天就决策并开始实施产品召回,而理律所也在当天就选择了全盘披露所有危机真相信息,积极与利益受损客户就赔偿问题进行沟通。正是这种以退为进的危机应对策略选择,使危机情境本身的轰动效应迅速减弱,使危机新闻很快就成了旧闻,不但为强生公司和理律所赢得了利益相关者的理解,也为后续的危机管控提供了足够的回旋时间和空间。尽管盗卖理律所客户股票的刘伟杰迄今依然在逃,尽管谁是泰诺胶囊的投毒者也迄今依然是美国FBI的悬案,但是,对理律所和强生公司的危机管控而言,这已经变得不再重要。

所有的危机,都将会在某一个时刻宣告终结;所有的危机新闻,也都将会成为旧闻。但是,只要是危机,就很难无果而终。对于危机主体而言,究竟在哪个时刻才能宣布危机噩梦已经过去,危机已经到了该结束的时候呢?以下的信号或许可以提供一些帮助和提示:员工的工作都已恢复正常,客户、渠道商和供应商对于未来的业务合作已恢复足够的信心,大家在茶余饭后的话题都已与此一危机搭不上边;办公室的电话铃声依然响个不停,但电话那头已经不再是令人揪心的新闻记者和恼怒的利益相关者。这些,都可能是危机新闻正在成为旧闻的危机终结信号。

8.4　釜底抽薪制止恶意攻击

与危机主体利益不一致的利益相关者,常常会在危机演变和发展过程中基于别有用心的目的,故意散布谣言和不实的负面信息,对危机主体进行恶意攻击。在危机应对过程中,危机主体一旦发现了这些恶意攻击和谣言,就需要立即去辨别危机真相,澄清相关事实,揭露对方的险恶动机,全力以赴地进行正确有效的反击。如果能够果断制止谣言和负面信息的扩散,不但可以极大地减少危机所带来的负面影响和伤害,而且也有助于恢复和重建危机主体的声誉。否则,危机主体可能很快就会倒在谣言和负面信息失控蔓延的血泊之中。

揭露恶意攻击者的险恶动机

危机之中,危机主体所受到的恶意攻击,可能来自与危机主体有着直接利益冲突的利益相关者,也可能来自与危机主体并没有直接利害关系的其他利益相关者。对有直接利益冲突的恶意攻击者而言,他们可能会从对危机主体的攻击中直接获益,例如,夺得原先被危机主体所占据的市场份额,取得更强的市场话语权,获得更多的利润,等等;对没有直接利害关系的恶意攻击者而言,则可能会从对危机主体的损害中间接获益,例如,吸引受众更多的注意力,让报社可以卖出更多的报纸,让电视台可以收获更高的收视率,让网站可以有更多的流量,让个人可以趁热度而成为网红,等等。2012 年 5 月底,来自大洋彼岸某网站的一篇报道在全球娱乐圈炸开了锅,随后被几家中国香港媒体转载,称某国际知名影星"陪睡""禁出境"和"被调查"。

这些无中生有的恶意攻击,无疑给该影星的声誉带来了直接的威胁。对于这一突如其来的声誉危机,该影星立即通过微博发布了回应,委托律师事务所向该网站发出了律师函,向各媒体发出了公开信并举办记者会,声明"这个所谓的'新闻'是彻头彻尾的谎言,字里行间都是诽谤和污蔑。……无论任何代价,我都将通过法律手段追究到底!"从微博到律师函,从公开信到记者会,这一连串危机管控组合拳打得极为干脆利落,不但及时表明了危机主体的态度,澄清事实真相,揭露了恶意攻击者的险恶动机,使这个莫须有的恶意攻击信息在传播的高峰期到来前被成功阻击,也为后续的以法律武器修复危机中受损的声誉铺平了道路。2013 年 11 月底,媒体诽谤案在中国香港高等法院开庭审理并首战告捷,法庭裁定报道内容明显属于诽谤。大洋彼岸,在美国联邦法庭最终判决结果发布之前,曾一度强硬地声称"不会删除文章,不会道歉,不会做出赔偿"的网站也低下了其罪恶的头颅,为其给该影星所带来的声誉伤害,以及其莫须有的诽谤行为公开道歉。危机之后,该影星在微博上发出了这样的感慨,"19 个月,将近 600 个日夜,对于一起诽谤案可能不算漫长,却足以毁掉一个人的名誉和清白"。

毋庸置疑,危机主体的声誉在诸如诽谤之类的恶意攻击危机中极易受损。那么,无论恶意攻击者与危机主体之间是否存在利益冲突,避免声誉受损的最好办法就是以攻对攻,即在一开始就要对那些信口雌黄、误导利益相关者的谣言制造者,以及那些不负责任、混淆是非的谣言传播者,予以坚定和及时的反击。在危机应对过程中,如果危机主体能够快速揭露对方的险恶动机,以攻对攻,来遏制对方的恶意攻击,就能够掌控危机相关信息传播的节奏,把握危机演变的方向,在最大程度上保护自己声誉的同时,给予恶意攻击者以有效的打击。如果危机主体持有确凿证据,证明恶意攻击者是在撒谎或造假,那么,这些证据无疑是揭露对方险恶动机并进行反击的弹药。危机主体可以充分利用这些证据,揭露恶意攻击方的险恶动机,寻找并抓住对方的漏洞,瞄准对方可被或已被证实的错误,以其矛攻其盾,将利益相关者的注意力直接转移到这些撒谎者和造假者的身上,使危机主体尽快从危机情境中脱身。

1. 寻找并抓住对方的漏洞

在很多危机情境中,都可以发现有浑水摸鱼而试图从中渔利的利益相关者群体。这些利益相关者受潜在利益的刺激而往往会动作过大,表面的慷慨陈情背后常常隐藏着诸多的不实信息。为了及时找到和发现对方的漏洞,危机主体需要密切关注对方的每一句话、每一个动作、每一副表情,以及发出的每一个字词,从 5W(即 Who, When, Where, Why, What)方面聚焦对方的信息发布过程:

- Who。谁发布的这一信息? 是无心之过,还是别有用心?
- What。发布的是什么信息? 该信息是完整的,还是断章取义的? 是真实的,还是纯属虚构和捏造?
- When。信息是何时发布的? 信息发布的时机是否经过精心设计?
- Why。为什么要发布这一信息? 这一信息在给危机主体带来巨大伤害的同时,是否会给对方带来最大的利益?

• Where。信息来自什么渠道？是报纸、电视，还是某个网站讨论版的帖子？

基于对方的漏洞，危机主体可以制定和实施一系列危机管控策略，擒贼先擒王。在诽谤危机中，当该影星发现和确认不实信息来自大洋彼岸的一个别有用心的无良网站，少数转载媒体只是在进行恶意炒作之后，后续的危机应对策略也就顺理成章了。

2. 瞄准恶意攻击者可被证实的错误

危机演变过程中，对危机主体有着潜在或直接负面影响的相关信息常常会被大量传播和快速扩散。虽然大多数危机主体都知道打蛇得打七寸，必须尽快展开反击以遏制恶意攻击，最小化或消除这些负面信息可能带来的损害，但是，很多人却在反击的过程中不顾章法，在扣动扳机之前，忘记了需要先找到目标再进行瞄准。

在发动反击之前，危机主体首先需要研究、甄别和确定恶意攻击者的哪些信息是不准确的，哪些信息是失实的。然后，筛选和瞄准对方最为明显的错误，适时扣动扳机进行揭露，一一列举对方的不当之处并进行全面反击。如此，才能一气呵成，直接命中恶意攻击者的"七寸"要害，赢得危机相关信息传播和扩散的控制权。在诽谤危机中，该影星直接剑指对方信息失实的要害，果断通过多种渠道进行及时回应，使得危机情境迅速发生逆转，不但有效制止了对方的恶意攻击行为，而且使整个危机管控行动快速转入了反击阶段。

显然，如果想要一击成功，就必须有百分之百的把握，即危机主体是对的，恶意攻击者是错的。在反击过程中，危机主体所押上的将是自己的声誉，因此，当瞄准了恶意攻击者的错误并准备扣动扳机时，至少需要确认以下三点：其一，恶意攻击者的这个错误是可以被证实的。如果这个错误是不确定的，就很可能会使危机主体因草率反击而陷入更为被动和尴尬的危机情境之中。其二，恶意攻击者的这个错误是能够被凸显的。如果这个错误本身难以突破危机情境噪音，难以向利益相关者公开并引起足够的关注，那就不是能够根本扭转危机情境的决定性因素。其三，恶意攻击者的这个错误有足够的轰动效应。如果这个错误不能给利益相关者一种振聋发聩骇人听闻的感觉，那么，就很难让他们立即停止传播不利于危机主体的负面信息。

如果发现恶意攻击者并非诽谤，其着力渲染的只是真实故事中的某个片段，而这个片段恰好会引发利益相关者的无限遐想，在给危机主体带来潜在损害的同时，恶意攻击者也就有了从中渔利的可能。此时，恶意攻击者的错误就在于断章取义,但是,考虑到整个故事的潜在影响依然是负面的,危机主体就会犹豫不决于是否要公布整个故事,揭穿恶意攻击者的险恶用心。答案其实很简单,可以两害相权取其轻。如果危机主体选择主动披露整个故事,对于自己来说,或许可能会带来更多的伤害。但是,既然因断章取义而导致的伤害已成现实,再多一点的伤害其实很难说就是压垮骆驼的那根稻草。更何况,主动披露对自己不利的信息,在危机沟通中往往会额外收获与核心利益者之间信任修复的效果。这种选择的关键,就在于揭露恶意攻击者险恶用心的反击效果。因为危机主体在主动公布整个故事的同时,也就是在质疑恶意攻击者遮遮掩掩发布和隐藏特定片段信息的居心叵测。

正确有效的反击

在英国,流传着一个很有意思的说法:早上醒来时,如果你发现昨晚睡觉前还没有雪的地上有了雪,那么,你就可以有把握地说,昨晚下雪了。同样,如果发现自己置身于危机之中时,你也可以有把握地说,自己在不经意间掉进了某个危机陷阱。那么,谁该为这一尴尬的危机情境承担责任呢? 首先就是你自己,因为你自己的危机意识不足和危机预防不力,其次才是那个危机陷阱的设置者。此时有两个选择:一是在危机陷阱中任人宰割,历经苦痛之后独自疗伤;二是尽快从危机之坑里爬出来,对那个危机陷阱设置者展开反击。相信很多人的理性选择都会是后一种做法。

遗憾的是,我们常常可以见到这样一些愚蠢至极的危机管控行为:当发现某个对自己不利的负面信息出现在网络论坛、报端或电视上时,很多危机主体下意识的选择是不惜一切代价让网站删帖,是雇用网络水军与对方展开针锋相对的骂战,是买断周边区域报刊亭的刊载此一负面信息的报纸,甚至铤而走险,去贿赂和威胁媒体记者。这些危机应对策略之所以愚蠢,是因为其危机管控的方式不对,选择的沟通对象也错了,不但不能针对负面信息及其发布者进行有效的反击,反而会让危机主体自己卷入更大范围的性质更为恶劣的危机旋涡之中。如果身处诽谤危机之中的那位影星不是诉诸法律,而是与转载媒体展开口水战,请求网站删帖,买断当天刊载负面信息的报纸和杂志,雇用水军甚至亲自上阵去和网络上的好事者对骂,她所面对的又将是怎样的一种危机困境呢?

俗话说,牵牛就要牵住牛鼻子,擒贼就要先擒王。危机应对过程中,为了合理选择恰当的目标,基于恰当的问题,以恰当的方式及时展开正确有效的反击,危机主体必须确认以下三个方面内容:其一,必须确认找到了恶意攻击者所发布信息中可以被证实的错误之处；其二，必须确认哪些危机利益相关者会因这些信息而获利，谁的获利会最大；其三，必须确认反击之后大多数利益相关者的注意力都将会转移到恶意攻击者身上。

对于遭受恶意攻击的危机主体而言，应该基于系统思考而进行全方位的危机预防和展开正确有效的反击：一方面，及时揭露危机的幕后黑手；另一方面，以攻为守，遏制对手的攻击态势和效果。只有如此，危机主体才能有效遏制恶意攻击，对居心叵测的恶意攻击者展开正确有效的反击，从危机陷阱中快速爬出来，才能有机会去反思和改进自己在危机预防上的不足，使自己从危机中快速恢复，也才能发现并抓住危机中潜在的新的发展机遇。

1. 及时揭露危机的幕后黑手

危机之中，危机主体往往会因为深陷危机而受到伤害，那么，谁能够从这一危机情境中获益呢？是为了捞取政绩而不择手段的政客，是市场上短兵搏杀的竞争对手，是哗众取宠博取大众眼球的无良媒体，还是为了谋求更多利益的合作者？如果想快速摆脱危机困境，危机主体首先就必须全力以赴，尽快找出那个设置危机陷阱的幕后黑手。

木秀于林，风必摧之；堆出于岸，流必湍之；行高于人，众必非之。一个人、一个企业处在相对于别人或别的同行要优越的竞争地位时，难免会遇到恶意中伤、诽谤和攻击而陷入危机之中。如果从危机情境的分析中发现了那些因这一危机而得益的利益相关者时，并不需要感到奇怪和震惊。危机主体需要做的，只是立即着手揭露和曝光恶意攻击者制造危机的真正动机，从而在最大程度上减少可能受到的伤害。

那些从危机中获益最大的利益相关者，很可能就是设置危机陷阱的始作俑者。在受到市场竞争对手的恶意攻击之后，危机主体需要做的就是立即着手调查，如实向利益相关者披露危机真相，从一开始就设法弱化和抵消竞争对手攻击的负面影响和效果。一方面，一旦利益相关者知晓这些负面信息来自竞争对手，其恶意攻击的效果无疑就会大打折扣；另一方面，危机真相信息披露得越早和越充分，其反击效果就越显著，危机主体可能受到的伤害和损失就会越小。

2. 以攻为守

在篮球运动中，有个广为人知的遏制对方，不让对方轻易上篮得分的技巧，即以攻为守。同样，面对恶意攻击，危机主体也必须敢于面对对方，在危机管控过程中给予对方实质性的符合伦理准则的打击。为了不让恶意攻击者的黑手轻易得逞,危机主体需要从三个方面进行努力:其一,对危机中的推波助澜者和从中渔利者进行甄别和调查,摸清他们的底细,绘制出这些危机利益相关者之间的关系图谱;其二,保持高度警惕,努力寻找被对手已经或正在极力掩盖的危机真相;其三,勇敢地把调查结果亮出来,用事实向所有的利益相关者澄清危机真相。在这个过程中,切忌犹豫不决,更不能恐惧和害怕可能面对的挑战。危机主体必须坚定不移地去质疑那些从危机中渔利的利益相关者,反击那些设置危机陷阱的始作俑者。

当然,危机主体在准备采取以攻为守的策略时,除了需要确保自己不会因此而遭遇更为严重的恶意攻击之外,还需要将这场没有硝烟的战争中的战斗人员和非战斗人员进行区分。换言之,危机主体所进行的任何反击,都不可以以公众或任何不相关的第三方为目标,必须确保所有的进攻都是有礼有节而不会殃及无辜。任何攻击公众和无辜第三方的危机应对策略都是绝对错误的,其危机管控的结果只能是事与愿违。

在危机应对过程中,危机主体和恶意攻击方之间进行的并非一种黑屋子里的较量。在彼此之间,并非没有比赛规则可言,也并非没有公平公正的裁判,更不是根据谁能够活着走出黑屋子来评判胜负。如此,危机主体就需要在对手的恶意攻击下,在险恶的危机环境中,极力保护自己的声誉,坚守危机管理伦理原则,以攻对攻,遏制对方的危机攻击效果,负责任地向所有利益相关者澄清危机真相,揭露和揪出危机背后的黑手。

小胜凭智,大胜靠德。即使在明确揭露对方的恶意攻击之后,也决不可意气用事,想当然地以其人之道还治其人之身,因为这种做法不但难以转移利益相关者们的注意力,对危机主体的遭遇产生一丝同情,反而会使危机主体遭到利益相关者的唾弃,进而陷入新的危机情境之中。

第9章　危机中的高质量可持续发展

在危机应对过程中,危机主体所说的每一句谎言,最终都会有被戳穿的时候;危机主体找来挡枪的每一个替罪羊,最终都会成为射向你的子弹。一旦谎言被戳穿,一旦替罪羊成了射向自己的子弹,危机情境就会发生质变,甚至会将危机主体钉在历史的耻辱柱上。

危机情境中,危机主体的声誉及其与利益相关者之间的信任关系是最容易受损的,也是最难以修复和重建的。只有牢记和恪守危机管理的伦理价值观底线,将长远的发展战略与当下的危机应对策略和行动相结合,全力以赴地重建与利益相关者之间的信任关系,不惜一切代价地修复危机中受损的声誉,危机主体才能有机会真正渡过危机,才能有机会发现和抓住危机中潜在的新的发展机遇,走上高质量可持续发展之路。

咬定青山不放松,立根原在破岩中。千磨万击还坚劲,任尔东西南北风。

——郑板桥①

---

① 郑板桥(1693—1765),清代文人画家,诗书画堪称"三绝","扬州八怪"之代表人物。

9.1 重建利益相关者信任关系

任何危机，都是对危机主体和核心利益相关者的一种伤害。即使是任何一个企业都难以避免的、司空见惯的产品和服务质量危机，那些基于非系统思考的危机应对策略，以及那些依靠直觉和拍脑袋决策的头疼医头脚疼医脚的危机应对行动，不但不能有效遏制、减弱和缩小给危机主体和核心利益相关者所带来的伤害，反而会导致危机状况的持续恶化，使危机性质最终演变成为更难以应对的信任和声誉危机，导致对危机主体的更大程度和更大范围的伤害。在对危机主体的所有伤害中，以利益相关者的信任受损最为惨痛，以品牌形象和声誉所受的伤害最为难以恢复。

在各种网站和社交平台如雨后春笋般不断涌现的今天，危机相关信息传播的速度和影响范围的广度，已经成了危机应对过程中不可忽视的一种颠覆性力量。人与人之间、人与企业之间以及企业与企业之间的信任，常常会被无时无处不在的危机所撕裂。基于系统思考的危机应对策略和行动，正变得比以往任何时候都更为重要。

无论是谁，面对危机时都是覆水难收，都难以让时光倒流，难以把已经泄露的丑闻信息从利益相关者的脑海中抹去，难以把这个已经被放出来的妖怪重新装回瓶子中。因此，在危机管理过程中，危机主体面对危机的态度、价值观和思维方式决定了一切。显然，危机主体绝对不可以试图编织谎言以掩盖危机真相，也千万不要去寻找替罪羊！所有的危机应对行动，都必须给所有的利益相关者明确传递一个信息：尽管置身于危机情境之中，危机主体依然是值得信任的。作为危机主体，可以做或者必须做的，唯有恪守社会伦理价值观底线，基于系统思考控制危机演变的节奏和方向，不惜一切代价重建与利益相关者之间的信任关系。

恪守社会伦理价值观底线

置身于危机情境之中，危机主体往往面临巨大的心理压力。然而，无论如何，危机主体都不可意气用事，必须端正危机管理态度，恪守危机管理的伦理价值观底线，将长远发展战略和当下的危机应对策略行动相结合。在危机管理战略上着眼于长远的可持续发展，在危机管理策略上聚焦于当下危机问题的解决，有条不紊地进行危机应对行动。

　　尽管所有的危机在爆发之前都会有越来越多和越来越明显的信号出现,但是,由于危机主体不可能感知和发现所有的潜在危机信号,更不可能针对所有的潜在危机情境制定完善的危机管理预案,因此,对于危机主体来说,危机管理方案永远比预测到的危机情境多得多。只要是预测到的潜在危机,都能够有一种甚至多种应对预案,最为可怕的,是那些自己一无所知的潜在危机情境的出现。作为饮料业巨头的百事公司(PepsiCo Inc.),接到消费者投诉自然是难以避免的,但谁也没有料到的是,在 1993 年 6 月的短短几天内,百事公司居然连续接到了多个类似的消费者投诉,声称在罐装百事可乐中发现了注射器针头。这些听起来令人毛骨悚然和匪夷所思的新闻,连续多日占据了全球各国多种语言和多个媒体的头版头条,记者们都像闻到腥味的饿猫一样,把百事可乐的针头危机情境在笔下和镜头下放大,再放大。几乎是在一瞬间,百事公司便跌入了一个看起来似乎有点无厘头的产品质量危机陷阱,股价暴跌,市场销量急剧下滑。尽管几乎所有的百事公司员工都对此一危机的发生显得茫无头绪,但是,以时任总裁兼CEO 的克雷格·韦泽厄普(Craig Weatherup)为首的百事公司危机管理团队并未因此而陷入恐慌,他们设立了危机应对总部,在整个危机应对过程中恪守社会伦理底线,随时保持与媒体和公众的全方位沟通,但拒绝回答和评价任何尚无结论的问题。

　　经过沉着冷静的讨论和分析,克雷格和危机管理团队达成一致意见,认为这次危机与十年前发生的强生公司泰诺胶囊投毒危机有着本质的不同,百事可乐罐中所发现的针头并不会使任何消费者有潜在的性命之虞,因此,百事公司也就没有必要去效仿强生公司进行大规模的产品召回行动。但是,虽然可以不用召回,眼下的这次已经造成极大品牌和声誉损失的危机,又应该如何进行应对呢?

　　毫无疑问,百事公司必须尽快让所有利益相关者相信公司的生产过程是绝对安全的,是根本无法被任何人为因素破坏的,公司的产品质量也是有保证的。危机管理团队决定通过直观形象的方式来与利益相关者进行危机沟通,一举买下了多个电视台的黄金广告时段,用来反复播放百事可乐罐装生产线和生产流程的实景视频录像,使所有利益相关者都能够清楚地看到百事公司高度自动化的生产灌装过程:在饮料注入罐体之前,生产线上的空罐是口朝下进行高温蒸汽和热水冲击消毒的,消毒之后便立即被注入饮料并封口。整个生产罐装过程只有几秒钟,通过这段录像,所有利益相关者都可以做出一个最基本的直觉判断,即要在这短短的几秒钟内将注射针头放到罐中,任何人都不可能做到。拨开重重迷雾,百事公司与利益相关者之间的信任裂痕很快就得到了修复。随后,通过与美国食品与药物管理局和联邦调查局等政府机构的密切合作,危机真相最终被揭穿,这只是一件有预谋的诈骗案而已。

危机管理犹如一场战争,尽管没有弥漫的硝烟,但整个危机管理过程也常常是同样惊心动魄。瞬息万变的危机情境之中,不论在危机爆发之前进行了多么充分的危机预案准备,一旦遭遇危机,危机主体都将面临巨大的心理压力,需要在危机应对过程中端正危机管理态度,恪守社会伦理底线,基于系统思考审时度势,及时对危机预案中的策略性行动方案进行必要的修正和调整。

一个作战计划的优劣,只有在战场上的第一枪打响之后才能得到验证。同样,一个危机管理预案的成败,也只有坚守危机管理伦理底线,经历过危机管理实践的检验、锤炼和修正,才能显示出强大的威力,才能确保危机主体在危机演变过程中不会迷茫和失去方向,做到成竹在胸。

尽快控制危机演变的节奏和方向

无论是大公司还是小微商,无论是股份制上市企业还是私营个体户,在危机演变过程中所面对的,其实都是一场包括所有利益相关者在内的战争,而不仅仅是与某个或真实或虚幻的竞争对手的较量。

危机演变过程中,所有高度关注危机情境的核心利益相关者都希望能够尽快得到可信度较高的危机真相信息。遗憾的是,受限于信息本身及传播渠道的复杂多样性,即便是危机主体自身,也很难全面掌握最新的危机真相信息。在内外压力交迫之下,危机主体常常和盲人摸象一样难以洞悉危机的动态复杂性演变和发展过程,被不断出现的新的危机情境变化牵着鼻子走,头疼医头脚疼医脚,穷于应付而做出错误的危机应对决策和行动。2014年年底,一直以绩优成长公司形象示人的上市公司獐子岛突然发布公告,高达8亿元人民币的巨亏让市场为之震惊,更让人匪夷所思的是獐子岛对亏损原因的解释:由于北黄海冷水团入侵,2011年年底播下的扇贝绝收。正是这一难以被常人所理解和接受的解释,让核心利益相关者对獐子岛运营"迷局"的质疑越来越多:冷水团来无影、去无踪,茫茫上百万亩海域间,沉在海底的扇贝突然就没了? 遗憾的是,随着时间的推移,利益相关者们不但没有等到獐子岛巨亏危机的真相,反而是一而再再而三的仿佛已经常态化了的亏损公告和一系列天方夜谭式的外因解释,使得獐子岛的财务亏损危机演变节奏渐渐失控,利益相关者对危机真相的质疑方向也发生了改变:这究竟是遭遇了天灾,还是人为的财务造假?

上市公司是公众企业,每一家公司都涉及成千上万甚至数十万投资者的切身利益,只有保证市场的透明度,提供真实、准确、及时的信息,才能使投资者们作出正确判断和选择。上市公司的信息披露造假行为,不仅会直接损害成千上万投资者的利益,对公司的利益相关者信任关系和品牌声誉造成巨大的负面影响和损害,而且会严重侵蚀整个证券市场赖以存续和可持续发展的诚信基础。因此,及时可信的信息披露,既是证券市场得以良性运行的关键,也是上市公司控制危机演变节奏和方向的工具。遗憾的是,近年来,"蓝田股份""獐子岛""银广夏""郑百文""绿大地""万福生科""南纺股份""中联重科""科伦药业"等多家上市公司深陷信息披露造假危机,各种各样匪夷所思的童话故事般的谎言一再刷新利益相关者们的认知和智商底线,层出不穷的上市公司信息披露造假现象频频拷问着证券市场的规则制定与执行。

规则制定只是一方面,规则执行同样重要。虽然没有哪个规则是完美无缺的,也没有哪个规则的执行是面面俱到的,但是,如果上市公司从造假中的获益之大与处罚力度之小形成了鲜明反差,这种低到几乎可以忽略不计的违法成本就难以形成威慑力,甚至会被故意忽略。基于对近年来上市公司信息披露造假危机情境的解析,上市公司内部控制的薄弱程度可谓触目惊心:控股股东常常既是运动员,也是裁判员,集控制权、执行权和监督权于一身;监事会独立性差;独立董事形同虚设;内部审计无法行使职能……上市公司及证券市场管理中这些非正常现象的常态化,都让信息披露造假者有了可乘之机。

利益相关者们关于獐子岛等上市公司的各种质疑,其本质上是对上市公司信息披露制度体系的信任危机。监管方面对于上市公司信息披露造假的放纵或处罚太轻,不但会助长造假者的侥幸心理,使证券市场上的造假行为渐渐变得肆无忌惮,而且会形成破窗效应,使证券市场上的优质上市公司面临劣胜优汰的尴尬,陷入逆向淘汰的恶性循环危机情境。

这种源于心智模式缺陷和静态思考结果的危机应对策略,正是大多数危机主体与生俱来的危机管理障碍,相关的危机应对行动或许暂时会使眼前的危机状况得到一定程度的缓解,但长远考虑无异于饮鸩止渴,往往会改变危机的性质和演变的方向,诱发对危机主体及核心利益相关者伤害更为严重的、延续时间更长的、更难以应对的新的信任危机和声誉危机,其危及和葬送的,或许将远远不是某个或某些上市公司的利益,不是某个证券市场的未来,而是整个社会经济制度体系的高质量可持续发展。

不要掩盖危机事实

置身于危机情境之中,几乎每个危机主体都会基于本能反应,下意识地向核心利益相关者展示自己最好的一面,以对自己最为有利的方式去管理和控制危机:或者在危机信息发布时选择性地隐瞒部分对自己不利的事实真相,或者基于对自己有利的考量而进行有侧重点的危机相关信息发布。这种策略和行动对于一般性的沟通似乎很自然也很正常,但是,在危机沟通和应对过程中则无异于饮鸩止渴,因为那些被隐瞒的危机真相信息,不但可能会导致对利益相关者的更大的损害,甚至可能会带来更多的伤亡。危机情境之下,危机真相信息的泄露无疑只是时间问题。在危机管理过程中,唯有通过恰当的沟通方式,就危机真相信息与核心利益相关者进行及时沟通,才是修复和重建危机主体与利益相关者之间信任关系的危机管理之道。

没有哪一个企业可以保证所有规章制度都是完美的,也没有哪一个企业能够保证所有的员工都能够坚守伦理底线标准。制度中的漏洞和存在素质问题的员工,也与瑕疵产品一样,随时都可能会给企业带来危机。当客户 SanDisk 公司委托存管股票被盗卖危机乍现之际,理律律师事务所当即实施了一连串高效的危机管控行动:立即成立一个危机应对团队,对理律所内部的相关管理制度进行检讨,找出让员工非法行为可以得逞的制度漏洞,提出必要的修正建议并尽快组织实施;全力搜寻盗卖客户资产的刘伟杰的下落,尽一切可能减少损失;对律所合伙人、律师及其他员工依序简报,将理律所内部的每一个核心利益相关者都置于同一个危机真相信息界面,了解和参与理律所已经和正在采取的必要的危机应对行动;通报 SanDisk 公司,争取与其尽快达成赔偿协议。

危机管理过程中,一旦失去了核心利益相关者的信任,危机主体的任何危机应对行动都是不可能取得成功的,都将是一场极难逆转的噩梦般的灾难。从理律所的危机应对行动可见:一方面,亡羊补牢,立即着手对现有管理制度体系中的漏洞进行检查和修正,基于当下正在发生的危机情境,从未来的视角进行预防,以确保类似的危机情境不再发生;另一方面,端正态度,积极主动承担责任,立即着手与利益相关者进行全方位有序沟通,掌握危机真相相关信息的发布和传播主动权。

或许有人会说,理律所危机管理团队之所以能够成竹在胸,应该是因为这次危机所造成的伤害对理律所来说不算大吧? 其实不然,这次危机所带来的损失不但极大,仅仅是直接损失就已经远远超出了理律所当时所能够承受的能力,而且,因为律所的性质是无限责任公司,这很可能就意味着所有合伙人都将不得不以个人资产来偿还这笔天外飞来的巨额债务。

正是理律所正确的危机管理态度和高效的危机管理行动,不但赢得了来自核心利益相关者的普遍信任而得以成功渡过危机,而且发现和抓住了此一危机中新的发展机遇,使律师品牌美誉度得到了进一步的提升。理律所与 SanDisk 公司就赔偿达成的协议内容公布时,其中所体现出的信任和博爱精神让所有利益相关者都赞许不已。SanDisk 公司时任副总裁兼首席法务官查尔斯·范·奥登(Charles Van Orden)认为,"理律所是行业中最棒的一家律师事务所,我们不相信一个害群之马能改变得了理律所在过去 40 年里所建立起来的稳固信誉"。可以想象,如果理律所选择性地掩盖了危机事实真相,如果 SanDisk 公司是通过别的正式或非正式渠道获悉其委托存管的股票被盗卖,SanDisk 公司对理律所多年来累积的信任必将在顷刻间荡然无存。那时候,理律所给出的所有解释都将是徒劳的,等待理律所的必将只有无情的破产清算,以及"此恨绵绵无绝期"的诉讼和到现在都没有能抓到罪魁祸首的哀叹。

危机管理并不是一场"打地鼠"的游戏,不是用一柄大锤把刚刚探出头来的危机信号砸下去了就能万事大吉的。危机真相是不可能被掩盖的,至少从长期来看是这样。在危机管理过程中,任何对事实真相的掩盖都是不可取的,任何一个危机主体都不可能依靠掩盖真相的谎言而渡过危机。

不论是政商关系丰厚的企业家,还是芸芸众生中的社会个人,也不论是营利性企业,还是非营利性组织,都必须清醒地认识到这样一个危机管理常识:任何选择性危机信息披露,都必须做到慎之又慎,既不能违背危机管理的伦理价值观底线,也不能给别的利益相关者带来进一步侵害。虚假编造的任何谎言不但无益于危机主体和利益相关者之间信任关系的修复和重建,而且最终必定会导致危机情境的进一步恶化,必将给危机主体带来更大、更难堪和更难以应对的新的危机情境。

不要寻找替罪羊

"一定是被哪个家伙搞砸了!"这是危机情境中最常见的一种非系统性思维定式。在这种思维定式主导下,很多危机主体会下意识地寻找替罪羊,会竭尽所能地将危机责任归咎于"前员工"或"临时工",以为自己只要躲在这些替罪羊的背后,就能万事大吉、渡过危机。遗憾的是,这样做的结果往往事与愿违,等待这些危机主体的,往往是更严重的、更难以应对的信任和声誉危机。

危机管控中的替罪羊策略，就好像你突然间极其粗暴地把一个只是和你同车的无辜乘客推下公交车一样，不但会招致那个被你推下车的无辜乘客的全力反击，而且会激怒车内其他的侥幸没有被你推下去的乘客，以及在车外的一众旁观者，这无疑是一场没有赢家而危机主体却一定是那个最大的输家的新危机。

在危机管控过程中，替罪羊其实根本不可能起到任何屏障作用。假以时日，其唯一确定无疑的作用，就是对危机主体与利益相关者之间信任关系的更大程度的损害。如果一遇到危机就试图寻找替罪羊来转嫁责任，那么，对于那些常常被无端指责的替罪羊而言，不但谈不上对危机主体有一丝一毫的信任，而且会在内心产生强烈的铤而走险采取报复行动的动机。尴尬的是，置身于危机之中正焦头烂额、慌不择言的危机主体，却完全不知道这些看似弱者的替罪羊会在何时何地采取何种报复行动。

更为尴尬的是，这些替罪羊常常是与危机主体有着一致利益的利益相关者，如一线员工、与企业共存共荣的合作伙伴等，他们本该是危机主体进行危机应对的重要力量来源和支柱。然而，危机管控策略和行动的错误，使他们不幸沦为危机管理过程中的弃子，使他们在瞬间变身为与危机主体对立的利益相关者。如此，他们就可能会在任何方面、任何可能的时间和地点与危机主体所要达成的危机管理目标相对立，会极尽所能地去破坏危机主体重建与利益相关者之间信任关系的努力，会否定和质疑危机主体所发布的任何信息，会阻碍危机主体所采取的任何可能有效的危机管控行动，会打乱危机主体的危机管理部署，甚至会不惜一切代价地釜底抽薪而将危机主体逼入绝境！因此，在危机应对中，危机主体应该竭尽全力地最小化对所有利益相关者的可能的伤害，千万不要试图去寻找替罪羊，即使对方此时看起来可能只是一个或一群并没有任何反抗和还手之力的弱者。

寻找替罪羊的错误策略和行动的根源在于对动态复杂性危机情境的静态思考，在于危机主体长期以来基于错误的危机管理行动而形成和固化的心智模式的缺陷。所有危机的产生和演变，无疑都是一个动态复杂性过程。如果不能遵循系统思考的理念和方法，危机主体就几乎没有可能在危机管理过程中找到根本解，找到针对性的危机应对方案，收获"四两拨千斤"的危机应对效果，更没有可能发现和抓住危机中潜在的新的发展机遇。因此，危机主体必须正视自己在危机发展和演变过程中的角色，明确自己应该承担的责任，主动面对危机，基于系统思考制定和实施危机应对预案。只有如此，才有可能真正修复危机主体与利益相关者之间的信任关系，真正实现高质量可持续发展。

1. 明确和主动面对危机责任

无论是个人,还是企业,都随时可能遭遇危机情境。就个人危机情境而言,其产生和演变往往都与其危机态度和价值观有关;就企业危机情境而言,其产生和演变则往往与企业的经营理念、文化氛围、管理规范和制度体系紧密相关。一旦明确了危机诱因中的关键要素,作为危机主体的个人和企业在危机中所应承担的责任也就一目了然了。

在企业发展过程中,常常会出现等级森严的阶层理念、烦琐的汇报和审批体系,导致员工在发现危机信号的时候主观上不愿意呈现出来,或者即使呈现出来了也不会得到高层管理者的重视。

除了这些刚性的阶层、规范和制度障碍,柔性的企业文化氛围也常常是对危机的产生和演变有着重要影响的不容忽视的要素。来自职场同事的冷嘲热讽,以及来自上级主管的辱虐管理行为,不但会影响员工的工作态度和心理健康,还会使员工的工作满意度和生活满意度下降,导致员工在工作过程中采取主观恶意破坏和报复行为,成为诱发产品和服务质量危机的源头,甚至可能会导致员工频频跳槽,引发人力资源危机。

每一个企业都是由若干员工个体所构成的。人无完人,企业也与人一样会犯错,会因为犯错而遭遇危机,会给企业自身及核心利益相关者带来不同程度的负面影响。因此,在进行危机责任解析和反思时,极易被忽略的危机主体自身恰恰是必须考虑的首要环节。当然,就危机责任追究而言,无疑应该由决策者个人以有意义的方式来承担。美国思科公司首席执行官约翰·钱伯斯(John Chambers)就曾把自己的年薪削减到了 1 美元,以缓和劳资双方的矛盾,承担公司当时的劳资关系危机责任。

2. 基于系统思考制定和实施危机管理预案

当一个蹒跚学步的小孩被某个障碍物绊倒的时候,为了安慰伤心哭闹茫然不解的孩子,有些父母会通过责怪和拍打障碍物以博取孩子的破涕一笑。殊不知,这样的危机沟通方式,久而久之就会使孩子形成归罪于外的危机管理心智模式。在这种有待改善的不良心智模式之下,一旦置身于危机情境,他们就会自然而然地下意识地推卸危机责任,认为是别人搞砸了。那么,既然认为是别人搞砸了,这些危机主体也就很少会对危机过程进行反省,很少会主动面对和积极承担危机中的责任,更谈不上会基于系统思考对危机管理预案和行动中的错误进行修正了。这也就是为什么同样的危机总是会一而再再而三地重复出现的系统性根源之一。

　　危机的预防和应对,是一个螺旋式递进的过程。从来没有哪个人或哪个企业可以断言,其危机管理预案能够覆盖所有可能发生的潜在危机的所有细节,能够对未来潜在危机的应对策略步骤进行准确无误的预测和准备。当然,也不会有哪个危机的发展会与危机管理预案完全吻合,所有危机管理预案都必须基于系统思考来进行制定、优化和实施,必须基于对危机管理过程的反思而进行持续的修订。如此,才能在最大程度上减少类似危机的重复发生,而这也是重建危机利益相关者信任关系的唯一桥梁。

9.2　修复危机中受损的声誉

　　在危机沟通和应对过程中,危机主体所说的每一句话,所发布的每一个声明,所采取的每一个危机管控行动,都必须经过仔细的权衡:是否有助于修复和提升危机主体自身在危机情境中受损的声誉? 作为危机应对行动的关键,危机主体可以通过发布准确的信息、管理人们对危机的预期以及控制信息流等方法,来修复和提升自己在危机中受损的声誉。

及时发布准确的危机真相信息

　　置身于信息化时代的今天,智能化穿戴和自媒体设备正悄然颠覆着人们对传统信息传播的认知,社会传媒生态也正在发生着一场前所未有的变革。随时随地,每个人都可能变身为撰写、拍摄和传播危机相关新闻信息的记者。一条条微博、一个个帖子、一段段评论,汇成了一片蔚为壮观的危机相关信息海洋。如果要修复和提升在危机情境中受损的声誉,危机主体的唯一选择就是准确、及时地发布危机真相信息。

　　危机管理过程中,危机主体如果以开放、透明的态度快速依序发布危机真相信息,不但可以赢得利益相关者的赞誉,而且能够对谣言和不实信息的滋生和蔓延进行有效控制。当 SanDisk 公司委托存管股票被盗卖危机乍现时,理律所危机管理团队当天就通过多种渠道向员工、股东、SanDisk 公司及其他客户和社会公众等利益相关者分别进行了危机真相信息的及时有序的发布。对于理律所的绝大多数利益相关者而言,这个消息无疑是一个爆炸性的极具破坏潜力的坏消息;对于员工来说,这个坏消息带来的可能是律所倒闭后的失业;对于合伙人来说,这个坏消息带来的可能是因为对律所债务负有无限连带赔偿责任而破产;对

SanDisk 公司来说,这个坏消息带来的可能是直接的巨额财产损失,甚至会是股价暴跌;对于其他客户来说,这个坏消息带来的可能是失去一个值得信赖的合作伙伴;对社会公众来说,这个坏消息带来的可能是世风日下的警示。

不难想象,如果理律所的员工是从别的渠道得知了这一危机的真相,那么他们还愿意认同危机管理团队的工作,甚至主动要求拿出自己个人或家庭的积蓄来帮助理律所渡过难关吗? 如果 SanDisk 公司是从别的渠道得知了这一危机的真相,他们还会愿意坐下来协商和谈判吗? 很显然,支撑理律所渡过这一危机劫难的资源,就是他们通过及时有序的危机真相信息发布所维系的利益相关者信任,以及长期以来一直小心看护的品牌和声誉。

尽管理律所经历的这种攸关生死存亡的危机情境比较罕见,但是,每一个人和每一个企业无疑都会遭遇危机,都会面临前路一片迷茫的危机时刻。在这种危机时刻,危机主体必须明白,只有及时准确地发布危机真相信息,才是危机演变过程中唯一可能有效的自我救赎。

管理利益相关者对危机信息的预期

古往今来,危机每天都在上演,危机主体和利益相关者之间的博弈也从未停歇。尽管危机主体已然通过各种渠道及时准确地发布了危机真相信息,但是,危机主体与利益相关者之间的信任在危机情境中业已受损,或者其信任关系根基本来就因为过去的各种陈见而不太牢固,因此,基于各自对危机信息获取的不同期望,利益相关者就会不停地追寻危机真相,并通过多个渠道印证所获得的危机相关信息。

对利益相关者的危机信息预期进行管理,既是一门艺术,也是一门技术,不但会贯串整个危机沟通和应对过程,而且还会延伸到危机之后的相当长一段时间。任何两个时点上所发布的危机相关信息之间的差异,如果得不到合理的解释,对于危机主体的声誉修复都将是一场灾难。因此,危机主体除了要在危机之初、危机之中和危机之后针对不同的利益相关者群体及时进行危机真相信息的有序发布,还需要确保各个阶段危机相关信息发布的准确性。

1. 危机之初的信息预期管理

危机乍现之际,危机主体及利益相关者的心中都非常明白,自己在此时所了解的危机真相信息一定是支离破碎的,是不全面的。关于危机全貌和真相的判断,无疑是需要叠加多个信息渠道和信息源的信息以进行补充和彼此印证的。

在这个阶段,即使危机主体所发布的只是片段的、过程中的危机相关信息,利益相关者们也是可以基于理性的理解而接受的。换言之,危机主体所要做的就是"知之为知之,不知为不知",有序发布危机真相信息,并对相关信息的缺失原因进行说明,就相关缺失信息的进一步发布做出承诺。

危机主体一旦无视利益相关者对危机真相信息的预期,就会消极于危机沟通,不但会使危机主体失去发布危机相关信息的先机,使相关媒体只能基于道听途说的片段信息去进行报道,导致事实上的危机沟通失误,给谣言的滋生和传播以广阔的空间和更多的机会,而且会不可避免地导致利益相关者对危机真相信息获取的期望不断发酵,不断被非理性地推高,最终使利益相关者产生对危机主体的危机管理态度和价值观的质疑,诱发更难以应对的灾难性的声誉危机。

为了有效管理利益相关者对危机信息获取的期望,危机主体可以在危机之初主动采取措施来调节和影响利益相关者,可以就拟发布危机相关信息的时间、地点和渠道明确做出承诺,让利益相关者对危机信息发布的预期变得更为实际而合理。需要注意的是,在整个危机应对过程中,危机主体必须言出必行,切忌做出超出自己能力的过度承诺。

2. 危机之中的信息预期管理

危机主体在危机之初做出的关于危机真相信息发布的所有承诺,都必须得到不折不扣的执行。任何一个无故违背承诺的细节,都可能会使危机主体业已在危机情境中受损的声誉雪上加霜。为了能够收获更多的利益相关者信任,最大程度上修复声誉,危机之中的危机主体不但需要履行危机之初的所有信息发布承诺,而且还需要着力于对超过利益相关者预期的危机相关信息进行整理和发布。

置身于错综复杂的危机信息海洋中,危机情境瞬息万变。利益相关者所接受到的危机相关信息可能来自多个彼此不一致甚至是矛盾的危机信息源。相比较而言,作为危机真相信息发布的权威来源,危机主体与危机真相的距离往往是最近的。一旦危机主体未能履行危机信息发布承诺,利益相关者就会失去危机信息海洋中的指南针,不但可能在不自觉间被来自其他渠道的不实信息或谣言所误导,而且可能会基于自己的片面理解而推波助澜,成为不实信息或谣言传播的其中一个环节。因此,如果确定受限于客观原因而无法履行危机之初的信息发布承诺,危机主体必须立即通过正式的渠道进行道歉,详细说明原因,在取得利益相关者的谅解之后,给出一个更为切实可行的新的承诺。信息预期没有能得到满足,或许会激发部分利益相关者的不满情绪,甚至会令他们对危机主体表现出些许失望。但是,对大多数利益相关者,尤其是核心沟通对象来说,应该是比较容易理解和能够接受的,终究不至于让整个危机相关信息的发布节奏失控。换言之,两害相权取其轻,即使因为所能提供的危机相关信息少于预期而引起部分利益相关者的不满,也比信口开河带来的声誉损失小得多。

危机信息发布过程中,如果危机主体在最不应该失声的关键时刻沉默,就无异于拱手让出危机真相信息的发布和传播控制权,将会使得利益相关者迷失在危机相关信息的海洋之中。反之,如果危机主体能够成功管理利益相关者对危机信息的预期,甚至超越利益相关者的预期而进行危机真相信息发布,则会有利于危机主体声誉的修复和提升。当然,要做到这一点,危机主体需要精心设计每一个危机信息发布行动,精心准备每一个细节,研判和精确把握各利益相关者对于危机相关信息的动态显性需求和隐性需求。唯有如此,危机主体才能对利益相关者获得危机相关信息的时间、地点、方式、内容和节奏进行管控,并对危机之中的信息发布过程进行战略性规划、部署和实施。

3. 危机之后的信息预期管理

危机之后的相当长一段时间内,危机主体依然会受到来自利益相关者的格外关注。但是,无论是出于何种目的的关注,都终究会随着时间的消逝而变得不再像危机之初和之中那么聚焦。当危机主体再次因危机而成为利益相关者关注的焦点时,或许并不一定是类似的危机,但也常常会让利益相关者回忆起危机主体在过去危机中的行为,以及这些行为背后所彰显的危机管理态度和价值观。

基于刻板印象和心理投射效应,如果对危机主体在过去危机管理行动中的印象是正面的,那么,利益相关者们在当下危机中的信息期望就会显得比较包容。相反,如果对危机主体过去的危机管理行动印象是负面的,利益相关者们在当下危机中的信息期望就会显得更为挑剔。在泰诺胶囊被投毒危机管理过程中,强生公司所秉持的"消费者生命高于一切"的价值观给利益相关者们留下了极为深刻的印象,最终积淀成为强生公司卓越的品牌和声誉资产。也正是基于这一刻板印象的声誉,强生公司后来再次遭遇类似危机时,利益相关者基于对强生公司信任的心理投射,对危机相关信息的期望就变得较低,使强生公司的危机沟通和应对过程变得越来越简单和顺利。相反,在阿拉斯加海湾泄油危机中,埃克森石油公司及其高管团队所展现出的自私、傲慢的危机管理态度和漠视生态环境的价值观,使得该公司迄今依然被钉在历史的耻辱柱上。尽管埃克森石油公司后来陆续花费了堪称天文数字的巨资用于油污的清理,但这些旨在修复公司声誉的努力,一直收效甚微。在过去的几十年中,只要埃克森石油公司一有风吹草动,甚至是与该公司无关的其他公司的类似危机发生时,也都会让埃克森石油公司作为反面典型教材而一再被利益相关者反复提起。

危机之后,危机主体一般可以从以下三个方面管理利益相关者对危机相关信息的期望:其一,领导先行,勇担责任。作为企业的领导者,一般是董事长或首席执行官,必须担负起危机管理团队负责人的角色,以确保能够尽快和尽量满足利益相关者对危机相关信息的期望,这是重建危机中受损的公司声誉的前提和基础。其二,开诚布公,内外兼顾,进行全方位持续沟通。消弭危机负面影响以重建声誉的唯一策略,就是面对危机真相实话实说,而绝不能是回避,更不能是谎言。其三,放下包袱,专注于变革。危机之后,尤其是在危机管理失败之后,危机主体的任何纠结、自责,或者与任何利益相关者之间的相互指责,都是于事无补的。危机主体必须彻底放下包袱,专注于自身在危机之后的变革,以不断地超额满足利益相关者对其危机之后的信息期望。

无论是强生公司,还是埃克森石油公司,作为危机管理领域的成功和失败典范,两个公司的名字均被写入了多个学科的教科书,在课堂上被透彻地一遍遍进行剖析。这对于埃克森石油公司受损的声誉来说,无疑是一种灾难,连貌似万能的时间也帮不上多大的忙了,唯有寄希望于其在今后日子里的每一个正确的危机应对态度和行动,才能无比艰难地一点点地重建和提升公司在危机中受损的声誉。

适时发布利好信息

相对于利益相关者而言,危机主体因为离危机真相最近而常常能够独家收集和获取重要的危机相关信息。在这些信息中,除了大量的对危机主体不利的坏消息之外,常常也会包括一些有利于危机主体进行危机应对的利好信息。那么,危机主体应该在什么时间、什么地点,通过什么样的方式来发布这些利好信息,以获得最大化的声誉修复效果呢?

置身于危机情境之中,每一个危机利益相关者,包括危机主体自身在内,都会全力以赴地搜寻那些经得起考验的可信的危机相关信息。尽管现在很多人都有多个渠道去接收和发送信息,但是,每个人对于这种海量信息的传播和承载能力都是有限的。如果危机主体能够适时发布与危机相关的利好消息,不但可以有效堵塞坏消息的传播渠道,挤占坏消息的承载空间,削弱利益相关者对炒作坏消息者和散布流言蜚语者的信任,而且可以引导危机朝着有利于危机主体的方向演变,修复和强化利益相关者对危机主体的信任,有效提升危机主体的声誉。2005 年 2 月 18 日,英国食品标准局宣布发现 400 多种食品受到了致癌工业染料"苏丹红一号"色素的污染,向全球各国发出食物安全警告。随即,从北京到浙江,从广东到河南,中国多个地区在食品检测中都发现了"苏丹红一号"合成色素的踪迹,包括亨氏、百胜等跨国食品公司在内的众多食品企业纷纷中枪。

在亨氏中国某批号的辣椒酱被查出含有"苏丹红一号"色素之后,亨氏中国立即在事发地广州举行了新闻发布会,时任中国区总裁出席并发布了三点关键信息:亨氏公司已经停止了金唛桂林辣椒酱和美味源辣椒油产品的生产和销售,所有库存产品业已查封;已购买了这些批号的辣椒酱和辣椒油的消费者,可以直接寄回美味源公司,公司将承诺包括邮费在内的全额赔偿;问题产品中的"苏丹红一号"可能来自一个原料供应商所提供的辣椒精。

从危机管理的视角来看,亨氏中国的这次新闻发布会堪称一次卓有成效的危机沟通。前两点信息的发布,意在控制危机信息的传播方向,彰显公司的社会责任形象,以避免使公司陷入消极应对带来的新的声誉危机;第三条信息则是一条已掌握但尚未得到最终确认的信息,这一信息的发布将使利益相关者对危机情境的关注焦点转向亨氏公司的原料供应商。对于深陷危机旋涡中心的亨氏公司而言,这一未最终确认的信息无疑是一个可能产生正面效应的利好消息。一方面,利益相关者可以清晰地知道,亨氏公司正在努力就此一危机的根源进行追查。这种努力,正是修复亨氏与利益相关者之间信任关系的基础。另一方面,这一信息清楚地告诉利益相关者,危机根源可能来自产业链的上游。这一信息的披露,无疑能够有效转移利益相关者对亨氏公司的关注,减轻公司在危机情境中所面临的舆论压力。正是这一则看似不经意的好消息的适时披露,不但使公司与利益相关者之间的信任关系损害得到了有效降低,而且也为亨氏公司赢得了危机管理过程中最为宝贵的时间和喘息机会。后来,经过质监部门对亨氏所提及的供应商的调查取证,也印证了亨氏公司所料。

一条独家可信的危机相关信息的适时发布,就犹如危机管理过程中的一个支点。成功布局和利用好这些支点,可以帮助危机主体重建利益相关者信任关系基础,改变利益相关者对危机主体的刻板印象,控制整个危机演变的节奏,甚至可能从根本上影响和改变危机发展的方向。相较于亨氏公司干脆利落、成效显著的危机应对,与亨氏有业务关联的、同样作为跨国企业的百胜集团,在这一危机中的信息发布和控制方面就显得逊色很多。虽然百胜公司后来也通过一位美国医疗专家证明了"苏丹红一号"并不像人们想象中的那么可怕,但是,这一貌似可信的利好信息来得实在是太迟了,对修复公司声誉的作用极为有限。

第 10 章　危机管理领导

　　一个称职的危机管理领导者,犹如决胜于千里疆场的将军,需要兼具智、信、仁、勇、严等五个方面的特质和能力,方能达成危机管理目标;一个优秀的危机管理领导者,犹如纵横捭阖运筹帷幄的统帅,需要拨开危机演变和发展过程中的重重迷雾,勾画危机管理蓝图,凝聚尽可能多的利益相关者之力,方能实现危机管理抱负;一个卓越的危机管理领导者,犹如开天辟地的王者,需要在超强的危机压力情境之中持续改善心智模式,实现自我超越,基于共同愿景打造学习型危机管理"梦之队",方能在系统思考的基础上发现和抓住可能的潜在发展机遇。

　　危机管理领导者的所有能力均源自后天的培养和修炼。当其他利益相关者只能看到静态的危机事件片段而做出基于症状解的被动反应之际,危机管理领导者的魅力就在于能够见树又见林,看清危机演变和发展过程的动态复杂性微妙结构,洞察危机过程全貌,掌握危机预防和应对的根本解。

　　逆境,是天才的晋身之阶,是信徒的洗礼之水,是能人的无价之宝,是弱者的无底之渊。

——奥诺雷·德·巴尔扎克①

---

　　①　Honoré · de Balzac,1799—1850,法国作家,欧洲批评现实主义文学的奠基人,现代法国小说之父,其作品被誉为"法国社会的一面镜子"及"资本主义社会的百科全书"。

10.1　危机管理领导者画像

领导者的危机感知和认识,不但决定了自己个人的危机预防和应对,也决定了他所领导的整个企业的危机管理理念、氛围和行动。对于任何一个企业而言,有什么样的领导者,就会有什么样的危机管理:一个称职的危机管理领导者,可以带领企业直面危机的挑战;一个优秀的危机管理领导者,可以带领企业渡过危机;一个卓越的危机管理领导者,可以带领企业发现和抓住危机中新的发展机遇,实现从平庸到卓越的跨越。那么,要成为一个称职的、优秀的和卓越的危机管理领导者,需要具有什么样的特质呢?

《孙子兵法》认为,作为一个决胜于千里疆场的将领,需要具备智、信、仁、勇、严等特质。危机犹如战争,东方兵学圣祖孙武先生对战争中将领的特质要求,无疑也是对一个危机管理领导者的基本画像:不但需要足智多谋知人善任,厚德载物仁以附众,而且还需要赏罚分明、勇敢果断和令行禁止。换言之,危机管理领导者必须能够理性观察和解析危机情境,能够辩证地看待和理清危机演变过程,能够顺应时势、从善如流,及时调整危机管理策略和行动。

足智多谋,知人善任

对于一个危机管理领导者来说,"智"的特质主要体现在足智多谋和知人善任两个方面。这是能够带领企业渡过危机,并在危机中把握新的发展机遇,实现高质量可持续发展的基础。

1. 足智多谋

在危机管理过程中,包括危机主体在内的所有利益相关者之间关于危机真相的信息极度不对称,很容易使危机管理领导者做出错误的判断,错过稍纵即逝的危机沟通和应对良机。

对于一个危机管理领导者,只有足智多谋,才能及时处理牵一发而动全身的主要矛盾,发现和抓住各种矛盾和冲突中潜在的新的发展机遇。金庸先生所著《天龙八部》中的丐帮帮主乔峰就是这样一个足智多谋的危机管理领导者,他那独到的危机管控三部曲"分清主次,辨明首恶""出手迅捷,控制局势"和"宽待从犯,安抚人心",在历次危机管理过程中屡见奇效,也屡立奇功:在丐帮内部叛乱危机中,乔峰以敏锐锁定叛乱主谋,在间不容发之际将其制服之后,随即将叛乱事件定性为"多年来同生共死的好兄弟,只不过一时生了些意见,没什么大不了的",不但快速控制住了危机局势,而且恰到好处地收拢人心,使一场凶险至极的危机就此消弭于无形;在辽国楚王叛乱危机中,乔峰以强弩硬箭冲入敌阵,射杀叛乱首恶,宣布"皇帝宽宏大量,谁都不加追究",使得一场看似众寡悬殊回天无力的危机在顷刻间就被成功化解。

置身于危机情境之中,很多人的本能反应都是抗拒,甚至会下意识地幻想眼前的危机情境不是真的。但是,一个危机管理领导者如果也有这种想法,无疑会贻误危机应对良机,错过最佳的危机应对时间。因此,一个危机管理领导者应该对瞬息万变的危机情境始终保持敏锐的感觉,能够从个人、团队、企业、社区和社会等多个层次对危机的潜在影响进行综合思考,能够以过去、现在和未来的视角对危机演变过程进行全面考察,能够一叶知秋,从蛛丝马迹中洞察危机情境中可能遭遇的困难、混乱和危险,并据此未雨绸缪,果敢决策,智慧处置危机演变过程中不断出现的各种问题。

2. 知人善任

一个篱笆三个桩,一个好汉三个帮。一个危机管理领导者必须善于吸纳和凝聚所有利益相关者的知识和智慧,在危机管理过程中取长补短。汉王刘邦之所以能从楚强汉弱的战乱危机中崛起,就是因为各有所长的张良、萧何和韩信均为其所用。相反,自恃勇冠三军、有着万夫不当之勇的项羽,其最大的缺点就是不能知人和用人,最终在不断恶化的危机困境中众叛亲离、自刎乌江。一个危机管理领导者的知人善任智慧,主要体现在选人、用人与留人等三个方面。

每个人都犹如一本精妙且深奥的书,危机管理领导者只有会读人,才会选人。只有选对了人,你的危机管理才会有成功的基础。在一个危机管理团队中,领导者就犹如足球场外看似闲庭信步其实无比专注的教练员:爆发力强、速度快且善于把握进攻机会的球员可以胜任前锋,技术细腻、精于审时度势且善于传球的球员可以担纲中锋,反应迅速果断、速度快且对抗能力强的球员可以用为后卫,而身高适当、弹跳力强、身体协调性优良且反应敏捷的球员则可以安排做守门员。在对抗过程中,绝大多数的攻防危机,都会被称职的前锋、中锋和后卫成功化解;一旦对方突破重围杀到了球门前而使得危机情境突变,那就是考验守门员的时候了。

用人,贵在取其长和避其短。只有用对了人,危机管理才会有成功的保障。唐僧率领的西天取经团队能历经九九八十一难而最终修成正果,正是得益于其对三位弟子不同特质的了解和恰到好处的使用:孙悟空虽然自以为是,但降妖捉怪的能力超强且很勤奋;猪八戒虽然懒惰,却总能保持积极乐观的态度;沙僧虽然淡泊理想,却能始终如一脚踏实地。在危机管理过程中,员工因为各种原因而出错是很正常的,领导者对员工"鸡蛋里挑骨头"的求全责备只会适得其反。正确的做法是,在实事求是的沟通和认清问题的基础上,告诉员工改进的目标和方法,在"鞭打快牛"的过程中保护员工开拓进取的锐气。

所有团队都会面临人才更替去留的问题。只有留对了人,危机管理才会有成功的根本。置身于危机情境之下,留才当厚则厚。电视剧《大宅门》中,当百草厅被"黑"而陷入运营危机的时候,为了压缩开支,白二奶奶遣散了不少工人。但是,当管家建议说"钱太紧,干脆让几位大师傅也暂时回家歇着"的时候,白二奶奶斩钉截铁地说:"这绝对不行,工人可以拿钱遣散,但大师傅绝不仅仅是几个钱的事情,放走了就回不来了,再说还有情义在。所以啊,不但一个钱都不能少,还要加!"无论何时,高素质的人才永远是稀缺的,永远是各个企业竞相争夺的对象。人才的流失,不管是"身在曹营心在汉"的内隐状态的流失,还是"挂冠而去"的外显状态的流失,其本身就是一场人才危机。

以信立身,以诚服人

不管你是公司的 CEO,是一个部门的主管,还是一个普通员工,如果命运安排你来做危机管理领导者,你就需要适时出现在正确的地方,感召和凝聚所有利益相关者,全力以赴地探询和判断危机状况,倾听利益相关者的声音,尽快找出危机真相,制定、实施和不断修正危机管理方案。

在正常的企业运营情境下,权力的配置或许可以赋予领导者以威慑力。但是,在危机情境之中,领导者唯一可以依靠的,只有以信立身和以诚服人,只有领导者自身在企业内外长期建立起来的基于信任和声誉的凝聚力。危机情境之中的任何金钱损失都是可以计量的,也都是可以有机会挽回的,但是,一旦信任和声誉受损,所造成的直接和间接损失,往往是难以用数字来进行计算的,也是极度难以挽回的。

在客户 SanDisk 公司委托存管股票被盗卖危机的沟通和应对过程中,理律所首席合伙人陈长文先生在多个场合公开表示:"我们对 SanDisk 公司有责任,也对其他客户有责任。受人之托,忠人之事,SanDisk 公司信任理律,把事情交托到我们的手中,我们不能因为出了事,就辜负 SanDisk 公司的信赖,就让所有信任理律的客户失望。"[①]相应地,SanDisk 公司时任副总裁兼首席法务官查尔

---

① 刁明芳,《陈长文:我们不甘心》,《远见》,2003 年 12 月。

斯·范·奥登（Charles Van Orden）在赔偿协议达成之后说，"过去数周，我们有幸认识了理律所这一群卓越的合伙人。……我们期待与理律所继续既有的合作关系"①。

毫无疑问，正是基于对陈长文等危机管理领导者的信任而形成的凝聚力，理律所才不但成功渡过这一危机，而且渐渐发展成为在东南亚法律服务领域中一颗历经创伤的"美丽珍珠"。可以想象，如果陈长文等危机管理领导者在面对危机的时候，一味考虑理律所甚至其个人自身利益而百般推脱责任，那个曾经活跃在全球跨国法律服务领域的广受业界和同行尊敬的理律所，必定早已灰飞烟灭而成为今天人们茶余饭后的故事和笑谈了。

厚德载物，仁以附众

在《孙子兵法》中，孙武先生就战争中将领与士兵之间的仁爱互动关系进行了精彩描述，"视卒如婴儿，故可与之赴深溪；视卒如爱子，故可与之俱死"。同样，对于一名危机管理领导者，在危机过程中能否厚德载物而得到利益相关者的广泛支持，是危机管理能否最终取得成功的前提条件。

1. 厚德载物

孟子曰，"爱人者，人恒爱之；敬人者，人恒敬之"。现代管理学之父彼得·德鲁克（Peter F. Drucker）指出，"领导者的唯一定义，就是其后面必须有追随者。没有追随者，就没有领导者"。在危机管理中，领导者最重要的职责就是将自我的人格魅力发挥到极致，以正面影响和吸引更多的追随者，包括企业中的每一个员工，以及企业内外的每一个利益相关者。2014 年世界互联网大会期间，深陷假货危机的某电商平台企业领导者声称，"25 块钱就想买一个劳力士手表，这是不可能的，这是你自己太贪了"。正是这一将假货危机归咎于消费者的言论，让其有待改善的危机管理心智模式缺陷暴露无遗，使利益相关者们对其面对假货危机的态度和价值观产生了广泛怀疑。

置身于假货危机之中，"打假"无疑是企业自身的一种自我救赎行为。如果这些电商平台企业愿意，其实是完全可以对入驻平台商户的售假、虚假评论和刷单等有违商业伦理的行为进行有效遏制的。首先，可以借助于大数据分析，对利益相关各方有违伦理的商业行为进行监控。为什么这些企业可以基于大数据分

---

① "SanDisk Announces Settlement Agreement with Lee and Li, Its Taiwan Law Firm", Business Wire, November 15, 2003, P. 1.

析来进行高效而精准的广告信息推送,却不愿意对有违商业伦理的利益相关者行为数据进行分析,并根据分析结果来进行打假呢? 其次,基于买卖双方的实名认证,对有违商业伦理的利益相关者行为进行惩治。如果这些企业能够建立并共享虚假评论、售假行为商户和刷单用户的黑名单数据库,凡是被收录于黑名单的商户和用户都将被永远禁入,那么,这些有违商业伦理的行为必将成为始作俑者背负终身的痛,在整个社会层面上得到有效遏制。最后,基于法制手段的商业环境净化。与其概念性地设立动辄号称数十亿的"消费者保护基金"噱头,还不如来点真格的,设立一个具有可操作性的"法律援助基金"帮助消费者维权,鼓励并切实支持消费者通过法律渠道打假。

　　一个成功的危机管理领导者必须内外兼修,厚德载物,使自己在危机管理过程中能够拥有强大的感召力。这种感召力,就是危机管理领导者通过自身人格魅力去影响利益相关者心理与行为的能力,与前瞻力、影响力、决断力和控制力等危机管理领导能力紧密相关,其最终目的,就是凝聚最广大的危机利益相关者,以达成危机管理价值观、理念和行为上的一致。

　　2. 仁以附众

　　所有的危机,既可能会对危机主体的利益产生极大的负面影响,也可能会对众多利益相关者的利益构成潜在威胁。对于一个危机管理领导者,在危机管理过程中绝不是单打独斗,而是可以在最大程度上仁以附众,争取利益相关者的支持与合作。超越代际管理者传承的强生公司使命,明确了企业对利益相关者的责任和顺序,首先是医生、护士和病人,其次是公司员工,再次是社会和整个世界,最后才是股东。① 伴随着强生公司的全球化拓展进程,这一使命被翻译成了50 多种语言,铭刻于全球每一个强生公司管理者和员工的脑海之中,彰显于他们的危机管理价值观、态度与行动之中。强生泰诺胶囊被投毒并导致芝加哥 7名消费者丧生之后,时任董事长吉姆·博克迅速组建了危机管理团队,在最短的时间内利用各种渠道向医生、医院、经销商等渠道和用户等利益相关者发出警报,冒着因耗尽公司资金而导致破产的风险召回了市场上所有的泰诺胶囊。这一后来被广泛解读为"以消费者的利益高于一切"的召回行动,其中所体现的仁爱惠及所有利益相关者:一方面,及时而坦诚的警示信息,避免了第 8 个、第 9 个甚至更多的消费者因此而丧生,这是对消费者的仁爱体现;另一方面,快速高效

---

① 　强生公司网站,https://www.jnj.com.cn,2018 年 7 月 1 日。

实施的召回行动,使得市场对强生公司品牌的信任和信心得以保全,使得强生公司收获了来自公众的理解、支持和信任,也使得强生泰诺胶囊后来的复出和强势回归成为可能,这是对强生公司股东、员工和整个社会的仁爱体现。

没有哪个人能够保证一生中都不会犯错,也没有哪一个公司能够保证不会遭遇危机。强生公司百余年的发展历程,就一直伴随着各种各样的危机。其之所以能一路披荆斩棘在各种危机中屹立不倒,甚至在多个"不可能"有一线生机的危机逆境中能够获得重生和发展,都是因为其使命中对利益相关者的仁爱。不难想象,如果强生公司罔顾被投毒胶囊对消费者生命的潜在威胁而拒绝召回胶囊①,那么,可能就真的印证了当时哈佛大学商学院某教授关于该召回行动的灾难性后果预言,即在来年的全球五百强企业之列,在未来的美国企业名录中,都不会再见到强生公司的身影了。

反思那些被司空见惯的产品质量危机轻易击溃的企业,那么快地被市场和消费者所抛弃,危机管理领导者对利益相关者仁爱的缺失应是主要原因之一。缺失了对利益相关者的仁爱,企业及其领导者就会在危机管理过程中唯利是图、掩耳盗铃和缺少担当,就会置消费者和员工的健康和安全于不顾,就会缩手缩脚心存侥幸而错失危机管理的最佳时机,最终导致危机情境失控而变得不可收拾。如果三鹿公司及其领导者哪怕有一点点的对利益相关者的仁爱,那些奶农的合理利润就会得到保护而不至于铤而走险,向原料奶中添加水、尿素和三聚氰胺,那些员工就不会在发现三聚氰胺超标时视而不见、充耳不闻,那些领导者就不会在接到消费者投诉时恶意拖延和隐匿不报,如此,三鹿公司就不至于倒在三聚氰胺危机的屠刀之下,中国的奶制品行业也就不至于会在十多年后的今天依然被信任和声誉危机所笼罩。

当下许多民营企业正在遭遇接班人危机的困扰。其实,只要坚守企业使命中对利益相关者的仁爱,在企业中形成敬畏使命的组织文化,又何必担心接班人危机? 又何愁企业不能永续经营和可持续发展呢? 强生公司百余年的繁荣和发展,其唯一的基石就是对公司使命中的仁爱的坚守。当然,如果哪一天强生公司的领导者背离了这一赖以存续和发展至今的企业使命,无疑也会失去利益相关

---

① 在召回决策过程中,强生公司当时其实是可以有许多借口拒绝或暂缓召回的。例如,因为担心中了可能的竞争对手投毒的圈套,代表政府列席董事会的美国联邦调查局人员强烈建议董事会终止考虑召回行动。另外,召回行动所需要的高达一亿美元的预算,已经几乎达到了强生公司当时所能承受的资金极限。

者的信任而遭遇末日危机。

显见度与理性之勇

《孙子兵法》云，"将不勇，则三军不锐"。对于一个危机管理领导者，如果没有迎难而上、乘风破浪、历险前行的"勇"，就不可能带领企业在危机管理过程中有所作为：一方面，领导者必须在危机管理过程中保持足够的显见度，如定海神针一般，给危机中的利益相关者以信心和方向；另一方面，危机管理领导者的"勇"绝非死打硬拼破釜沉舟式的、仅仅凭着一腔热血的匹夫之勇，而应该是基于系统思考的理性之勇。

1. 领导者的显见度

对于领导者在危机中的显见度（visibility），无论怎么强调都不过分。在"9·11"恐怖袭击发生之后，纽约市市长朱利安尼一直活跃在救援第一线，电视画面上到处可见灰头土脸的他：新闻发布会，遇难者葬礼，指挥调度中心，街头电视采访……作为"9·11"危机现场最高级别的行政官员，朱利安尼用行动诠释了他对危机管理领导者的定义，"我必须露面，我是纽约市市长，……所谓领导，就是在享受权力的同时，承担起更大的责任，在风险或危机来临时，有勇气站出来，扛起压力"[①]。

美国学者保罗·阿金提（Paul Argenti）发现，朱利安尼可谓彰显危机管理领导者"显见度"的典范，"朱利安尼的显见度，加上他的果断、坦诚和同情心，鼓舞了纽约人的士气，实际上也是全体美国人民的士气"[②]。其实，无论是书面声明、口头演讲，还是亲历危机现场，都可以让利益相关者知道领导者正在关注着他们在危机中所遭遇的痛苦，都可以让利益相关者相信领导者正在殚精竭虑和竭尽全力地进行危机应对。

2. 领导者的理性之勇

危机管理领导者的"勇"并非独立存在，而是与"智"相辅相成的。唯此，在危机管理过程中，领导者才可能做到难不畏险、退不避罪和进不求名。当危机管理过程中遭遇困境时，领导者的"勇"就意味着不畏艰难险阻，始终坚持自我，向正确的方向前进；当危机管理过程中遭遇挫折时，领导者的"勇"就意味着不推脱责

---

① 晶报，《最坏的一天，也是最好的一天》，2011 年 9 月 11 日。

② Paul Argenti，"Crisis Communication：Lessons from 9/11"，Harvard Business Review，December 2002，103 - 109.

任,能够及时自我反省,敢于承担责任并改正错误;当危机管理取得成功而面对成绩时,领导者的"勇"就意味着不居功和淡泊名利。

每一个危机管理领导者,自身也都是一个有血有肉的人,其内心也都会有着对危机的恐惧和胆怯。但是,危机管理过程中,一个平庸的领导者和一个卓越的领导者之间是有着显著区别的:平庸的领导者会受制甚至屈服于内心的恐惧和胆怯,掩耳盗铃,消极躲避危机;卓越的领导者会直面由恐惧和胆怯滋生的巨大压力,沉着冷静,理性地观察和分析动态复杂性危机情境,本着一颗"勇敢者的心",制定和高效实施危机应对方案,并在危机管理过程中时刻准备着,根据情境的动态变化因势利导,发现和抓住其中隐藏着的新的发展机遇。2003年年初,随着来自广东省的一例非典患者在中国香港被确诊,香港玛丽医院行政总监周一岳先生及其团队便开始面临这一新型传染病危机的考验。当时,人类对于这种后面被称为重症急性呼吸综合征(Severe Acute Respiratory Syndrome,SARS)的病毒控制、感染过程、扩散特征以及诊疗方案等几乎是一无所知。这种对超出自己管控能力之外的危机的恐惧,无疑也弥漫在包括周一岳先生在内的团队所有成员的心中。

基于玛丽医院过去数十年来所积累的丰富的传染病诊治经验,周一岳先生及其团队冷静分析了当时全球范围内的SARS危机情境,在医院中迅速营造出了一种良好的针对SARS病毒已知传染特征的管控氛围:首先,合理利用人们的恐惧心理,对院内医护人员进行SARS感染防控教育和培训;其次,聘请有着多年呼吸科传染病诊疗经验的专家领衔团队,挑选有经验的和受过特殊训练的员工予以协助;最后,为了避免谣言和引发不必要的恐慌,以"每日电子通讯"等多种沟通工具保持与每一位员工及利益相关者之间的全方位沟通和及时交流,以关爱、正直和负责赢得了所有利益相关者的尊敬与合作。正是周一岳先生及其团队在SARS危机过程中所展示的理性之勇及快速反应能力,在危机压力和困境下所坚持的道德原则和团队精神,才使得香港玛丽医院的员工和利益相关者们有了面对危机的信心和决心,彼此之间相互支持和密切配合,最终战胜了SARS危机。

律人律己,奖罚得当

为将之道,在于其命令的威严、庄重和不可侵犯。在战场上,将领必须基于严格的纪律才能号令军队所向披靡。同样,在危机管理过程中,领导者也必须做到在法令、奖罚和律己等三个方面的"严",才能成为危机管理中的常胜将军。

1. *法令之严*

很多企业都有一套看起来非常完整的管理制度体系,遗憾的是,这些制度或装订成册躺在文件柜子里面,或装裱精美地挂在办公室的墙上,或被强调于形式主义的大会小会报告之中,却很少能够融通于管理者的意识中,从根本上影响和贯彻于每一个员工的行动。

无论多么危险的行业,只要严格遵守安全操作规程,出现事故的概率其实都是极低的。那些频频发生的安全生产事故,只能说明企业的危机管理系统,尤其是危机预防管理体系,或者缺失,或者已经瘫痪和失灵。痛定思痛,危机之后尤为值得反思的是,为什么那些安全管理和监督制度会形同虚设?为什么同样的安全事故会在同一个地区甚至同一家企业中一而再再而三地发生?为什么刚刚开完安全生产警示和学习大会,刚刚进行安全生产检查走访,接踵而至的就是惨烈的爆炸事故?毋庸置疑,无论产品再低毒、设备再先进、流程再严密,"人"的因素,始终是决定性的。监管的人、管理的人、生产的人……只有每个人都从内心深层次严守安全底线,才会有真正的可靠和可信。

每一个企业,都应该建立并不断完善危机沟通反馈机制、监督机制和利益制衡机制。这些机制,犹如一道道危机防火墙,使得企业能够将各种潜在危机消灭于萌芽状态,能够顺利渡过危机,能够在危机管理过程中发现和抓住新的发展机遇。领导者既是这些危机管理机制得以形成和不断修正的动力,也是这些危机管理机制得以高效执行的保障。如果只关心绩效,被表象的、肤浅的利益所诱惑和蒙蔽,忽视了对潜在危机的预防,消极于危机应对预案的制定和更新,导致企业危机管理体系缺失或瘫痪,那么,这样的领导者,早晚会深陷万劫不复的危机困境并为之付出惨重的代价。

2. *奖罚之严*

在我们身边,有令不行、有禁不止的现象可谓比比皆是:在严格的环境保护法之下,为什么雾霾却越来越重?在严格的食品安全法之下,为什么有毒食品依然能长期充斥市场?在严格的安全生产管理条例之下,为什么还是会事故频发?在几经修订的证券法和相关管理条例的控制下,为什么上市公司的失范行为却越来越多且越来越猖獗?……究其原因,就在于有法不依、奖罚失度和执法不严。

惩罚和奖励,其实是同一种危机应对策略的两个方面,彼此相辅相成。无论是作为负强化的惩罚,还是作为正强化的奖励,都可以不同程度地预防和纠正危机应对过程中利益相关者的各种异化行为。适时适当的奖励,能对与危机管理目标一致的利益相关者行为起到肯定、激励、鼓舞的作用;相应地,适时适度的惩戒,对那些与危机管理目标相背道而驰的利益相关者行为能起到纠正、禁止和威慑的作用。

在危机应对过程中,如果没有明确而及时地奖与罚,就会缺乏对利益相关者行为的激励和制约,危机预防和应对策略指令也就必然难以贯彻执行。作为危机管理领导者,应该恩威并重和赏罚兼施:一方面,制定和不断完善切实可行的赏罚规则并公之于众,使所有的利益相关者都能够望奖而行,知罚而止;另一方面,一切按规则行事,奖惩过程中绝不可掺杂半点儿私人感情。奖不避仇,该奖时决不吝惜;罚不宥亲,该罚时也毫不心慈手软。

相对于奖罚分明而言,奖罚及时常常会被许多危机管理领导者所忽视,甚至有人认为,只要奖罚分明,及时与否其实无关大局。殊不知,对于危机管理领导者而言,奖罚及时与奖罚分明同样非常重要。无论是奖还是罚,或早或晚的效果是完全不同的:前者能够取得很好的激励和惩戒效应,而后者不但不能发挥应有的效果,甚至还可能诱发负面情绪和怨恨。危机管理领导者只有从大处着眼和从细处入手,做到赏罚分明和及时,才能使利益相关者的内心有公平感,才能有效激发利益相关者参与危机管理的积极性,才能出色地打造高效的危机管理团队,在企业中形成良性的危机管理氛围。

没有规矩,不成方圆。危机管理中的惩戒是一门技术,也是一门艺术。规章制度之于危机管理的作用,与法律之于社会治理的作用一样,所有违反了规章制度和法律的行为,都必须受到及时的惩戒。然而,要想通过惩戒来达成既定的危机管理目的,就需要事先了解惩戒对象的类型,以及在危机过程中过失的性质:对于三观不正、好逸恶劳而逃避危机责任的员工,必须严格按照规章制度来进行惩罚,以迫使他们努力向企业的危机管理目标靠拢;对于平时工作努力认真,做事积极谨慎,只是偶尔出现了无心之失的员工,过于严厉的惩罚可能会挫伤他们的积极性,适当的宽容则往往会取得较好的效果,使犯错者心存感激,在未来的危机管理过程中更加努力。

3. 律己之严

孔子曰:"其身正,不令而行;其身不正,虽令不从。"很显然,欲明人者先自明,欲正人者先正己。领导者自身能否严以律己,关乎人心向背,影响着危机管理过程中利益相关者群体之间的关系生态。如果危机管理领导者无法做到严以律己,那么在危机管理过程中必然无法服众,应者稀疏,从者寥寥。

危机管理领导者的严于律己,贵在防微杜渐,重在知行合一。作为一个领导者,应将企业中的所有规则内化于心和外化于行,贯彻于所有危机管理决策之中。倘若只是把"律己"当作口号而流于形式,难免会上行下效,在危机管理过程中出现言行不一的"两张皮"现象。埃克森石油公司"瓦尔迪兹"(Exxon Valdez)号油轮于 1989 年 3 月 24 日触礁搁浅阿拉斯加时,导致 1 100 万加仑原油泄漏入威廉王子海峡。作为当时全球最大的石油公司,埃克森公司自然也有着一套针对原油泄漏的危机管理预案。遗憾的是,这一号称能够在最多 5 个小时内就使原油泄漏得到有效控制的危机管理预案,在这次危机中似乎并没有起到多少作用,因为所有的船员都不知道自己在这个危机管理预案中应该担负什么样的责任,应该做什么和不应该做什么。最为悲剧的是,作为危机管理领导者,时任埃克森石油公司董事长的劳伦斯·罗尔(Lawrence Roll)在危机过程中严重失职,不但没有能够组织起快速有效的危机应对行动,而且还恶意隐瞒危机真相和推卸责任,最终导致他自己和埃克森石油公司一起在这次危机中被订上了历史的耻辱柱。

10.2　危机管理领导者修炼

在适者生存的自然法则之下,企业遭遇危机而被淘汰,或许是再正常不过的现象了。但是,这些被淘汰企业的运营状况真的是突然恶化的吗?利益相关者之间的关系真的是突然变糟的吗?企业业绩真的是突然变差的吗?市场竞争真的是突然变得这么激烈的吗?用户真的是突然对企业产品失去兴趣的吗?现实中的危机情境,显然并非如此。

大多数在危机情境中倒下的企业,事先都有越来越多和越来越明显的潜在危机征兆显示企业已经出了问题。作为一个危机管理领导者,如果不能在纷繁复杂的各种不对称危机相关信息海洋中甄别出潜在危机信号,就难以察觉正在临近的危机;如果不能基于系统思考而改善心智模式和实现自我超越,就难以构建高效的危机管理团队并坚守危机管理愿景,就难以洞察各种危机征兆信号之间的复杂性互动关系,就难以理解基于这些关系的动态性复杂危机演变过程,更谈不上临危不乱和组织实施正确有效的危机管理行动了。

危机管理领导者的智慧并非天生,而是来自后天的学习和修炼。一种尴尬的现状是,即使当下看似很成功的企业管理者,其实很多都是很糟糕的组织学习者,都是不合格的危机管理领导者。那么,如何才能通过组织学习把自己打造成为一个卓越的危机管理领导者呢？

危机演变过程中的系统思考

1996 年年底，上海火车站附近的新华书店，因为醉心于《第五项修炼》一书中那个有趣的啤酒游戏，我差点在不知不觉中误了火车。然而，在接下来的 3 年多时间里，书中那些看上去极其枯燥的系统基膜，让我再也没有能够提起阅读的兴趣。后来，在偶遇并求教于该书中文版校译者杨硕英教授之后，在他多读几遍的建议下，迄今以来，我已经把这本书精读了 20 多遍，真的是如入宝山，每一遍都会有杨教授所说的那种新的收获，尤其是我尝试将系统思考方法运用到对动态复杂性危机演变和发展过程的解析之中的时候。

谁该为啤酒游戏中那一再出现的危机结果负责呢？在危机管理课堂上，常常可以看到一丝不苟参与啤酒游戏的同学们的表情先是从轻松到凝重，然后再从迷惑到彷徨。这种似曾相识的震撼，不正是在生活中业已越来越为我们所习惯、麻木和熟视无睹的那一幕幕危机情境吗：谁该为十多年来日益暴涨的房地产泡沫危机情境负责呢？① 谁该为一而再再而三的证券市场乱象危机情境负责呢？② 谁又该为消费抗战的神剧③和悬浮的"伪现实"电视剧④、离谱的虚假广告⑤、频繁的城市内涝⑥和雾霾⑦、淡薄的社会信任和信用意识⑧等危机情境负责呢？

对如此种种的危机情境，今天的每一个人和每一个企业都不是陌生的。然而，在这些微妙而错综复杂的系统性危机面前，每一个个体下意识的危机应对努

① 人民日报，《房地产泡沫犹在，部分城市接近临界点》，2017 年 3 月 10 日。

② 人民日报，《证券市场监管亟待归位》，2013 年 5 月 20 日。

③ 人民日报，《别让"神剧"消费抗战史》，2018 年 5 月 2 日。

④ 人民日报，《警惕悬浮的"伪现实"电视剧》，2018 年 3 月 29 日。

⑤ 人民日报，《广告即信息，信息即广告：信息流广告你能看穿吗？》，2018 年 1 月 22 日。

⑥ 人民日报，《内涝频发呼唤城市"留白"》，2018 年 7 月 18 日；人民日报，《地面透了气，积水渗下去》，2016 年 7 月 22 日。

⑦ 人民日报，《七问雾霾：什么时候才能呼吸到洁净空气？》，2017 年 1 月 5 日；人民日报，《雾霾中还藏着多少秘密？》，2017 年 4 月 1 日；人民日报，《中国雾霾来袭原因何在？》，2016 年 12 月 21 日；人民日报，《治雾霾"人努力"是根本》，2017 年 3 月 14 日。

⑧ 人民日报，《健全信用体系，构建诚信中国》，2014 年 8 月 8 日；人民日报，《信用资本的三个维度和容易产生的两个问题》，2014 年 5 月 20 日；人民日报，《让信用买单成为习惯》，2016 年 6 月 15 日；人民日报，《建立诚信体系刻不容缓》，2014 年 6 月 17 日。

力,每一个看上去貌似正确的危机管理决策和行动,其实都既是危机之果,也是新的危机之源。今天的许多危机,其实正是源自昨天的缺乏系统思考的危机解决方案。同样,今天采取的缺乏系统思考的危机应对策略和行动,或许又会是明天即将面对的新的危机的根源。

面对渐糟之前先渐好的危机管理假象,危机管理领导者必须从动态复杂性视角考察和解析危机演变和发展的整个过程,致力于寻找小而有效的高杠杆危机解决方案,必须清晰地认识到危机管理过程中的欲速则不达。在动态复杂性危机管理过程中,仅有善意的目的显然是远远不够的,危机中的因果在时空上并不紧密相连。显而易见的危机管理策略和行动往往都是无效的,甚至会比危机本身来得更糟,因为由此而衍生出的新的危机将具有更为强大的破坏性,也更难以应对。

超强危机压力下的自我超越

美国麻省大学阿默斯特分校(University of Massachusetts Amherst, UMass Amherst)曾进行过一项有趣的实验:用铁圈将一个小南瓜箍住,以观察南瓜长大过程中所承受的来自铁圈的压力的变化。实验的第一个月,南瓜承受的来自铁圈的压力达到了约 227 千克。实验的第二个月,这个南瓜承受的压力高达约 680 千克。最后,在超过约 2 268 千克的惊人压力之下,这个南瓜的瓜皮才被压裂。当研究人员打开南瓜后,他们发现南瓜中布满了坚韧牢固的层层纤维。为了吸收充分的养分以强化这些纤维,南瓜的根系朝着各个方向尽可能地伸展,其延展总长度居然达 24 300 多米,几乎接管和控制了整个花园的土壤养分与资源。

通常情况下,我们很难想象一个脆弱的南瓜居然能够承受如此大的压力,居然能够为了应对生长危机而付出如此多的努力。同样,我们对于自己在危机面前能够变得多么坚强,也往往是毫无概念。一个人或一个企业置身于顺境之中时,是无法想象自己到底能够经受多大的危机和挫折压力的。生命的潜能永远大于人们对它的估值,只要有足够的自信,就没有克服不了的挫折,也没有渡过不了的危机。

每一个人和每一个企业,都有着各自的愿景。置身于危机之中,必须厘清危机真实状况并牢记危机管理愿景,这是任何一个危机主体都无法回避的,且必须在危机管理决策之前做出回答的问题。遗憾的是,许多领导者常常会花费太多的时间和精力去解决危机中的细节性问题,而恰恰忘记了解决这些细节性问题的初衷和使命,使得危机管理行动难以持续有效,更不用说高质量可持续发展和实现自我超越了。

当危机管理领导者将危机管理愿景与当前的危机现实情境并列时,其间的差距就会在内心产生一种"创造性张力",即想要把二者合一的力量。这样的力量将一直存在于每一个危机管理领导者的心中,只是这种力量的结果往往是因人而异:如果危机管理愿景最终屈从于危机现实,此时的领导者就会自欺欺人地故作镇定,佯装什么都没有发生,选择性地对危机情境视而不见听而不闻,就会在"一切正按计划进行"和"一切尽在掌握之中"的假象和自我安慰下成为一个平庸的危机管理领导者,其危机管理结果往往只能是覆灭;相反,如果愿景在危机情境现实中得到坚持,那成就的必将是一个卓越的危机管理领导者,不但能够带领企业渡过危机,甚至可能会在危机中发现和抓住新的发展机遇。

持续改善危机管理心智模式

《列子·说符》中有一则"疑邻盗斧"的故事,"人有亡斧者,意其邻之子,视其行步,窃斧也;颜色,窃斧也;言语,窃斧也;动作态度,无为而不窃斧也。俄而,掘其谷而得其斧,他日复见其邻之子,动作态度,无似窃斧者"。危机管理领导者苦苦思索危机诱因,努力甄别危机利益相关者属性时,常常会和"疑邻盗斧"中丢了斧头的那个人一样,在错误心智模式的诱导下连连出错。因为相信什么,就会看见什么和听见什么。

一个领导者看到某个员工工作懈怠时,看到来自某个供应商的零部件是次品时,看到某个团队的业绩总是排名末位时,或许就会以为自己已经洞察危机真相,会因此而下意识地把这些被打上问题烙印的员工、供应商和团队归入另类。其实,此时领导者所看到的或许只是自己想看到的,这些现象或许只是源自其内心某个有待改善的心智模式,未必就是真的。

危机管理心智模式植根于每一个人的内心深处,尽管不易觉察,却无时无刻不在影响着每一个人在危机管理过程中的决策和行动。一个危机管理领导者虽然在危机管理过程中的相关决策和行动未必总是与其所说的一致,但必定与其所想的是一致的,即植根于自己的心智模式。

置身于同一危机情境之中,不同的利益相关者所关注的重点不同,对危机的认知、预防和应对自然也是千差万别。多样化的心智模式,必然会造成利益相关者们多样化的危机管理观点、决策和行动。对于一个危机管理领导者,虽然不可以把自己固有的心智模式强加于团队和组织成员,却需要全力以赴地去达成团队成员之间对危机看法的一致,因为每一个人对于依自己看法所做的决定都会有更深的信念,执行起来也更有成效。所以,领导者在危机管理过程中的价值体现,是以其对团队成员心智模式改善的贡献来衡量的。

反思和探寻,是能够帮助危机管理领导者和团队成员改善心智模式的一项技巧。通过反思,领导者和团队成员可以一起回放和检视危机管理决策的思考过程;借助于探寻,则可以辨认出领导者和团队成员基于彼此的心智模式而在沟通过程中可能存在着的"跳跃式推论"。

当产品市场占有率下滑危机乍现时,很多领导者都会在过去经验的基础上,想当然地以更大力度的促销策略去应对。此时,支撑领导者做出这一危机管理决策的心智模式就是"顾客购买产品时,主要考虑的就是价格因素","这样的做法过去一直有效,这次应该也不会例外吧"。或许会有团队成员提醒领导者需要投资于服务品质的改善,但这样的想法往往会被领导者自身的心智模式所屏蔽和忽略,结果只能眼睁睁地看着别的竞争对手借助于服务品质的改善而不断吸引更多的顾客,而自己的企业在促销上徒然消耗着宝贵的人力、物力和财力资源。

随着市场竞争危机情境的日趋恶化,领导者或许会直觉地迁怒于下属的无能,"连这么简单的价格战都应付不了?!"悲剧的是,下属此时也正在对领导者的顽固不化产生越来越多的不满和失望。话不投机半句多,围绕这一话题的不愉快沟通和冲突,在彼此之间将变得越来越频繁和剧烈。市场竞争危机状况不但丝毫未见好转,反而在恶性循环之下变得越来越糟糕,隐隐有快要失控的趋势。为了力挽狂澜做最后的努力,领导者甚至已经在考虑换一个更有能力的下属来振兴市场。而那位极度郁闷的下属,则是心灰意冷,已萌生去意。市场竞争危机未见好转,潜在的人才危机又已初露端倪!

如何才能使沟通双方心智模式中的"跳跃式推论"现形呢?对于一个危机管理领导者,需要主动反思自己进行危机管理决策的依据,即支撑危机管理决策的原始资料是什么。如此,才能借助于左手栏法则,进一步探寻每一个危机管理决策和行动背后的理由,即领导者自己的心智模式。在领导者和下属之间的某一次沟通冲突之后,各自在一张纸的右侧记录冲突过程中双方之间的实际对话,在左侧写出当时自己说出每句话和听到对方每句话时的内心所想。然后,双方互换记录,看看会有什么样的效果发生。如表 10 - 1 所示,这是某个企业领导者和他那位感知并提出市场竞争危机信号的下属之间的沟通冲突过程回顾。双方如实记录了冲突过程中自己所听和所说的每一句话,以及在听到和说出这些话时的内心活动。

表 10-1 危机沟通过程中心智模式缺陷的呈现

领导所想的	对话	下属所想的
大家最近好像都在关心市场占有率问题	领导:市场占有率出什么问题了	谢天谢地! 你总算关心起这个事儿了
这个我在报表里面已经看到了,与往年的淡季表现好像也差不多吧	下属:嗯,这是连续第六个月的下滑了	触目惊心啊,老大! 和往年相比,旺季不旺,淡季更淡呢
这个数据确实很糟糕,别给我打太极了,我要的是策略,是如何行动	领导:那么,你认为我们应该怎么做呢	假惺惺! 自打我进公司以来,好像我们的意见从来都是只有仅供参考的份儿
害怕面对危机真相? 我真是不敢也不愿相信啊,你们这帮家伙居然如此无能	下属:我也不太确定。要不等等看下个月的状况	万一下个月天上掉个大馅饼,一切都貌似不再是问题了
我必须让这家伙行动起来! 好吧,提示你一下,广告和促销,二选一	领导:我想要的不是等待,而是行动! 广告? 还是促销	天知道该怎么做! 设计、生产、销售和售后服务都是一团糟糕的,怎么就只盯着收效甚微的广告和促销呢
投资于服务? 你真是不当家不知道柴米油盐贵啊	下属:除此之外,我们的售后服务也得加强了	竞争对手的售后服务明显比我们好多了呢
……	……	……

　　基于双方就市场竞争危机的对话可见,领导者的心智模式中对这位下属存在着一系列先入为主的假设:缺乏信心,不敢正视危机真相;态度不够主动,不会积极思考如何预防和应对危机;缺乏能力,难以提出有效的危机管理策略和行动方案……相应地,这位下属的心智模式中,也对领导者存在着一系列已然固化了的假设:对我不信任,我的建议很少会得到他的认可和采纳;缺乏危机感,到现在才开始关注如此严重的危机;教条而僵化,总以为广告和促销是万能的……

　　这是一个真实的危机沟通过程。那位刚刚上完危机管理课的 MBA 同学回到公司之后,便基于左手栏法则,与下属再现了不久前两人之间的这一次冲突对话。"看完对方的想法,我们什么也没有说,彼此看着对方很久,可以感受到的是一种交织着震惊、歉意和无奈的释然……"此后,他不但留住了这位在正在办理辞职手续的下属,一起扭转了市场竞争危机,而且彼此之间还成了很好的朋友。

建立危机管理共同愿景

第二次世界大战之后,约占全球 GDP(国内生产总值)四成的美国很快就成了无可争议的经济强国。1963 年,全球最大的 100 家工业企业中,有 67 家属于美国。这一极度不均衡的经济发展态势,曾经让美国之外的许多国家陷入焦虑危机之中,甚至有一位法国作家在书中表露出了这样的担心:"再过十五年,我们满目所及的将不再是欧洲的企业,也不会是法国的企业,而是美国企业在欧洲和法国的子公司!"然而,这位法国作家的担忧并没有成为现实。随着日本经济的崛起,日本企业在全球市场上,包括在美国本土市场上纷纷击败美国企业。1995 年,全球最大 100 家工业企业中,美国仅有 24 家,而日本则以 37 家雄踞榜首。

置身于这一全球化背景下的市场竞争危机情境之中,美国的很多企业和企业家开始反思,将美日企业管理进行全面比较,甚至有很多美国学者和企业家开始潜心研究和学习日式企业管理。有意思的是,关于美日企业管理比较研究中有一个很是令人费解的发现,即美国企业的管理决策制定效率普遍高于日本企业,而日本企业的决策执行效率普遍高于美国企业。在一番研究和讨论之后,大多数人都接受了这是两国社会文化差异的结果,即美国社会崇尚的是个人主义导向的英雄文化,而主导日本社会的则是集体主义导向的家文化。这种源自社会文化差异的结果貌似难以调和和改变,也让许多人和许多企业的学习就此却步。

事实真的是这样吗? 美国企业决策制定效率为什么会高于日本企业,而日本企业的决策执行效率又为什么会高于美国企业呢? 却步于社会文化差异的那些企业管理者显然还需要多问自己几个"为什么"。如果你仔细观察和系统思考美日企业决策制定和执行过程中的差异,或许就不难会发现真正的谜底所在。

美国企业的决策制定,在很大程度上会受到来自管理制度体系设置中的权力和层级的影响,整个决策制定过程中是领导说了算。对于领导者个人的愿景,管理团队中的其他成员接不接受并不重要,有不同的意见可以保留,持反对意见者很可能会被边缘化,甚至会不得不因此而离职。对于这些本就对决策持不同意见甚至反对意见的管理团队成员来说,如果想让他们在决策执行的过程中予以配合,那简直就是天方夜谭。相比较而言,日本企业的决策制定在很大程度上会受到员工彼此之间的制衡影响,在决策制定过程中常常并非哪个领导说了算。

对于领导者个人的愿景,需要与管理团队中的其他成员进行沟通和说明,需要尽可能说服持不同意见者,尽可能与持反对意见者达成妥协,最终形成基于团队和企业愿景的决策。可以想象,日本企业决策制定之前的这种说服和妥协的过程自然会比较漫长,导致其决策制定效率低下。然而,这些基于共同愿景的决策一经制定,在执行过程中必然会得到所有管理团队成员的全力配合,其执行效率远高于美国企业也就不足为怪了。

换言之,美日企业管理之间的差异,并非想当然的看似难以逾越的社会文化差异鸿沟,导致美国企业在 20 世纪 80 年代深陷管理危机的真正罪魁祸首,是企业管理层中普遍存在的对建立企业共同愿景的主观忽视。那么,在危机管理过程中,如何才能成为一个聚焦于共同愿景建立的卓越的危机管理领导者呢?几千年前的老子曾对此有过精辟的诠释:"太上,下知有之;其次,亲而誉之;其次,畏之;其次,侮之。信不足,焉有不信焉。悠兮其贵言。功成事遂,百姓皆谓我自然。"①换言之,一个平庸的危机管理领导者,会因其在危机管理过程中错误的态度、价值观和行为而被利益相关者所唾弃;一个优秀的危机管理领导者,会因其危机管理过程中的智慧和超群的能力而赢得利益相关者的称颂;一个卓越的危机管理领导者,会帮助利益相关者在危机管理过程中完美实现自我价值和达成企业共同愿景。

领导者对于危机管理的价值和作用,常常体现在极易被人们所忽视的危机管理共同愿景的建立过程之中。企业和团队共同愿景的设计,是一项极难以被利益相关者看到的且极具挑战性的幕后工作。对于那些急功近利一心只想着政绩工程的危机管理领导者来说,对于那些好高骛远总想着一战成名享受聚光灯下的荣耀的危机管理领导者来说,这显然是一项没有什么吸引力的无足轻重的工作。然而,建立危机管理共同愿景的意义,比许多领导者在危机过程中所追求的政绩、权力和称颂更为深远,因为共同愿景可以赋予利益相关者以更为强大的力量去面对各种可能的潜在危机,以及身处一个能够让大家合力创造真正想要的危机管理结果的企业所带来的自我价值实现的满足感。

MBA 课堂上一个学生分享的亲身经历,可以说明一个领导者在危机管理工作中建立共同愿景的重要性。他供职于一个成长迅速且稳健的跨国公司在华子公司,刚刚升任公司中新组建的太阳能事业部总裁。然而,他就职不久就发现了一个将使该事业部发展受阻的"成长上限"潜在危机困境:随着事业部

---

① 《老子道德经注校释》,第十七章,中华书局 2008 年版。

员工人数的快速增加,其他事业部转岗而来的员工与从公司外部新聘任员工之间的冲突越来越多,员工们对过去使本部门获得成功的愿景和价值观的认同度正变得越来越低。

能否解决这个潜在危机困境的关键,在于太阳能事业部是否有能力"同化"这些新加盟的员工。基于系统思考,他设计和实施了一套新的管理流程,以帮助事业部所有员工能够有机会详细了解本部门的愿景和价值观,让员工自我评估并调整自己的言行以与之相符。这件工作耗费了他大量的时间和精力,甚至有些同事和领导对此还颇有微词,认为他这是不务正业。表面上看来,他或许并没有解决任何一项看得见摸得着的危机或冲突,但是,他的这一决策和行动,正说明了他是一个优秀的,甚至是卓越的危机管理领导者。因为关于价值观和愿景的冲突危机并不是被他"解决"了,而是在危机爆发之前即被他成功"消除"了,一如神医扁鹊的大哥治病于无形。

以开放和分享为主导的危机管理团队学习

团队学习建立于共同愿景和自我超越的基础之上。一个卓越的危机管理领导者,必须重视团队成员多重身份和角色对危机管理过程的影响,以凝聚利益相关者的合力于危机管理,必须能够在团队中营造出兼具创新和协调的危机管理氛围,必须能够带领团队萃取出远高于团队中包括领导者本人在内的任何成员个人智力的团队智力。

1. 危机管理团队成员的多重身份和角色影响

每一个危机管理团队成员,都同时兼具多个社会身份。例如,他们既是企业的员工,又是自己家庭中的一分子。一个卓越的危机管理领导者,应该通过团队学习理念与方法的普及,在最大程度上凝聚所有利益相关者的合力于危机管理。在理律所客户委托存管资产被盗卖危机中,当理律所潜在的巨额赔偿压力下摇摇欲坠时,资深合伙人陈长文先生带头表示自愿放弃分红,其他合伙人及资深顾问也纷纷跟进。但是,在最后的定案中,对于刚刚取得合伙人资格的新律师的分红则保持不变,此一安排正是考虑到了危机对员工多重身份和角色的可能影响,一如既往地展示了理律所长期以来对员工的人性化关怀文化。也正是这种危机管理策略,得到了几乎所有危机利益相关者们的热切回应,许多员工甚至表示愿意将自己个人的积蓄借给理律所以应对危机。一位员工在写给陈长文先生的电子邮件中说:"得知事件的发生,我心中非常难过,……我和家人商量过了,如果公司需要钱,我们愿意将积蓄借给公司。"

很难想象,如果员工家庭矛盾重重,家庭与工作之间经常发生冲突,他和他的家人还会有意愿、时间和精力去关注企业的危机吗?相反,如果危机管理领导者能够如陈长文先生那样,在危机面前充分考虑和关注员工的多重身份和角色,那么,员工及其家人自然也会投桃报李。对于一个真正的学习型危机管理团队,仅仅强调能够渡过危机是没有意义的。真正成功的危机管理,在于危机主体与利益相关者们的共赢。

2. 兼具创新与协调的危机管理氛围

在危机管理过程中,危机管理领导者犹如交响乐团的指挥一样,既要确保所有的利益相关者在危机管理过程中都有各自的自我发挥空间,又要确保团队成员之间能够基于危机管理预案进行协调和配合。1988 年华为公司成立之初,面对如何才能"活下去"的企业发展危机,创始人任正非先生采用放权策略,在管理上听任各地分公司和各产业板块"游击队长"自由发挥。正是这种放权,使企业中各路人才的聪明才智得到了淋漓尽致的发挥,也在创新中成就了华为公司最初十年的快速发展。但是,在 1997 年之后,管理和协调方面的一系列问题和潜在危机集中爆发,企业内部管理思想混乱,各路人才尽管都在华为的快速发展过程中显示出了他们的实力,但对于企业往何处去却是不得要领。于是,任正非先生组织华为人一起充分讨论,形成了一个以"华为基本法"为核心共识的华为文化,在不知不觉中就使得公司中日渐隐现的"春秋战国"潜在危机偃旗息鼓、无声无息了。

对于华为在这一战略性发展危机过程中形成的兼具创新与协调的企业文化,虽然任正非先生从不以此功自居,一直坚持说是全体华为员工悟出来的,但是,作为一个时时刻刻居安思危的领导者,他绝对是功不可没的。

3. 萃取高于个人智力之和的团队智力

在讨论和甄别潜在危机信号、制定和实现危机管理预案、进行危机沟通和应对时,危机管理团队必须萃取和运用团队智力。理论上来说,人无完人,每个人都各有所长,基于成员个人智力而萃取得到的团队智力,应该大于团队中所有成员个人的智力。然而,萃取团队智力的实践过程往往会遭遇非常多的阻力,其中最大的挑战常常来自团队中个别成员的强势,这将导致团队的危机管理智慧小于成员个人的才智。

基于此,在危机管理团队学习中,一方面,领导者要有超强的自控力和自我超越能力,任何时候都视团队成员为危机管理工作伙伴,切不可主观凌驾于任何团队成员之上；另一方面，领导者要协调团队成员之间的关系，营造平等融洽的团队学习氛围。

基于团队学习而汇聚了个人智力的团队，往往可以对潜在危机信号更有洞察力。在高度不确定性的危机管理过程中，团队完全可能且应该表现得远比团队中的任何个人都要聪明。

然而，汇聚个人智力以萃取团队智力的团队学习过程，对于危机管理领导者来说，无疑是一项挑战：既要让团队中的每个成员彼此都摊开自己内心的假设，自由交换彼此的危机管理经验和想法，又要让这些危机管理知识能够在团队个人之间进行分享和精炼。在这一过程中，领导者自己是否能不折不扣地率先参与，是危机管理团队学习成败的关键。一旦危机管理领导者个人在这一过程中掺杂了层级意识，试图以高出团队成员一等的身份列席于这一过程，那么，整个团队学习都将难以实现，更不用说能够萃取出远高于个人智力之和的危机管理团队智力了。

10.3　危机管理领导力解析

绝大多数人和企业对危机管理领导力的认知都是比较模糊的，或许只有到了转危为安之际，才会想起一路走来应该为危机管理过程中那个运筹帷幄的舵手点赞，才会试图寻找一些对危机管理领导者的记忆以勾勒成功者的脸谱。那么，如何才能算是一个具有卓越危机管理能力的领导者呢？

如果要衡量一个危机管理领导者是平庸、优秀还是卓越，看看他身后有多少人和有哪些人是自愿追随他的即可。那么，对于一个领导者，哪些特质会帮助他在危机中吸引到众多合适的追随者呢？如何让核心利益相关者相信他，并愿意与他一起患难与共呢？一般而言，无外乎三个方面的能力，即勾画危机管理蓝图的能力、危机过程中的感召力和实现危机管理抱负的能力。

对于一个卓越的危机管理领导者而言，彼此相关的这三个方面的能力都是至关重要的。一旦领导者能够在危机情境中勾画出非凡的危机管理蓝图，就很容易在危机管理过程中产生对追随者的感召力。只要有了感召力，危机管理领导者就会有足够数量的合适的追随者，就可以在危机管理过程中一展抱负，赢得更多核心利益相关者的信任和支持，并获得更多更合适的追随者的青睐，形成一个有利于危机管理的正向增强循环。

危机管理蓝图勾画能力

置身于危机情境中的核心利益相关者在决定追随哪一个危机管理领导者的时候,都会不自觉地在潜意识中观察他所勾画的危机管理蓝图是否足够新颖和是否有吸引力,是否能聚集和留住真正的危机管理人才,是否能在危机逆境中力挽狂澜。

产品在市场上被投诉,新产品难以为继,财务资源濒临耗竭,市场占有率大幅度下滑,人才离职率居高不下,技术研发遭遇瓶颈,同行在对经济大环境的预期压力下纷纷裁员,对于任何一个企业管理者而言,这些都是随时可能会遭遇的典型危机情境。然而,并不是每一个危机管理者都能成为卓越的危机管理领导者,有勇气面对纷繁复杂的危机逆境,有能力勾画出一个能够吸引和聚集众多合适的追随者的危机管理蓝图。

苹果公司创始人史蒂夫·乔布斯(Steve Jobs)的一生几起几落,但是,每次在人生的危机低谷,他那勾画危机管理蓝图的卓越能力总能让他的人生再次精彩纷呈。当 NeXT 公司面临收购危机而人心惶惶时,正是乔布斯所勾画的危机管理蓝图,吸引了众多顶尖人才决定留下来继续效力,使公司在危机绝境中重获新生。当苹果公司深陷产品、财务和市场等多重危机而濒临破产时,同样也是乔布斯所勾画的危机管理蓝图,让公司上下几乎所有的员工都为之倾倒和振奋不已,不但使苹果公司从困境中快速解脱出来,而且一再刷新纪录而成为全球市值最高的企业。

正是乔布斯所拥有的这种强大的勾画危机管理蓝图的能力,成就了他作为一个拥有前瞻视野的危机管理领导者的最大成就,把屡屡在破产边缘挣扎的苹果公司打造成了全球市场上最有价值的品牌企业。

危机管理过程中的感召力

很多人一旦成为管理者,首先想到的就是端起架子,以一副严肃得近乎冷酷的形象示人,仿佛不如此就不能彰显他那高高在上的地位。这其实是一种对危机管理者角色定位的误解。在危机过程中,这种误解将极度不利于对危机感知、预防和应对过程的领导,也更为不利于危机管理过程中的危中找机。

一个卓越的危机管理领导者,会倾心营造一种以利益相关者而不是以自己为核心的危机管理氛围。在这种氛围中,核心利益相关者会感到被尊重,从而以主人翁的姿态自觉参与到危机管理过程之中,从各个细节去搜寻和发现可能的潜在危机信号,主动形成团队,对各自所发现的潜在危机信号进行分享、讨论和解析,提出和实施高效的危机管理行动方案。作为一位全球五百强跨国公司的缔造者,任正非先生常说的一句话就是,"脑袋对着客户,屁股对着领导"。在华为员工的眼中,任正非先生是极其真实的,他也会和大家一样乘坐经济舱出差和排队等候出租车。在和华为员工聊起任正非先生的时候,"我们任总"是员工下意识中使用频度最高的称谓。显然,正是任正非先生身上这种独特的感召力,不但使他深切的危机忧患意识借助于《华为的冬天》等文章和讲话为所有的华为员工所体察,而且也使华为公司能够汇聚无数核心利益相关者的合力,在危机重重的发展过程中一路披荆斩棘,成就了华为公司今天的辉煌,承载起华为公司明天的梦想。

相反,如果一个危机管理领导者缺乏感召力,就会让团队变成一盘散沙,在危机面前就会显得极度脆弱。一个仅仅是"能力优则仕"的危机管理者,不但不一定能打造一个卓越的团队,而且很可能会使一个本来优秀的团队变得极度平庸无能。更为可悲的是,这位事事都不得不亲力亲为身心俱疲的领导者的辛劳和付出,甚至可能都很少会得到包括团队成员在内的危机利益相关者们的认同。

经历过这样的尴尬和无奈吗?危机之前,除了那位缺乏感召力的危机管理领导者之外,谁也不会关心潜在危机的信号;危机之中,领导者焦头烂额独木难支,其他团队成员和核心利益相关者却在一边袖手旁观,甚至很多员工已经在寻思着跳槽了;危机之后,领导者会成为众矢之的,在极度的郁闷中因为危机管理的失败而被追责,而众多的核心利益相关者则是幸灾乐祸地在一旁看热闹……这一切,就是因为领导者自身在危机管理过程中缺乏作为一个危机管理领导者的感召力。

实现危机管理抱负的能力

每一个人,都对未来有着美好的憧憬和抱负。不同的是,并不是所有人都有能力将远大抱负付诸实现。对于一个卓越的危机管理领导者,这种能力尤为关键。即使员工已经认同了危机管理领导者勾勒出的宏伟蓝图,感受到领导者对他们的关注,并深为领导者个人的魅力和感召力所折服。但是,在决定是否追随领导者而一头扎进前路莫测的危机丛林之前,还是会确认领导者是否有能力实现抱负,是否有能力将危机管理抱负变为现实,是否能够带领所有核心利益相关者和整个企业走出危机困境。

改革开放之初,华夏大地商机勃勃,各种所有制企业如雨后春笋般出现,琳琅满目的产品令人眼花缭乱。然而，由于改革开放之前长期的供不应求导致市场失衡，这些企业和产品中良莠不齐的现象极为普遍，质量危机的困扰日益显著。毋庸置疑的是，当时绝对不会只有张瑞敏先生一个人发现和关注到了中国企业中普遍存在的产品质量危机情境，也绝不会只有张瑞敏先生有改善中国企业产品质量的抱负。其他的那些企业管理者或许也是一样忧心如焚，大会强调，小会叮嘱，但无一不是收效甚微。唯有张瑞敏先生毅然挥起了那柄现已载入中国企业产品质量管理史册的大锤，在砸毁76台有瑕疵的冰箱的同时，也在海尔公司所有员工的内心筑起了预防产品质量危机的万里长城。

对于张瑞敏先生多年前的这一举动，当时海尔的许多员工和核心利益相关者都是难以理解和接受的。毕竟，冰箱在那时候还是中国大多数家庭都难以企及的奢侈品，很多被砸毁的冰箱其实只是有一点点外观瑕疵而已，并不会影响核心功能的使用，就那么一锤子下去确实是太可惜了。然而，在张瑞敏先生的坚持下，最终大家还是选择了相信他，相信他能带领大家摆脱多年来一直困扰海尔公司，困扰整个家电行业，甚至困扰整个中国制造业的产品质量危机。事实证明，他们的选择是对的，张瑞敏先生没有辜负他们的信任，他在当年砸冰箱时绘就的危机管理抱负和蓝图而今已一一变为现实。

与张瑞敏先生同样具有这种能力特质的危机管理领导者，还包括英特尔公司前总裁安迪·格罗夫先生、IBM公司前总裁郭士纳先生、GE公司前总裁杰克·韦尔奇先生等等。安迪·格罗夫带领英特尔公司在危机中实现了从生产内存到生产微处理器的重大转型，郭士纳带领IBM公司在危机中完成了从个人PC制造商向服务和系统解决方案提供商的华丽变革，韦尔奇带领GE公司在危机中进行了当时几乎所有人都认为不可能成功的组织管理体系重构。

无论是张瑞敏、格罗夫、郭士纳，还是韦尔奇，他们身上都有着一个共同的特点，即都是临危受命，在企业陷入可持续发展危机困境之际接棒，敏锐地发现并抓住了危机中隐藏着的新的发展机遇，剑走偏锋地与大象共舞，成功实现了转型和变革的危机管理抱负，使公司彻底摆脱当前的危机而进入了新一轮的成长和发展周期。

10.4 危机管理领导力评价

没有哪个企业的发展是一帆风顺的。纵观每一个企业的发展历程，其实都是与危机管理密切相关的：不是在进行危机预防，就是在进行危机应对。如果危机预防做得好,那么危机应对方面就可以兵来将挡水来土掩,整个危机应对过程就会显得相对比较轻松,就可以有更多的资源用于危机预防,让危机预防做得更好,形成一个危机管理正向增强循环。相反,如果危机预防做得很糟糕,那么就会有越来越多的突发性危机冒出来,危机主体手忙脚乱之际就会在危机应对过程中挤占更多的本应用于危机预防的资源,使得危机预防和危机应对都变得越来越艰难,使公司陷入人人避之唯恐不及的危机管理恶性循环之中。

任何企业的发展,都是在危机预防和应对过程中曲折前行的。危机管理领导力的打造和发挥,贯串于企业发展的整个过程。值得警惕的是,危机绝不是一个接着一个按序发生的。很多时候,危机管理者常常会置身于一个危机未完而另一个危机却又已经到来的动态复杂性交叉危机情境之中。在危机预防过程中,危机管理者的工作重心就是未雨绸缪,整合企业内外部资源以构建危机管理团队,对各种可能的潜在危机诱因进行甄别,基于动态复杂性系统思考建立并不断完善危机管理预案,确保所有的团队成员都能够知道自己在危机管理中的角色和作用。危机一旦爆发,危机管理领导者的工作重点就需要立即转移到危机沟通和应对方向上来,并基于危机管理过程对动态复杂性交叉危机预防进行反思,感知和抓住危机演变和发展过程中可能存在的发展机遇,对危机管理预案随时进行更新和修正。

在瞬息万变的危机情境之中,随时进行危机管理策略的转换,是对危机管理领导者的一个巨大挑战。一个卓越的危机管理领导者,必须深谙危机管理之道,清楚地知道自己在什么时候应该坚持什么和舍弃什么,必须在危机管理过程中审时度势,对危机管理决策行动及时进行必要的调整和修正,通过螺旋式递进的跨越个人、团队和企业等多个层次的组织学习过程来打造和提升危机管理领导力。

打造和提升危机管理领导力

在许多家长眼中,孩子的长处往往会被习惯性地视而不见,而孩子的某个偶然性失误常常会在不知不觉中被无限放大。这种父母与子女之间的关系感知惯性,常常会殃及企业的代际传承,使越来越多的企业陷入可持续发展危机困境。许多企业的经营管理权即使已经明确交付于继承者,但是,那些已经退隐的企业传承者手中,总是会牵着一根有形或无形的线以干涉或遥控关键决策,甚至还美其名曰"扶上马,再送一程"。诚然,在传承者的眼中,无论继承者的年龄多大能力多强,其定位都永远是一个孩子,这是企业代际传承危机中最常见的借口。但是,这些传承者内心真正担忧的,乃在于对继承者危机管理领导能力的不确定。

判断一个人是否有能力胜任危机管理的领导者确实不容易。"别看企业的现状似乎四平八稳,其实一路走来满是曲折和艰辛。当前企业运营中的暗流汹涌,对于从未经历过危机的孩子来说,实在是无法想象。"这是一位正深陷企业代际传承危机的创一代的心声。在许多企业中极为常见的危机管理情境,或者是面对一群噤若寒蝉的下属大发雷霆,或者是下车伊始未经调查和系统思考就开始指点江山。很显然,这都是危机管理者自身领导能力严重不足的表现。

对于一个危机管理领导者,虽然可以告诉下属哪些是你不喜欢的和不认同的,但是,必须时刻牢记的一点就是,你所说的并不一定就是对的。那些身处一线的员工,很可能掌握着比危机管理领导者更多的与危机情境相关的细节性数据,他们离危机的真相或许更近。因此,危机管理领导者应该全力以赴,构建企业的共同愿景,汇聚核心利益相关者之力,悉心打造危机管理团队,应该在危机感知和甄别过程中改善心智模式,在与核心利益相关者的沟通和反馈过程中给对方以足够的尊重,不断进行自我超越,应该基于系统思考,在危机管理全过程中整合所有的利益相关者资源进行危中找机。很显然,在危机管理过程中一味地指责和归罪于外,寻找替罪羊,显然都是不合适的,也都是错误的。

关系和面子,是中国社会文化中两个最神奇也是最难以理解的关键词。其实,这两者都与危机管理中的核心利益相关者沟通相关:关系能够帮你在危机情境下汇聚更多的核心利益相关者,面子则能帮你在危机情境下留住更多的核心利益相关者。因此,无论是私下的还是公开的沟通,也无论是面对面的还是基于网络的或电话的反馈,危机管理领导者都需要在危机沟通过程中设法维护彼此之间的关系,注意保全对方的面子,避免让危机沟通陷入窘境。否则,即使是领导者,即使所提出的意见是富有建设性的,也不会被核心利益相关者所考虑和采纳,反而会让他们感到被羞辱,在内心对危机管理领导者及其所提出的建议恨之入骨。在这种危机情境下,如果他们不去对当前所进行的危机管理行动设置障碍,就该谢天谢地了。

很显然,没有后天的学习和修炼,任何基于管理者自身直觉的危机管理领导力,都是难成体系和难以满足动态复杂性危机管理需求的。那么,该如何去评价一个危机管理领导者的领导力呢?

危机管理领导能力测评

危机管理过程中,掌控和把握着危机管理进程和方向的领导者,无疑是核心利益相关者关注的焦点和核心。管理者的领导角色定位和领导能力发挥对于危机管理的成败无疑是极为重要的,但是,管理者的领导能力究竟如何呢？是否真的能够成为企业面对危机时的中流砥柱,带领核心利益相关者在危机管理过程中一路披荆斩棘呢？基于危机演变和发展过程特征,对管理者的危机管理领导力测评可以从危机预防、危机应对和危中找机等三个方面入手。

1. 危机预防:能否主导绘制危机管理蓝图？

对于一个危机管理领导者,责无旁贷的是要主导绘制一份能够让所有利益相关者均参与其中的危机管理蓝图,给利益相关者所从事的危机预防和应对工作赋予应有的意义和价值。基于这份危机管理蓝图,危机管理领导者不但可以协调核心利益相关者之间的冲突,而且能激发边缘利益相关者参与危机管理活动的热情,直指一系列“为什么”问题的核心:为什么要投身于危机管理？为什么应该以参与危机管理为荣？为什么这么做会让明天变得更美好？

一项伟大的危机管理决策,往往来自那些集智慧、理性和勇气于一身的危机管理领导者。根据哈佛商学院的一项研究成果,危机管理领导者在进行决策时,所掌握的信息通常不到总信息需求量的十分之一。一旦危机爆发,领导者的每一个危机管控决策,几乎都是基于残缺不全的信息于仓促之间做出的。在危机时刻,能够基于并不充分的片段信息进行决策,显然是需要危机管理领导者具有放手一搏的勇气、颖悟绝伦的智慧和举重若轻的理性的。危机管理领导者对潜在危机情境的判断,以及基于这些判断而做出的危机管理决策的正确与否,将直接决定危机管理行动的效果。

尽管身处高层的危机管理领导者,如 CEO,并不一定需要亲自担纲企业危机管理蓝图的具体规划和设计,但他无疑必须是这一蓝图的总设计师。在这份危机管理蓝图中,包括员工、客户、股东、大众投资者、合作伙伴、媒体、政府、社区民众甚至竞争对手等所有利益相关者在内,每个参与的利益相关者在危机管理过程中的角色和使命均应该得到明晰的界定和说明。危机管理决策及执行之艰难,在于是否能获得核心利益相关者的支持。只有包括所有核心利益相关者的主动参与,并在参与的过程中及时发现、补充和修正危机管理蓝图中可能存在的瑕疵,才能真正发挥危机管理蓝图的效用。只有一份有意义的、得到利益相关者们价值认同的危机管理蓝图,才能够团结最为广泛的可以团结的力量于动态复杂性危机管理过程。

让强生公司时任董事长吉姆·博克终身难以忘却的是,在 1982 年 9 月 30 日的那个不寻常的董事会上,当大家就召回决策进行表决时,很多人都对这一可能耗尽所有资产而拖垮整个强生公司的危机应对决策犹豫不决。当然,对这项决策表示怀疑和悲观的绝不只是董事会成员,甚至很多著名管理学者都在这一决策发布之后撰文批评强生公司危机管理领导者的"鲁莽草率"。结果如何呢?基于"消费者的生命高于一切"的价值观,博克先生主导绘制的危机管理蓝图,以及基于这一蓝图而做出的召回决策,得到了绝大多数利益相关者的正面回应和肯定。正是在这一危机管理蓝图的映照之下,强生公司不但没有因此而倒闭,泰诺胶囊也没有因此而退出市场,甚至连迄今依然没有能揭开的泰诺胶囊被谁投毒的真相也已经变得不再重要。危机之后,人们所看到的,是占据更大市场份额的泰诺,以及一个更具强大竞争优势的强生公司。如果真的是像 FBI 所判断的那样,这一投毒是某个竞争对手所为,那么,此一竞争对手无异于搬起石头砸了自己的脚。

2. 危机应对:能否汇聚利益相关者的力量构建危机管理同盟?

危机和缓之后,常见到一些危机主体发出诸如此类的抱怨:"这些记者就知道胡编乱造,哗众取宠,唯恐天下不乱!""这些朝秦暮楚的客户,只知道落井下石,真是让人无语!""所有的合作伙伴都是唯利是图的小人!从来都只是锦上添花而不会雪中送炭!""我们的产品质量一流,但是营销太不给力了!""我们的营销已经尽力了,但我们的设计真的是太糟糕了!""我们的产品设计还行,但质量控制完全形同虚设!""我真的不知道该向谁汇报最新发现的危机信号,该和谁讨论这些显然已近在咫尺的潜在危机!"很显然,仅仅勾画出一副令人神往的危机管理蓝图,对于一个卓越的危机管理领导者而言,依然是远远不够的。

作为一个卓越的危机管理领导者,还需要汇聚尽可能多的利益相关者的力量以打造危机管理同盟,需要构建一支高品质的危机管理团队以作为同盟的核心。作为这个团队和同盟的领导者,不但要确认同盟和团队成员的品质是一流的,还要确认每一个成员的能力和他身负的使命是否匹配,所做的贡献及其难度有多大。无论是新闻记者、管理部门、客户、合作伙伴,还是大众投资者,他们在社会生态圈中都有着自身的使命和存在的价值基础。如果危机管理领导者不能够换位思考,设身处地从利益相关者的视角来面对危机情境,就难以把握危机管理过程中与这些利益相关者之间的合作关系,难以使其真正成为危机管理同盟,与危机管理团队所主导的危机管理活动进行相得益彰的配合。

　　同样,作为危机管理同盟的核心,以部分核心利益相关者为主体的危机管理团队中的每一个成员,他们也有着除了公司员工、股东以外的多个社会身份,或者有年迈的双亲需要赡养,或者有幼小的孩子需要培育。对于危机管理领导者,对危机管理团队成员的全面考察自然是责无旁贷,即使无法保证参与到对所有团队成员的面试环节,但也必须扎紧篱笆,规范选聘和面试流程,制定人性化的合理制度并确保得到不折不扣的执行,必须时常对新进团队成员进行考察,以确保团队中都是能够满足动态复杂性危机管理需求的最优秀的人才。当直面危机挑战时,危机管理团队成员的品质将直接关系到危机管理活动的执行效率。

　　当然,即使有了高品质的团队成员,也并不一定就意味着有了一流的危机管理团队。如果危机管理团队氛围不当,团队成员的精力和注意力资源就很难聚焦于对危机的管控。换言之,团队成员完成危机管理工作的难度就会因此而增加,管理者就不得不花费大量的时间和精力去应付层出不穷的各种各样的矛盾、冲突和流程缺陷,甚至会导致团队成员对所从事的动态复杂性危机管理工作本身产生怀疑:这真的是我想要的吗? 这样的工作,对社会、对企业和对我自己来说,真的是有益的吗?

　　在客户资产被盗卖危机乍现之际,理律律师事务所随即成立了一个以资深合伙人为核心的危机管理团队,将核心利益相关者置于同一信息界面的危机沟通策略,使得包括利益直接受损的 SanDisk 公司在内的绝大多数核心利益相关者结成了一个广泛的危机管理同盟。在陈长文等危机管理领导者的魅力感召之下,该团队的危机管理蓝图得到了这一危机管理同盟的接受和认可,不但与 SanDisk 公司之间成功达成了赔偿协议,而且得到了客户、合作者、媒体和社会公众等利益相关者的广泛称赞,甚至有员工表示愿意拿出自己个人的积蓄来帮助律所渡过难关。这种拳拳之心,对于危机困境中的企业而言,无疑是最为难能可贵的。

　　3. 危中找机:是否能达成和超越既定的危机管理目标?

　　没有哪个企业的发展过程是一帆风顺的,也没有哪个危机管理领导者的成长过程是不会遇到挫折的。不经历风雨,何以见彩虹? 危机总是会发生的,即使是那些名列世界五百强的巨无霸企业,即使是那些常常在媒体的聚光灯下指点江山挥斥方遒的危机管理领导者,其发展和成长的道路上也都是满满的危机和挫折。

　　企业的存续和发展,无疑是领导者进行企业危机管理的首要目标。在危机演变过程中发现和抓住新的发展机遇,则是领导者进行危机管理的更高层次的目标。但是,置身于危机情境之中,无论是哪一种和哪一个层次的目标,其实现都不是那么容易的。目标和现实之间的差距,往往会给危机情境之中的领导者带来巨大的心理压力。此时的领导者,最需要警惕的是"目标侵蚀",即千万不可以通过降低危机管理目标以达成虚假的"成功"。

不同的企业,在不同的发展阶段,所遭遇危机的大小和种类千差万别。如果希望能够有一个放之四海而皆准的危机管理预案,希望能够毕其功于一役而解决所有可能的危机,这样的希望和想法不仅毫无意义,而且往往会给领导者在当下和未来的危机管理过程中带来极大的负面影响。

衡量一个领导者是否达成和超越既定的危机管理目标,应该以他所领导的企业在危机之前、之中和之后状态的比较为基础。对于一个危机管理领导者,无论所领导的企业在危机之前是如何兴盛,发展态势是如何喜人,如果企业在危机之中难以为继,甚至在危机之后就倒闭了,那么,即使在危机之前和危机管理过程中付出再多也将是枉然。唯一的绩效,或许就只能是在危机管理过程中所收获的经验和教训罢了。如果美国强生公司在 1982 年泰诺胶囊被投毒危机中倒闭了,如果理律律师事务所在 2003 年员工盗卖客户资产危机中倒闭了,那么,时任强生公司董事长的吉姆·博克先生,以及时任理律所首席合伙人的陈长文先生,就都不可能会被认为是卓越的危机管理领导者了。

相应地,在任何一个危机情境之中,潜在的新的发展机遇都是无时无处不在的。强生公司全面召回市场上所有可能被投毒的泰诺胶囊,以实际行动践行了"消费者的生命高于一切"的危机管理态度和价值观,收获了消费者信任这一长久的品牌得益,其实无异于一次耗资巨大却又绝对值得的品牌广告。同样,理律所的危机管理行动,不但收获了包括 SanDisk 公司在内的新老客户群体更多的信任和支持,而且使律所内部员工获得了更为强劲和持久的凝聚力。强生公司和理律所收获的这种凝聚力和信任,无疑正是危机之中潜在的机遇,是确保企业在当下和未来能够高质量可持续发展的最强有力的支撑。

10.5 组建危机管理团队

中国有句古话,"铁打的营盘流水的兵",这也是许多管理者在面对人才流失危机的时候常常用来聊以自我安慰的一句话。然而,正是这些管理者对于企业与员工之间的"营盘和兵"的关系认识误区,导致企业常常深陷人才流失危机的恶性循环而难以自拔,也使得这些管理者自身最终难以成长为卓越的危机管理领导者。

置身于超强竞争时代,任何一个不能吸引和留住人才的企业,都将会面临可存续发展危机。对于一个卓越的危机管理领导者,只有在危机管理过程中与员工一起共建企业的未来,与核心利益相关者分享企业的危机管理梦想,才能真正打造一个高绩效的危机管理团队,实现企业真正的高质量可持续发展。

与谁在危机中共舞

或许群贤毕集,也并不一定就意味着真的能够建成一个高绩效危机管理团队。但是,巧妇难为无米之炊,面对一群能力平平的员工,领导者显然更难带领他们在危机管理过程中有所作为。那么,危机管理过程中的佼佼者和平庸者之间究竟有什么区别呢? 对于一个危机管理领导者,如何才能甄别和吸引那些佼佼者加盟危机管理团队,一起在动态复杂性危机管理过程中共舞呢?

如果把面试官对求职者的评估结果与求职者被录取之后的绩效之间进行关联研究,其结果常常会让管理者惊诧和失望:即使是由最专业的人力资源面试官来进行面试决策,这一相关系数的最高值也大约只有 0.7;对于绝大多数管理者的面试决策来说,这一相关系数一般只有 0.3! 要是早知道这个结果的话,恐怕很多管理者都会选择用抛硬币的方法来进行选才决策了,因为那样的相关系数应该会是 0.5。

让我们来看看真实的选才决策危机情形吧。假设你是一个领导者,过去曾经基于自己的判断而做出过 100 次选才决策,你的选才准确率能够超越专业人力资源面试官而高达 90%,即当你认为某人位列前 10% 时,10 次中有 9 次都是对的。同样,当你认为某人不在前 10% 时,10 次中也有 9 次判断正确。这显然已经是神一样的高水平发挥了。那么,当你只想选出那些在同类人才中居于前 10% 的佼佼者时,结果会是如何呢? 退而求其次,当你的选才准确率处于与专业人力资源面试官相当的水准,即 70%;或者,当你的选才准确率处于大多数领导者的平均水准,即 30%,结果又分别会是如何呢? 如表 10 - 2 所示。这一选才决策的结果,恐怕会让一直以来都非常自信的你觉得很是意外吧? 很遗憾,这就是大多数领导者常常不得不面对的选才决策危机的真实情形。

表 10 - 2　选才决策危机情境

候选人		100	佼佼者		10
			平庸者		90
判断准确率	90%	中选者	18	佼佼者	9
				平庸者	9
		决策正确率	50%		
	70%	中选者	34	佼佼者	7
				平庸者	27
		决策正确率	20%		
	30%	中选者	66	佼佼者	3
				平庸者	63
		决策正确率	4%		

　　"如果你有机会重新打造你的团队,现有成员中再次获得选聘的比例是多少?"在过去的十年中,这个问题被我向数百位企业高管提出。得到的回答中,最高者是50%,最低者甚至是0%。尽管企业因为性质、规模、发展阶段和所处行业的不同而有所差异,但内涵的问题非常明显,即大多数领导者的选才决策都是失误频频,其领导的管理团队中大多数成员都被认为是不称职的。如果和这样的团队成员一起共同面对动态复杂性危机情境的挑战,作为领导者,你觉得成功的可能性会有多大呢?

　　那么,如何才能预防选才决策危机,提高选才决策的成功率呢?首先,需要在企业中建立一个高水准的危机管理人才储备库。如果人才库中佼佼者的比例远高于10%,那么,领导者选才决策的成功率就会大幅度提升。其次,需要设置适当的试用期,通过对候选人在危机管理过程中实际表现的考察来进行辅助决策。毕竟,面试的时空限制是实实在在存在的,而背景调查和简历在很多时候都是仅供参考的二手资料。最后,需要邀请人力资源管理专业人士直接参与到对候选人的评价过程之中,为选才决策提供有价值的参考意见。尽管经过多轮次的面试,或许你会与少数真正的危机管理人才失之交臂,但是,对于危机管理团队构建而言,选聘一位平庸者常常比漏掉一个佼佼者要糟糕得多。

　　一个高绩效的危机管理团队,自然是以优秀的危机管理人才为基础的。那么,优秀的人才在哪里呢?如何才能甄别和选聘到这些优秀的人才加盟危机管理团队呢?很显然,无论一个领导者选才决策的成功率有多高,也不可能达到

100％,如同点燃两根看上去一模一样的蜡烛,不出意外的话,最后总能发现其中一根蜡烛的燃烧持续时间比较长,却很少有人能够在点燃这两根蜡烛之前做出准确的预测。对于危机管理人才而言,有些人比别人更有天赋,更为上进,也更能够经受住危机情境的压力与考验,这些人理所当然地应该得到危机管理领导者的青睐,问题在于,到底该如何避免甄别失误而筛选出真正的人才。

危机管理团队的人才选聘过程是异常尴尬且极具挑战性的。如果领导者用较少的精力进行人才选聘,未来就会不得不用较多的时间和精力,耗费更多的资源,来为当初的选才失误买单。颇具传奇色彩的史蒂夫·乔布斯曾数度带领团队拯救苹果公司于存亡危机之际,他对危机管理团队的构建有着独到的心得,"公司里有些人不是世界上最优秀的人才,你必须把他们赶走,这不是一件轻松的事,但我们不得不这么做!"一般而言,领导者在构建危机管理团队过程中选才失误的根源,主要在于选才惰性、熟悉的魔鬼、冲动和疲劳决策。

1. 选才惰性

每个人都有惰性,危机管理领导者也概莫能外。近年来,很多中国企业的领导者都将校园人才选聘的标准渐渐固化在了 985 和 211 高校,这其实就是一种典型的选才惰性表现。带领三星公司在转型危机中大获成功的首席执行官尹钟龙先生认为,"人才招聘规模要大,这样才有可能成功!"三星是韩国第一个公然宣称人才选聘和提拔时不看重名牌大学学历的企业,尹钟龙先生明确要求人力资源部在选聘人才时不要只关注那些来自韩国 SKY(即首尔大学、高丽大学和延世大学)三大名校的毕业生,应扩大选才范围,去寻找能力强和潜力大的人才。

2. 熟悉的魔鬼

在构建危机管理团队时,假如选项中包括有两类候选人,一类是在公司中工作多年的内部员工,另外一类是外部人员,作为危机管理领导者的你,应该如何进行选择呢?

大多数领导者通常的做法就是观察内部候选人,分析他们在危机管理过程中的表现,然后择优选择。但是,根据哈佛大学商学院教授拉凯什(Rakesh Khurana)和尼汀(Nitin Nohria)的研究,选择内部人员,即"熟悉的魔鬼"要比聘用外部人员的风险更大。如果从外部选才,一般都会有一份正式的较为详细的岗位职责描述,会尽可能拓展选择范围,会组织严密的面试,会进行深入的背景调查,会基于未来可能遇到的危机管理挑战,就若干候选人进行仔细认真的比较、讨论和斟酌。相反,如果从内部选才,这些外部选才程序常常是很难做到的,

"这么多年的贡献和业绩,还不足以证明他有获得这个职位的资格吗?""这么长的时间了,难道还不够了解他吗?"更危险的是,如果从内部选才,决策者往往很少考虑拟任岗位在将来会遭遇怎样的潜在危机的挑战,或者候选人是否具备面对这些潜在危机挑战所需要的技能。

当然,这并不是说危机管理团队选才时要偏重于外部人员。事实上,内部选才的好处也有很多,不但可以激励内部员工,而且可以让企业中的后备人才力量更为充沛和充满活力。为了有效避免"熟悉的魔鬼"陷阱,领导者在进行危机管理团队选才决策时,无疑应该在较大范围内平等考虑内外部候选人,尤其是从内部优秀员工中进行选聘时,最好能够以优秀的外部人才作为参照。

3. 冲动决策

每一个人都有感情,这也是严重削弱危机管理领导者选才决策判断力的罪魁祸首。很多领导者都曾经因一时冲动和头脑发热而做出过不明智的选才决策,都曾经有过与所谓的人才"一见钟情"而坠入"爱河"的经历,都曾经在"所见所闻即全部"的偏见下遭遇选才危机。

如何才能在危机管理团队选才过程中有效预防此类现象呢?首先,在面试之前,需要就拟聘危机管理团队候选人的必备能力和特质列出一份清单,并在面试过程中坚持这些既定的标准;其次,需要寻求危机管理和人力资源管理专业人士的帮助,当然,也绝不可以一味依赖于这些外部顾问,让他们在决策过程中越俎代庖;最后,需要放眼长远,切忌匆忙决策。选才决策中,可以遵循《哈佛商业评论》的编辑苏西(Suzu Welch)所提出的"10-10-10"法则:10小时之后你会怎么看现在的这个决定?10天之后呢?10周之后呢?

4. 疲劳决策

几乎每一个领导者都是日理万机的大忙人,但是,即使最聪明的人,也会有决策疲劳的时候。当心智能力同时被其他事务消耗和牵扯时,面对正在迫近的潜在危机,或者是置身于瞬息万变的危机情境之中,领导者就很容易在疲劳和压力的混合作用下做出糟糕的甚至是错误的危机管理团队选才决策。

如何才能规避危机管理团队选才决策过程中受到疲劳的影响呢?一方面,需要尽可能避免让那些常规化的、完全可以由助理或下属打理的琐事无谓消耗领导者的心智能量,把危机管理团队选才决策安排在领导者工作效率最高、精力最旺盛的时刻来进行;另外一方面,选才决策前最好给自己片刻的放松,一杯咖啡或者一壶清茶,都可能会让决策思维变得更为系统和全面。

危机管理人才的培养

要想拥有一个高效的危机管理团队,领导者的工作绝不应止步于人才的甄选。要知道,那些得以入选团队的这些危机管理人才,尽管能力超群,但还是需要经过适当的融合、培养和提升,才能在危机管理过程中绽放异彩。

1. 融合:聚沙成塔滴水成溪

每一个团队,都和人体一样有着自然的免疫和排除"异己"的功能。新加盟的危机管理团队成员,就如同人体新移植的器官,常常会受到已有成员的打压和排挤。对于一个卓越的危机管理领导者而言,找到合适的人才加盟危机管理团队只是其赖以成功的第一步。除此之外,领导者还需要确保这些新人能够与团队文化相匹配,与团队中其他成员形成优势互补。

犹如聚沙成塔和滴水成溪一样,危机管理团队中新老成员之间的有效融合将会让团队和成员双方受益。在新成员初进团队时,领导者不但要确保他们能够在危机管理过程中积极有效地开展工作,而且要持续监测其危机管理能力成长环境和氛围,鼓励他们向周围所有可能有助于其成长的核心利益相关者请教,定期通过 360°评估方法考察其成长状况和成长环境。相应地,领导者还需要引导成员的危机管理知识和经验在企业中的分享和留存,为企业和团队中的其他成员所学习和借鉴。

2. 培养:教老虎爬树

众所周知,尽管老虎为百兽之王,但其爬树的水平和能力远逊于豹子。对于一个危机管理领导者,如果偏执地认为只能基于能力需求地图来打造危机管理团队,那么,要找到合适的团队成员将是极其困难的。毕竟,人无完人,既擅于爬树又能勇冠百兽的老虎是极为罕见的。

为了打造一支高绩效危机管理团队,危机管理领导者就需要花大力气去教团队中的"老虎"学会"爬树"。在这个过程中,千万不要轻视这些有潜力的"老虎"!世界飞人刘翔在涉足百米栏项目之前,只是一个个子偏高了一点的跳高选手而已。只要给予适当的支持,团队中的一些"老虎"不但能够学会"爬树",而且会爬得既快又高。

培养高潜力人才,从来都不是一件轻而易举的事儿。对于一个卓越的危机管理领导者,首先需要帮助下属明晰团队和个人的愿景。只有认识到学会爬树的意义,老虎才会真心想爬树,才会努力学习如何爬树。同样,只有明确了危机管理的意义,他们才能全心地投身于危机管理活动之中,才能在危机情境中成为危机管理团队的中坚。其次,需要帮助他们对自己的优势和缺点进行客观的评估,找出现状与目标之间的差距,正确面对危机管理情境中常见的情绪张力,抵制显而易见的症状解的诱惑,突破自我超越的障碍。对于学习和练习爬树技巧的老虎来说,摔几个跟头是再正常不过的事儿。

3. 提升:从优秀到卓越

危机情境演变过程所固有的动态复杂性特征,要求危机管理团队必须拥有众多有着一技之长且彼此间能力互补的成员。这是一个团队能否成功预防和应对危机,并在危机管理过程中发现和抓住新的发展机遇的关键所在。

一个危机管理领导者一旦完成了危机管理团队的构建,或许会全力以赴地使每个成员在各个方面的能力都尽可能得到提升,但是,这样做的结果往往是事倍功半,甚至是徒劳无功收效甚微。因为即使是帮助一位聪明勤奋的成员在他不擅长或不感兴趣的方面取得一点点进步,团队都需要投入大量的时间和资源。能够让团队从优秀到卓越的最有效的策略,就是聚焦于培育各个成员最有可能提升的能力和对危机管理团队高效运作最为有利的能力。显然,这取决于对团队在未来可能遇到的潜在危机情境的判断。

如何激发团队成员自我成长和发展的内在动力呢?很多领导者会自然而然地想到金钱的激励效果,然而,胡萝卜加大棒式的外在刺激与极具挑战性的危机管理工作之间显然是不相容的。对于高潜力危机管理人才而言,唯有充满动态复杂性内涵的危机管理工作机会本身,才是最好的报酬和激励。

危机管理"梦之队"

只有把真正优秀的危机管理人才凝聚在一起时,这些人才才有可能在危机管理过程中变得更加优秀,这样的团队才有可能称得上是真正的危机管理"梦之队",达成从平庸到优秀、从优秀到卓越的人才聚变效果。

作为一个危机管理领导者,要意识到有形的激励绝非万能的,至少是不能让一个危机管理庸才成长为佼佼者的。一个卓越的危机管理领导者的责任,就在于吸引和选聘能力互补的高潜力危机管理人才,并在危机管理过程中给予他们试错和成长的机会,打造一支多元、高效和忠诚的兼具平衡、协调、弹性、活力、开放和效率等六个方面特征的危机管理"梦之队",如此,才有可能铸就企业危机管理的辉煌。

1. 平衡：拧成一股绳

作为一个危机管理领导者，除了需要选聘和培养有潜力的人才加盟团队，还需要帮助这些新加盟的高潜力危机管理人才学会与团队内外部利益相关者进行合作，以确保他们在危机管理过程中愿意并能够拧成一股绳，将各自所具有的多元化技能和优势发挥到极致。

➢**团队成员对危机管理技能多元化的重要性认识如何？**

➢**团队成员与内外部利益相关者的合作意愿如何？**

➢**在危机管理过程中，团队成员主动发挥各自技能优势的意愿如何？**

2. 协调：小我服从大我

置身于危机情境之中，企业、团队和员工都有着各自的危机管理目标。因此，在危机管理目标方面，小我必须服从大我，个人的目标必须服从于团队的目标，而企业目标的达成则必须优先于企业中所有团队和个人的目标。为了有效达成企业的危机管理目标，企业中的所有团队和个人必须优先确保其危机管理行动与企业的危机管理目标相一致，避免因争论不休而在动态复杂性危机演变过程中贻误稍纵即逝的战机。

➢**团队成员对企业危机管理目标的认同程度如何？**

➢**团队成员对团队危机管理目标的认同程度如何？**

➢**团队的危机管理行动与企业危机管理目标的一致性如何？**

3. 弹性：众人拾柴火焰高

置身于危机情境之中的每一个员工都将深切感受到危机压力，这不但是对企业和危机管理团队凝聚力的考验，也是对每一个团队成员个人抗压能力的考验。众人拾柴火焰高，每一个团队成员都必须在高强度危机压力下不折不扣地完成危机管理预案中既定的任务。

➢**团队成员在危机管理过程中彼此之间的配合如何？**

➢**危机情境中团队的凝聚力如何？**

➢**危机压力下团队成员的工作效率如何？**

4. 活力：披荆斩棘斗志昂扬

对于任何一个人、任何一个团队和任何一个企业，危机中最难以打败的敌人都是自己。如果危机主体自身在危机情境中丧失了斗志，那么就绝无可能在危机管理过程中有所作为，就会放任危机的发展而最终导致危机情境的演变失控，此时即使有一两个斗志昂扬心有不甘的英雄出现，恐怕也是回天乏力于事无补。

➢团队成员的危机管理抱负如何?

➢团队成员在危机管理过程中的主动性如何?

➢团队成员维持较高水平危机管理动力的持久性如何?

5. 开放:万众一心集思广益

独木难成林。危机管理过程中,必须团结一切可以团结的力量。只有基于开放的心态,将利益相关者依序置于同一个危机相关信息共享层面,才能够真正做到万众一心和集思广益,收获危机管理的奇效。危机管理团队中的每一个成员,企业内外部的每一个利益相关者,都需要予以足够的重视。

➢团队成员对危机管理过程中彼此间协作的重视程度如何?

➢团队成员对与外部利益相关者在危机管理过程中进行协作的重视程度如何?

➢团队成员对与利益相关者进行危机相关信息共享的主动性如何?

6. 效率:雷厉风行配合默契

危机管理过程中,时间往往是最为紧缺的资源。如果没有时间,再精明强干的危机管理团队,也只能在危机情境中望洋兴叹。只有基于系统思考,依托于既定的危机管理预案,以及整个危机管理团队的雷厉风行和默契配合,才能在最大程度上争取并高效利用危机管理过程中宝贵的时间资源。

➢团队成员对危机管理过程中时间资源的重要性认识如何?

➢团队成员达成既定危机管理目标的工作效率如何?

➢团队成员对危机管理预案的重要性认识如何?

作为一个危机管理领导者,可以从以上六个维度对自己所领导的危机管理团队的状况进行评估。每个维度都包含三个问题,你可以基于直觉对这些问题进行从 0 分到 10 分的评价,然后将每个维度的得分进行汇总。

没有哪个团队能够在危机管理效能评估的六个维度上都是完美的。如果你的危机管理团队总分在 160 分以上,那么,这个团队就堪称卓越的了;如果是130~159 分,应该还算是优秀的;如果是 100~129 分,这个团队就属于一般的了;如果低于 100 分,这个团队本身就是企业中的一个极大的危机隐患,因为即使是一个最常见的危机情境的管理,也往往会被这个团队搞得越来越糟糕。

在评价结果中,得分较少的那些维度,或许就是危机管理团队的短板。换言之,这些方面的缺陷,就是危机管理团队自身的危机隐患。对于一个卓越的危机管理领导者,其职责就是确保危机管理团队在各个维度上都足够优秀,确保团队中的每一个成员在危机中不但能够独自绽放光芒，而且在群星闪烁中也能够熠熠生辉。

学习型危机管理团队文化

管理学大师彼得·德鲁克认为，"在文化面前，战略不值一提"。能够想象到危机管理过程中战略与文化的区别之大吗？面对错综复杂瞬息万变的危机情境，让核心利益相关者就危机管理过程中各自的分工协作进行讨论的，显然是基于危机管理战略规划和实施的需要。但是，如何凝聚利益相关者的合力，让利益相关者心甘情愿全力以赴于危机管理过程，则是危机管理文化的魅力所在。

文化，是区分一群人和另外一群人的 DNA，是为一群人所独有的信念，也是危机管理团队中唯一不用担心会被别人复制和偷走的核心竞争优势。在自由竞争市场之中，只要给竞争对手以足够的时间和资源，他们就能挖走你团队中最优秀的危机管理人才，他们就能复制你的危机管理流程和预案，他们就几乎可以夺去你的团队在当下所拥有的任何危机管理优势，除了你的文化。

作为一个领导者，即使你已经挖掘、招聘、留住、激励和培育了足够多的优秀的危机管理人才，即使你已经把他们安排在了合适的岗位上，即使你已经建立起了一支符合企业危机管理目标的优秀团队，但是，你依然不能犯下忽视危机管理团队文化的错误。如果你忽视了文化，或许你只能收获暂时的危机管理成功。假以时日，你的危机管理团队成员要么会因不能发挥最大潜能而自暴自弃，要么会在人才的逆向淘汰下导致危机管理团队的分崩离析。

要想选聘最优秀的人才并把他们打造成一支强大的危机管理"梦之队"，领导者就必须建立一种能够真正吸引和激励团队成员的文化。这种文化，能赋予你的团队以应对任何危机情境挑战的能力。即使你不在，团队中的其他成员也能够一如既往地贯彻和完成既定的危机管理使命。那么，如何才能在危机管理团队中建立和保持卓越的团队文化呢？如何才能让这种文化长期留存于团队中，把所有团队成员紧密团结在一起，使团队智力大于成员智力的简单叠加，使团队在任何不确定性危机面前都能够勇往直前呢？

首先，在甄选团队中的每一位成员时，你都需要以危机管理团队既定的文化作为过滤器。从一开始，你就必须坚持只选聘最优秀且最合适的应聘者。毕业于一流学校，拥有多个学位，有较高的情商和能力，有丰富的从挫折中奋起的经历和经验……这些都是参考选项，最为重要的是，你千万不可以聘用任何一个不重视伦理道德与合作的人。这样的人,能力越强,对危机管理团队文化的破坏力就越大。

其次,确保你团队中的每一位成员都常常会受到富有同情心的教导和爱的浸润。每个人的成长,都与其所处的环境是分不开的。在危机管理团队中,建立起一种无条件的爱的文化是值得的,也是必要的。正是那些来自领导者和其他同事的帮助、启迪和激励,才铸就了团队成员面对危机情境挑战时的选择和行为。一个卓越的危机管理领导者,不仅要给予团队成员以积极的鼓励,还要随时随地与他们进行知识与经验分享,给予他们工作内外的指导和帮助,对团队和团队中的每一个成员在各种类型危机管理过程中的状态和表现了如指掌。

最后,与企业的危机管理伦理氛围相呼应,赋予每一位团队成员以共同面对危机的使命感与成就感。企业的伦理氛围是指企业文化对合乎伦理的危机管理决策和行动的支持程度。换言之,一个不道德的企业文化环境是由有违伦理准则的危机管理决策和行为被容忍或者被鼓励而形成的。一个优秀的危机管理团队必须具有较高的伦理水准,而企业伦理环境不佳也是导致高绩效人才离职的最主要原因。作为一个卓越的危机管理领导者,应该善于倾听,应该竭尽所能地让团队中的每一成员都觉得自己正在受到重视,都能够参与危机管理蓝图的设计与实施,都能够深切感受到自己正在肩负着神圣使命而进行一项极其重要的工作。

10.6　危机管理伦理

对于任何一个社会来说,伦理和法律都是永恒的话题。危机管理过程本身的伦理水平,正越来越多地被重视和关注。危机管理过程中危机主体和核心利益相关者的价值观、态度和行为的正确性,正越来越多地影响甚至决定着危机管理的成败。在危机管理过程中,危机主体的所有危机管理决策和行动,对于员工、客户、股东、合作者、政府、社区民众,甚至包括竞争对手在内的所有利益相关者,都必须是正确的,丝毫不能有违伦理准则的软约束,更不能凌驾于法律的硬约束而越雷池半步。

那么,在危机管理过程中,危机主体究竟应该如何辨析危机管理决策和行动的伦理水平呢?什么才是正确的危机管理价值观、态度和行为呢?"委曲求全、息事宁人"是不是正确的危机管理决策呢?"己所不欲,勿施于人"是不是最好的危机管理行为准则呢？或者，以法律为准绳，只要不违法就是对的呢？

　　一般而言，危机主体和核心利益相关者在危机管理过程中的价值观、态度和行为正确与否，可以从黄金法则、传统惯例、新教伦理、市场竞争、自由伦理和实用伦理等多个维度来进行综合评价和判断。当然，所有这些伦理约束维度本身也都是既有其合理性，也有其局限性的。

黄金法则：己所不欲，勿施于人

　　置身于危机情境之下，假设危机主体希望被对待的方式就是利益相关者们希望被对待的方式，当危机主体把自己的需要和利益相关者们的需要放在一起进行权衡时，彼此之间一旦发生冲突，危机主体的危机管理决策和行动便会遭遇伦理的挑战。2019 年年初，西安的一位顾客从利之星奔驰 4S 店购买了一台新车，完成签约付款之后，车子还没开出 4S 店，就发现汽车发动机漏油。这本是任何品牌汽车都不可避免地会遇到的一个产品质量危机，然而，双方经过近半个月的交涉，4S 店给出的危机应对方案居然步步紧逼和一路缩水，从退款、换车、补偿到"只能换发动机"。

　　这种一味侵害顾客利益的、有违"己所不欲，勿施于人"伦理准则的危机应对行动，把众多利益相关者的注意力很快聚焦到了 4S 店及其背后所代表的奔驰公司错误的危机管理态度上，将其无视消费者权益的价值观放到了社会伦理的审判台上，使危机的性质迅速发生变化，从一个司空见惯的产品质量危机生生演变成为更难以应对的、负面影响和损害也更为深远的品牌和声誉危机。

　　随后，在监管部门促成的顾客与 4S 店之间的危机沟通过程中，西安利之星奔驰 4S 店的总经理认为，"开出去才这么短的时间，给客户退是应该的。虽然漏机油在三包国家法规里只能换发动机，但在情感上我都不可以接受……"这一表述尽管让利益相关者感受到了 4S 店在危机管理态度和价值观方面的转变，但遗憾的是，这种基于"己所不欲，勿施于人"伦理准则的情感上的换位思考实在是有点晚了。

　　黄金法则在双边关系危机沟通中一般都是有效的，但危机主体一旦过度解读和滥用这一伦理法则，很可能会带来适得其反的危机沟通效果。在经历了印尼狮航和埃塞俄比亚航空两次空难之后，波音 737MAX 系列机型在全球范围内遭遇空前的信任危机。为了提振和恢复利益相关者们对该机型的信任，波音公司 CEO 丹尼斯·米伦伯格（Dennis Muilengurg）在 2019 年 5 月 29 日接受 CBS 采访时声称，会毫不犹豫地让自己的家人乘坐该机型的航班。就丹尼斯的本意来说,这样的表述无非是想力证自己对该机型安全性的信心,但他在这一危机沟通过程中却犯下了滥用黄金法则的致命错误。试想一下,一个连自己家人的生命威胁都可以不顾的人,你还能寄希望于他会关注其他利益相关者的安全吗?

传统惯例:来自经验的伦理错觉

在危机情境下,很多危机主体会基于对别人的或过去的危机管理经验的学习,认为应该做出符合惯例的决策和行动:"别人都是这样做的,我这样做应该也是没问题的。""以前一直都是这样做的,这次应该也会奏效的吧。"遗憾的是,如果不能对这些危机管理经验的局限性进行系统思考,就会导致教条式学习和伦理错觉,使得同样的危机一而再再而三地发生,使危机主体迷失在动态复杂性危机管理过程中。

传统惯例的问题在于并没有真正考虑伦理约束。如果某个消费者的利益被企业视为惯例的危机管理决策和行动所伤害,或许因为这个消费者的性情软弱、影响力不足而选择了暂时忍让,也或许因为某些监管机构的不作为,企业侥幸渡过这一危机。这样的决策和行动一旦被危机主体视为惯例,就可能会在部分利益相关者的沉默中越来越快地累积负面影响和损害,最终使危机主体崩溃于存亡危机之中。2019 年年初发生于西安的奔驰汽车维权危机情境,相信会让很多利益相关者记忆中多年前发生于武汉、南宁、深圳等地的"老牛拉大奔""纤夫拉奔驰"情境再次变得清晰,也会让西安利之星奔驰 4S 店多年来与顾客之间发生的多次冲突危机一一被提起。

正是基于传统惯例的错觉,奔驰公司和利之星 4S 店难以认识到危机管理决策和行动上的伦理缺陷:危机管理价值观和态度上的瑕疵在一次次的侥幸中不断得到强化和放大,错误的危机管理决策和行动渐渐成为面对类似危机情境时可资借鉴的惯例。在这种恶性循环之下,期待其通过良心发现而主动改善服务品质就成了一种奢望,类似的危机情境在未来必然还会一而再再而三地发生。很显然,如果这种恶性循环不能从根本上得到逆转,奔驰及利之星 4S 店的品牌崩塌和市场存续危机,应该只是一个时间问题了。

新教伦理:给出让沟通对象满意的解释

危机沟通成败的标志,就在于沟通对象对危机主体的解释和行动是否满意。这是新教教会在早期发展时遇到的危机情境:如果你是一个被控告有罪的新教徒,就必须站在一群同伴面前,由这些同伴来决定你是否有罪以及应该对你实施什么样的惩罚。于是，一个类似的伦理问题和挑战在危机管理过程中就变得不可避免了："我能否就危机相关问题向利益相关者们进行解释并使之满意呢？"

其实，只要选择了正确的受众，危机主体几乎可以成功地解释任何问题。在危机沟通过程中，危机主体的解释可能侧重于决策和行动的意图，而不是行动本身，而且受众也常常会相信危机主体的决策意图相对于行动本身更重要。在西安奔驰维权危机管理沟通过程中，利之星 4S 店的总经理用国际旅行和开董事会来说明自己为什么在危机之初会"失联"，用断章取义的《家用汽车产品修理、更换、退货责任规定》中"家用汽车产品保修期和三包有效期自销售者开具购车发票之日起计算"来支持自己"只能换发动机"的说法，其内在逻辑的不合情理性甚至已经超越了曾被广为诟病的某些银行"离柜概不负责"的免责声明：消费者只是开具了购车发票但还没有把新车开出 4S 店，就如同储户只是从椅子上站起来却还没有离柜一样，4S 店对此时发现的新车质量问题应该负有什么样的责任呢？

置身于这样的危机情境之中，比其一变再变的危机应对方案本身更难以让利益相关者接受的，无疑是这些危机应对行为和解释背后有违伦理的竭尽所能试图推卸责任的意图，以及这些意图所展示的危机管理态度和价值观。这也是这一危机从产品质量危机演变成为品牌和声誉危机的原因。

市场竞争：物竞天择，适者生存

与查尔斯·罗伯特·达尔文（Charles Robert Darwin）对自然界的"适者生存"解释相似，亚当·斯密（Adam Smith）认为，市场竞争要求每一个个体都要以利润最大化为目标而采取相应的决策和行动。当然，现代文明已经普遍认为这其中是有着伦理缺陷的，因为个体的力量大小与其所享有的权利多少无关。无论是一个手无寸铁的弱者，还是一个手眼通天的强者，其在危机管理过程中的利益都是平等的，都应该受到法律的保护。

遗憾的是，当店大欺客成为常态，消费者只有通过把事情搞大才能维权时，危机主体和利益相关者在动态复杂性危机情境中的心智模式都会发生病态的扭曲，使从危机感知、危机预防到危机沟通和应对的整个危机管理过程常常陷入恶性循环，使危机主体和所有的利益相关者都在尔虞我诈钩心斗角的尴尬危机情境中遍体鳞伤，最终并没有哪个人能够笑傲江湖，成为危机管理的真正赢家。

在危机管理情境下，如果秉持强权即真理、适者生存和利润最大化的市场竞争伦理观念,危机主体就会在危机管理过程中无所不用其极,不惜一切代价,把自己的快乐建立在其他利益相关者的痛苦之上,以损害其他利益相关者的利益为手段来获取尽可能多的属于自己的利益。如此,也就不难理解西安利之星奔驰 4S 店在危机沟通过程中为什么会一再违背承诺,因为从"退款"到"换车"、从"换车"到"补偿"、从"补偿"到"只能换发动机"的每一次违背承诺,都能给 4S 店减少更多的成本,带来更大的收益。这种有违现代社会文明伦理准则的做法,显然忽视了这种危机应对决策和行动在暂时减少有形成本的同时,却带来了长久的无形的声誉成本的增加,忘记了企业所有的权利其实都是社会和利益相关者们赋予的。

除了追求自身利益最大化之外,企业还应该以实现社会利益最大化为依据来系统思考危机管理决策和行动。当然,这种社会利益最大化所涵盖的范围,绝不仅仅是股东和员工,还包括消费者、合作伙伴、社会公众等所有利益相关者。危机情境之下,危机主体和利益相关者之间绝不应该仅仅通过竞争和力量对比来决定谁的利益是优先的,或者谁是最重要的。

自由伦理:只要不伤害别人即可

危机情境之中,常常会见到有危机主体这样为自己的错误危机决策和行动进行辩解:"没有人会因此而受到伤害啊,我为什么不可以这样做呢?"

从表面上来看,自由伦理观点在危机管理方面是可以接受的,只要不会使利益相关者的利益受损,危机主体便可以随心所欲为所欲为。奔驰西安 4S 店的维权危机过程中,多年来在汽车销售领域已然被默认为惯例的、已然被多个法院和行政管理机构判定为"无任何法律依据,应当退还"的金融服务费潜规则再次浮出水面。根据自由伦理准则,这种贷款利率优惠下的金融服务费貌似是可以接受的:这么多年来,大多数汽车品牌的销售过程中都一直默许着这样的行为,许多消费者也并未就此提出异议。但是,实际上并非如此,因为这种有违伦理的不道德行为,不但会限制消费者的选择权,而且会误导和影响消费者的购买意愿,更何况,这种行为已然被执法机构判定为非法。

在动态复杂性危机情境之下,危机主体及各个利益相关者群体之间的利益冲突在所难免。但是,作为利益冲突危机应对的公平机制,绝不仅仅针对危机主体和某个核心利益相关者之间,而是要兼顾危机主体与所有利益相关者之间的利益冲突。4S 店在贷款利率优惠下的金融服务费行为,不但会危及消费者的利益,而且会损害其他竞争对手的利益,危及整个行业甚至是整个社会的有序竞争环境。如果其他竞争对手为了应对因此所致的产品滞销危机而去效仿这一貌似不会伤害别人的策略和行动,将会有更多的更大范围的利益相关者受到潜在的更大的伤害,甚至会诱发整个社会的公平和信任危机。

实用伦理:目标导向,结果至上

实用伦理所关注的,是目标导向的危机管理结果,即危机管理决策和行动的正面结果能否或者在多大程度上超越其负面结果。实用伦理价值观的缺陷是显而易见的,即由谁来评价危机管理决策和行动中所展示的价值观,判断各个危机管理目标维度重要性程度的权重,衡量危机管理结果的正面性和负面性。当然,这些评价、判断和衡量工作的主体,自然非那个做出危机管理决策并将其付诸实施的人莫属了,一般而言,这个人就是危机主体。不难想象,既是裁判员又是运动员的危机主体,常常倾向于将别的利益相关者损失的权重最小化,而将自己收益的权重最大化。

为了应对市场竞争危机,许多互联网企业在有待改善的心智模式指引下,将危机应对策略转向了对企业中现有人力资源红利的令人发指的榨取,公认宣称"没有加班文化的团队是烂团队",鼓吹"996"工作制,把工作时间确定为从早上9点到晚上9点,一周工作6天,周工作时间最低为72小时。殊不知,这种基于实用伦理的危机应对策略和行动显然是缺乏系统思考的,不但有违劳动法相关规定①,难以实现预期的危机管理结果,而且还简单粗暴地将工作时间视为衡量员工工作热情的尺度,使企业员工陷入"工作时间越长,工作效率越低,自我价值实现的挫败感越高,工作快乐越少和健康状况越糟糕"的恶性循环之中。这种恶性循环,最终必然会使员工对企业的忠诚度下降,使企业陷入人才流失和人力资源成本剧增的新的危机情境,甚至会诱发员工抗议而危及企业的可持续发展,使企业陷入存亡危机。

在动态复杂性危机情境中,危机主体随时随地都可能会面对各种伦理考验。无论是基于何种伦理准则,危机主体都必须端正态度,秉持正确的价值观,将利益相关者的需要与自己的需要放在同等重要的地位。在危机管理决策和行动中,危机主体不仅要考虑自己的需要,而且要考虑和尽可能满足员工、客户、合作者、社会公众,甚至是包括竞争对手在内的所有利益相关者的需要。危机主体对

---

① 《中华人民共和国劳动法》第三十六条,【国家工时制度】国家实行劳动者每日工作时间不超过八小时,平均每周工作时间不超过四十四小时的工时制度。

任何一个利益相关者需要的不尊重，都可能会导致危机管理的失败；相反，对任何一个利益相关者需要的满足过程，都可能成为危机管理成败的分水岭，不但会让危机主体在利益相关者们的真情倾力相助下收获渡过危机的结果，而且可能给危机主体带来新的发展机遇。

后记:在危机中学习和成长

在过去的十多年中,我和我的研究助手们,以及参与我的危机管理课堂的同学们一起,追踪身边各种企业危机情境的演变和发展过程,系统思考危机主体及核心利益相关者的每一个行动,研讨其得失及可能的策略变换机会,探索各种危机情境中可能存在的新的发展机遇。在此,谨对这些小伙伴们的付出表示衷心的感谢,为他们在研讨过程中就一个个"为什么"争得面红耳赤的认真劲儿,以及头脑风暴中不断迸发出的危机管理新思维点赞。

关于危机管理的研究在近年来日臻活跃,许多企业的高管也开始将危机管理能力视为一项基础必备技能。与此相应的,各大书店以及机场和车站的畅销书摊上也雨后春笋般出现了越来越多的危机管理书籍。遗憾的是,迄今为止的大多数危机管理速成书中反复鼓噪的,只是一些从西方文献翻译过来或想当然拼凑起来的所谓危机应对原则而已。即使你对这些所谓的原则能够倒背如流,在面对动态复杂性危机时也往往无济于事。

显然,只有基于系统思考,我们才可以清楚地看到,很多人和很多企业所遭遇的危机其实既非突然,也非偶然。只有基于系统思考的危机感知和预防,才是危机管理成功之基;只有基于系统思考的危机沟通和应对,才是危机情境下的根本解决策略和行动;只有基于系统思考的危机管理,才能发现和抓住潜在的新的发展机遇。

当前,人们迫切需要的是一个危机感知与认识、危机预防与应对以及在危机演变过程中发现和抓住潜在发展机遇的可行性框架:什么是危机? 危机在哪里? 谁是危机的罪魁祸首? 危机是如何演变和发展变化的? 如何才能未雨绸缪以预防危机? 如何与危机利益相关者沟通? 如何组建和领导危机管理团队? 如何在危机管理过程中发现和抓住新的发展机遇? ……在对这些问题的探索过程中,我一直着迷和惊叹于系统思考在动态复杂性危机管理过程中的无穷魅力,这也是我动笔写作这本《危机管理之道》的初衷。

不经历风雨,何以见彩虹? 我对危机管理的所有研究和探索兴趣,都是源于这样一个信念,即每个人和每个企业都是在危机管理过程不断成长的,都可以有机会自我救赎于过去、现在和未来的危机,都可以在过去和现在的危机中修炼、学习和参悟危机管理之道,在未来的危机预防和应对过程中实现从平庸到优秀,以及从优秀到卓越的跨越。

读完这本书的时候,其实只是你危机管理学习之旅的起点。

戴万稳

2019 年 6 月于南京大学安中楼